L'ARABIE

CONTEMPORAINE

Paris. Imprimerie P.-A. BOURDIER, CAPIOMONT et C°, rue des Poitevins, 6.

L'ARABIE

CONTEMPORAINE

AVEC LA DESCRIPTION DU

PÈLERINAGE DE LA MECQUE

ET

UNE NOUVELLE CARTE GÉOGRAPHIQUE DE KIEPERT

PAR

ADOLPHE D'AVRIL

AGENT ET CONSUL GÉNÉRAL DE FRANCE EN ROUMANIE

PARIS

E. MAILLET	CHALLAMEL AINÉ
LIBRAIRE-ÉDITEUR	LIBRAIRE-COMMISSIONNAIRE
15, RUE TRONCHET	27, RUE DE BELLECHASSE

1868

Tous droits réservés.

INTRODUCTION

LA KAABA, LE MONOTHÉISME ET LA RELIGION MUSULMANE.

Nombreuses et variées sont les traditions arabes qui se rattachent à la fondation de l'édifice connu sous le nom de *Kaaba* ou maison carrée. Quelques-unes font remonter l'origine de ce temple antérieurement à l'existence de la terre. Ainsi l'on raconte que 2000 ans avant la création de notre monde, il fut édifié dans le ciel une première Kaaba, que les anges honorèrent en en faisant le tour (touaf). Adam construisit la première Kaaba terrestre précisément au-dessous de l'endroit où l'édifice sacré était posé dans le ciel : c'est l'emplacement sur lequel se trouve aujourd'hui la ville de la Mecque.

Abraham, le père des Arabes, reçut de Dieu l'ordre d'immoler sur une montagne le fils qu'il avait eu d'Agar; l'ange Gabriel vint empêcher la consommation du sacrifice humain et ordonner au patriarche de rebâtir la *maison de Dieu* (beit-Allah) sur l'emplacement même où Adam avait érigé la première Kaaba.

Ismaïl, cherchait une pierre qui marquerait le point de départ pour faire la procession autour de l'édifice sacré; il rencontra le messager céleste qui lui remit la célèbre pierre noire [1]. A côté de la Kaaba est le puits appelé Zem-Zem, alimenté par une source que Dieu a fait jaillir pour abreuver Agar et son fils. Ces diverses traditions ont pour effet de rattacher le lieu où se trouve la Mecque au culte d'un Dieu unique et à la vocation d'Abraham.

Depuis les temps les plus anciens ce lieu a été le rendez-vous du pèlerinage des Arabes. Aussi les tribus s'en disputaient-elles la possession. Chacune d'elles y avait apporté son idole locale, de sorte que la Kaaba était une sorte de panthéon sémitique, le sanctuaire d'une religion fédérative, suivant l'expression de Sprenger [2]. Il faut pourtant se demander pourquoi une telle réunion de divinités à cet endroit plutôt qu'ailleurs ? pourquoi cette affluence de pèle-

---

1. Sur la pierre noire, voir Chauvin-Beillard, *De l'Empire ottoman, de ses nations et de sa dynastie*, p. 149. Paris, 1845.
2. On croit que la Kaaba contenait des images de Jésus-Christ et de la sainte Vierge.

rins au lieu consacré par le souvenir d'Abraham, le grand monothéiste? Les Arabes d'avant l'islamisme n'avaient-ils pas, d'une manière vague, le sentiment ou le souvenir que le temple de la Mecque était dédié à un dieu supérieur aux autres et par conséquent *unique* dans ses attributions essentielles? Les divinités des diverses tribus ou leurs représentations n'étaient-elles pas apportées dans la Kaaba comme pour y rendre hommage elles-mêmes à ce Dieu, qui non-seulement n'était pas censé y résider matériellement, mais dont la représentation même en était absente?

En effet, la pierre noire est un objet trop grossier pour avoir eu, quoi qu'on en ait dit, le caractère d'une idole. Un peuple de quelque valeur vit souvent sur une idée erronée ou incomplète, jamais sur une simple absurdité. Ce serait, du reste, contraire à la tradition rapportée plus haut, et à celle qui est écrite dans le code Moultéka[1]. D'ailleurs à Jérusalem, à Delphes, à Athènes, il y avait des pierres sacrées : c'est un usage qui a été très-répandu.

Il y a de bonnes raisons de croire que les Arabes, malgré les apparences de l'idolâtrie, n'avaient jamais oublié complètement le dieu d'Abraham et que la Kaaba était restée son sanctuaire. Ne trouve-t-on pas dans les

---

[1]. Voir l'ouvrage cité de Chauvin-Beillard, p. 149.

mythes et dans les traditions de tous les autres peuples des traces incontestables d'idées théologiques et cosmogoniques supérieures à celles qui sont exprimées par leurs pratiques et même dans leurs théories écrites? Les Juifs et les Chrétiens, qui étaient assez nombreux dans la Péninsule, ont dû contribuer à y entretenir l'idée du Dieu unique [1]. On sait, d'ailleurs, que Mahomet a eu, dans la prédication de ce principe, des précurseurs aussi nets et aussi explicites que lui-même, ce qui lui a fait dire, non-seulement qu'il prêchait la religion d'Abraham, de Moïse et de Jésus, mais qu'il y avait eu des musulmans avant lui [2].

Avant le VIIe siècle de notre ère, le culte célébré à la Kaaba avait donc déjà un sens monothéiste [3]. A cette occasion, nous ferons remarquer que l'état religieux de la Péninsule n'a pas été aussi radicalement changé par la prédication de Mahomet qu'on pourrait se l'imaginer. Le sabéisme et d'autres idolâtries n'en

---

1. Sur l'histoire du christianisme en Arabie, voir deux articles du père Duteau, p. 91 et 322, du t. Ier des *Études religieuses, historiques et littéraires*, par les pères de la Compagnie de Jésus. Paris, Douniol, 1862.
2. *Mahomet et le Coran*, par Barthélemy Saint-Hilaire, p. 67 et suivantes.
3. Je dois mentionner que cette opinion est combattue par le baron de Maltzan. *Meine Wallfahrt nach Mekka*, t. II, p. 70 à 83.

ont pas complétement disparu. En outre, les Arabes continuent à rendre un culte indiscret et presque idolâtrique à leurs saints locaux. A la Mecque même, tel homme qui prend en vain le nom de Dieu et celui de Mahomet, n'oserait jurer par celui d'Abou-Taleb, le fétiche spécial de la Mecque. En Perse, notamment, par l'effet de tendances nationales vers la séparation, l'islamisme est devenu le culte à peu près exclusif d'Ali et de sa famille. Le wahabitisme a été, jusqu'à un certain point, une réaction salutaire contre les exagérations du penchant, d'ailleurs fort légitime quand il est contenu dans de justes limites, qui pousse tous les peuples à honorer leurs bienfaiteurs, sous le nom de *saints*. Il me paraît que la prédication de l'islamisme a eu pour effet de changer l'équilibre entre deux termes déjà existants. Avant Mahomet, l'idolâtrie locale avait pris le dessus sur l'adoration vague du Dieu unique. Depuis Mahomet, l'idée du monothéisme est devenue dominante; mais la tendance à l'idolâtrie locale trouve encore sa satisfaction dans les hommages souvent exagérés rendus aux saints locaux.

C'est peut-être le lieu de faire remarquer qu'il n'y a pas d'unité religieuse dans l'islamisme. Laissons de côté les petites idolâtries locales qui, plus ou moins prononcées, se trouvent dans d'autres cultes. Ne parlons pas, si vous voulez, des quatre rites orthodoxes, une variété plutôt jurisprudentielle que dogmatique, et qui peut ne pas empêcher l'unité puisque tous ces rites ont leurs édifices religieux autour de la Kaaba. Un mot seulement sur les chiites de Perse.

Mahomet avait fondé une religion arabe : les Persans en ont fait une religion persane. Il ne faudrait pas croire que la non-reconnaissance des premiers califes soit la seule et la principale différence entre les chiites et les sunnites. En effet, d'après ces derniers, le Coran incréé serait lui-même le Verbe. Mahomet a transmis aux hommes le dernier mot de Dieu. Il n'y aura plus de prophète, ni de pontificat, ni rien qui ressemble à une église inspirée et assistée. Le chiisme, au contraire, repose sur l'idée d'une succession dynastique et prophétique dans la famille d'Ali. Les chiites croient que l'*iman* par excellence, le dernier descendant d'Ali, le *Mahadi*, c'est-à-dire le directeur, le *Mottebathen*, c'est-à-dire le caché, toujours incarné et invisible, assiste les croyants et exercera cette médiation jusqu'à sa manifestation dernière. Sur la nature de l'*iman*[1], il y a des discussions et des sectes, comme dans le christianisme sur la nature de Jésus-

---

[1]. D'Herbelot, *Bibliothèque orientale*, aux mots *mahadi* et *iman*. Comte de Gobineau, *Trois ans en Asie*, p. 320, et *Les Religions et les Philosophies dans l'Asie centrale*, p. 60.

Christ. S'il avait encore une véritable église, le Persan à cause de ce pontificat mystérieux, de ce Verbe vivant, aurait une certaine analogie avec le catholique, tandis que dans son tête-à-tête perpétuel avec un livre, le sunnite représente plutôt le protestant. Le sunnite est plus fidèle en cela à la prédication de Mahomet, qui suivant l'expression fort juste de Chauvin-Beillard, est une protestation et un éclectisme [1]. Pour peu qu'on soit théologien ou simplement philosophe, il est impossible de ne pas être frappé de la différence radicale qui en résulte. Il y aurait aussi beaucoup à dire sur les opinions particulières aux derviches.

M. Barthélemy Saint-Hilaire, dans le *Journal des Savants*, M. Charles de Rémusat dans la *Revue des Deux-Mondes*, le père Marquigny dans les *Études religieuses, historiques et littéraires*, le comte de Vogué dans le *Correspondant*, ont discuté dernièrement, en se plaçant à des points de vue différents, la valeur absolue du *prophète* et de sa religion. Notre travail ne conduit pas nécessairement à cette appréciation. Pouvons-nous, cependant, nous borner à ne parler de l'islamisme qu'au point de vue politique ou sanitaire? Nous résignerons-nous, sur une question si inté-

---

[1]. *De l'Empire ottoman, de ses nations et de sa dynastie.*

ressante et si actuelle, à fermer là notre horizon? Le lecteur ne serait-il pas autorisé à nous reprocher de n'avoir là-dessus aucune idée ou à nous demander pourquoi nous ne lui en avons pas fait part?

La supériorité de l'islamisme sur l'idolâtrie n'est contestée par personne, pas plus que la supériorité du christianisme sur la religion de Mahomet. « Ce serait une iniquité en même temps qu'un blasphème, dit avec raison M. Barthélemy Saint-Hilaire, d'assimiler le mahométisme à la religion chrétienne[1]. » Il s'agit donc seulement de savoir si la prédication de Mahomet pouvait seule arracher les Arabes à l'idolâtrie, ou si elle a eu pour résultat de les empêcher de devenir chrétiens. Évidemment, on entre ici dans le champ de l'hypothèse, mais les bases d'appréciation ne manquent pas.

Avant la prédication de Mahomet, beaucoup d'Arabes, avaient embrassé le christianisme; leur histoire religieuse est établie sur des documents authentiques. A Nedjran, dans le Yémen, la chrétienté a fleuri jusqu'au règne d'Omar et n'en a été extirpée que par l'expulsion[2]. Il existe en Syrie des

---

1. P. 329.
2. Voir le travail cité plus haut dans les *Études religieuses, historiques et littéraires*.

tribus dont le nom trahit l'origine péninsulaire et qui sont chrétiennes. Les Arabes, dira-t-on, ne se convertissent plus au christianisme. C'est vrai; mais c'est parce qu'ils sont musulmans et non pas parce qu'ils sont Arabes. En effet nous venons de voir qu'il y a eu et qu'il y a encore des chrétiens de cette race. D'un autre côté, la rébellion aux lumières supérieures du christianisme est commune à tous les musulmans, aussi bien aux Tartares qu'aux nègres de l'intérieur de l'Afrique.

Le mouvement monothéiste qui s'est produit au septième siècle dans la Péninsule, et dont Mahomet a été le plus éclatant mais non le seul interprète, pouvait aboutir au christianisme, comme il a abouti à l'islamisme. Quelques-uns de ses précurseurs monothéistes ne se sont-ils pas faits chrétiens? Mahomet aurait pu faire de même et christianiser l'Arabie[1]. Si les Arabes auraient pu être arrachés à l'idolâtrie par une doctrine supérieure, on ne peut pas soutenir que la religion de Mahomet ait été un bienfait absolu. Si cette religion a empêché les Arabes et les autres musulmans de se faire chrétiens, elle a été un mal.

---

1. Chauvin-Beillard, *De l'Empire ottoman, de ses nations et de sa dynastie*, p. 292.

L'ARABIE

CONTEMPORAINE

PREMIÈRE PARTIE

L'ARABIE
CONTEMPORAINE

PREMIÈRE PARTIE

I

LE WAHABITISME DEPUIS SON ORIGINE JUSQU'A L'INTERVENTION DES ÉGYPTIENS.

Les Arabes ont beaucoup de penchant à honorer les saints; ils reconnaissent même à leurs descendants des priviléges bizarres. Plusieurs villes de la Péninsule tirent leur origine de la cellule ou du tombeau d'un homme remarquable par ses connaissances ou ses austérités, et souvent par quelque jonglerie destinée à attirer le vulgaire que la science ou la sainteté seule n'aurait pas touché suffisamment. Sur beaucoup de points, les saints avaient fini par faire oublier non-seulement Mahomet, mais l'Être suprême. Vers le milieu du dix-huitième siècle, ces écarts de l'esprit religieux avaient, par leur excès même, préparé une réaction contre les saints lorsque parut Abd-ul-Wahab. Il était né à Horeymélah dans le Nedjd vers 1691. Après avoir visité une partie de la Turquie, il revint dans sa patrie avec l'intention de se consacrer à purifier la doctrine et les mœurs des Arabes.

La ville d'Eyanah, dans le Nedjd, professait une sorte de culte pour la mémoire d'un certain Saad. Le jour du marché, un pauvre homme qui avait perdu un chameau, traversait la foule en suppliant à grands cris ce Saad de lui rendre sa bête. — « Malheureux, cria Abd-ul-Wahab, « pourquoi n'invoques-tu pas Dieu plutôt que Saad ? » Le lendemain, toute la ville était en émoi : il y avait un parti *wahabite*.

Au milieu de la quiétude un peu morne à laquelle le monde musulman semblait condamné et résigné, l'explosion du wahabitisme est venue susciter en Arabie la plus grande crise que la Péninsule ait ressentie depuis la prédication de Mahomet. Tous les pouvoirs qui existent encore aujourd'hui sur ce sol, ont été alors renouvelés ou fondés. C'est aussi à partir de la même époque qu'on a commencé à connaître plusieurs parties de la Péninsule, sur lesquelles on était à peu près réduit aux indications fort incomplètes des géographes arabes. Pour la première fois, depuis bien longtemps, l'Arabie fut traversée dans toute sa largeur, d'el-Katif à Iambo, par des étrangers et par des armées régulières. On découvrit des villes et des montagnes dans une contrée qu'on s'était accoutumé à considérer comme plate, déserte et sillonnée par quelques misérables nomades.

Abd-ul-Wahab ne formulait pas une nouvelle doctrine : il avait seulement la prétention de ramener l'islamisme à sa pureté primitive. Il reconnaissait le Coran comme émanant de l'inspiration divine, mais il rejetait tout ce que les théologiens et les légistes y ont ajouté. Abd-ul-Wahab proclamait spécialement que les saints ne peuvent servir d'intermédiaires entre Dieu et l'homme. Aucun culte, aucun hommage ne leur est dû, pas plus à Mahomet qu'aux autres. C'est une idolâtrie d'élever des monuments sur leurs tombes.

Sous le rapport des mœurs, alors fort relâchées, surtout parmi les pèlerins de la Mecque, la plus grande pureté était prescrite, imposée même aux nouveaux disciples. L'usage de la soie et du tabac leur était formellement interdit. L'obligation de combattre les infidèles leur était rappelée, et le ciel promis à celui qui succomberait dans la lutte. On voit, par cet exposé, que le wahabitisme n'a pas de valeur philosophique : il n'a rien ajouté sous ce rapport au maigre bagage de l'islamisme.

Or, la population du Nedjd était particulièrement préparée à écouter cet enseignement et à adopter cette réforme. Isolée dans le monde musulman, elle n'avait pas été mêlée au mouvement théologique et social qui a altéré ou simplement développé le fond et la forme de l'islamisme. Abd-ul-Wahab retrouvait cette population à peu de chose près dans l'état où Mahomet l'avait laissée. Il eut la chance non moins grande de rencontrer un homme qui se fit l'apôtre extérieur de la réforme. Cet homme appartenait à la tribu des Anezi; il se nommait Mohammed-ibn-Saoud, et était le chef héréditaire de l'une des premières tribus du Nedjd, dans la ville de Derryeh. Abdul-Wahab et Mohammed se partagèrent l'autorité : le premier resta le pontife, le second devint le prince. Ils étaient convenus que cet ordre de succession bi-partite serait observé entre leurs descendants. Ainsi, lorsque Mohammed mourut, en 1765, après avoir presque soumis tout le Nedjd, son fils Abd-ul-Aziz lui succéda. A la mort d'Abd-ul-Wahab, survenue en 1787, il eut également pour successeur son fils Hussein. Encore aujourd'hui, la famille Ibn-Saoud, descendant de Mohammed, gouverne le Nedjd, tandis qu'une sorte de magistrature religieuse appartient de droit à la postérité d'Abd-ul-Wahab. Au moment du voyage de M. Palgrave, le cadi de la capitale du Nedjd était un descendant d'Abd-ul-Wahab, nommé Abd-el-Latif, qui avait été élevé en Égypte, et exerçait autant d'influence que le prince temporel, Fayssal-ibn-Saoud.

Pendant le règne d'Abd-ul-Aziz, les wahabites se répandirent en dehors du Nedjd, pillèrent Kerbélah, le sanctuaire des musulmans chiites, et prirent la Mecque, la ville sainte de tous les musulmans. Le pacha turc de Bagdad, qui les attaqua par l'el-Haça, fut impuissant à arrêter leur essor. En 1803, Saoud[1] succéda à son père Abd-ul-Aziz, assassiné par un chiite. Le système wahabite

---

1. Le récit de M. Palgrave sur la succession des premiers princes wahabites diffère de ceux qu'on trouve dans les autres relations. Nous avons suivi l'ordre indiqué par Burckhardt, Corancey, Rousseau, etc., etc.

était établi, c'est-à-dire un puritanisme musulman et un gouvernement bédouin, suivant la définition de Burckhard. Saoud sommait trois fois ceux qu'il appelait les infidèles de se soumettre à la réforme. S'ils refusaient, il se croyait en droit de les attaquer et de tuer tous ceux qu'il trouvait les armes à la main. Il faisait du reste régner la sécurité dans ses états, et protégeait le commerce. Ce fut Saoud qui éleva le plus haut la grandeur de sa secte. Médine fut prise et le tombeau du prophète pillé comme tous les monuments élevés en l'honneur des saints, qui tombaient entre les mains des wahabites. Le Hedjaz fut conquis, le Yémen entamé, et l'Oman soumis pendant quelque temps à un tribut; les excursions de Saoud firent trembler Bagdad, même Alep. Enfin, à la Mecque, le nom du sultan cessa d'être prononcé dans le prône du vendredi et le pèlerinage fut arrêté : cette suspension eut un retentissement immense dans tout le monde musulman. Saoud, devenu vieux, fit reconnaître son fils Abd-Allah. C'est ce prince qui eut affaire aux Égyptiens. Tels sont, en résumé, les faits qui ont précédé l'intervention du célèbre Méhémet-Ali.

Quelles ont été, dans les divers États dont se compose l'Arabie, les conséquences de l'explosion du wahabitisme, de l'intervention égyptienne et de l'occupation turque, après le départ des troupes de Méhémet-Ali? C'est ce que nous allons rechercher en présentant successivement le tableau de la situation religieuse, politique et sociale d'abord dans le Nedjd, et son annexe dans le Djébel-Shammar, dans le

Hedjaz, enfin dans le Yémen. Des voyages récents d'un grand intérêt, et des correspondances inédites que nous avons pu consulter aux archives du ministère des affaires étrangères de France jettent une nouvelle lumière sur ces pays, et permettent de pénétrer plus avant dans la vie propre à la grande Péninsule.

II

LE NEDJD.

Méhémet-Ali avait été nommé par le sultan gouverneur général de l'Égypte avec la mission de reconquérir les *villes saintes*. En 1811, son fils Toussoun débarquait à Iambo à la tête d'une expédition. Ses premières armes furent malheureuses. La tribu des Harb et les wahabites commandés par Abd-Allah lui firent éprouver un véritable désastre au mois de janvier 1812, entre Iambo et Médine. Bientôt, après avoir reçu des renforts, Toussoun s'empara de Médine. Vers la fin de 1812, les Égyptiens occupaient la Mecque et Taïf : les wahabites étaient refoulés. Méhémet-Ali vint alors les attaquer vers le sud. Au mois de janvier 1815, une grande bataille eut lieu à Koulacq, dans le pays de la tribu de Bisel ou Besel. Les Arabes furent complétement mis en déroute par le vice-roi. Nous rendrons compte de ce combat au chapitre du Yémen. A la nouvelle de ce succès, Toussoun partit de Médine pour attaquer les wahabites dans le nord du Nedjd. Il y trouva Abd-Allah qui entra en pourparlers avec lui. On convint que les Turco-Égyptiens évacueraient la partie du Nedjd qu'ils avaient envahie, et livreraient les chefs du pays qui s'étaient joints à eux. De son côté, Abd-Allah se déclarait le fidèle sujet du sultan, consentait à faire prier pour Sa Hautesse le vendredi, renonçait à toute prétention sur les *villes saintes*, et stipulait en faveur des siens la faculté de traverser le territoire turc pour s'acquitter du devoir du pèlerinage. Après cet arrangement, Toussoun se retira, et Abd-Allah resta maître du Nedjd. Mais Méhémet-Ali, qui voulait détruire le wahabitisme dans son foyer même, ne ratifia l'arrangement qu'en demandant la cession du territoire d'el-Haça à Abd-Allah, qui ne lui fit aucune réponse.

L'année suivante, c'est-à-dire en 1816, Ibrahim-Pacha, le futur vainqueur de Koniah et de Nézib, partait du Caire le 3 septembre; il était chargé de soumettre définitivement le Nedjd. Après quelques opérations préliminaires, il s'établit, le 6 avril 1817, devant Derryeh, capitale du pays, où Abd-Allah s'était renfermé avec l'émir Fayssal, le vaincu de Koulacq. Il s'y défendit vaillamment pendant cinq mois. Le 9 septembre, Abd-Allah, cédant aux clameurs de la population, demanda une entrevue à Ibrahim, qui la lui accorda. Le héros wahabite arriva bientôt avec une nombreuse escorte à la tente du héros égyptien, qui le reçut avec courtoisie, mais en lui annonçant qu'il ne pouvait le laisser à Derryeh. Conduit à Constantinople, Abd-Allah, le plus brave des chefs arabes, fut amené devant le sultan, qui l'accabla d'injures; après avoir été chargé de chaînes, il fut traîné pendant trois jours dans les rues, et exposé aux insultes de la populace. Le malheureux prince du Nedjd, dont le courage ne se démentit pas, eut la tête tranchée sur la place de Sainte-Sophie, le 17 septembre 1818. Pendant son supplice et celui de son secrétaire, un iman wahabite, qui allait lui-même être exécuté, ne cessa de chanter et de prier. Le corps d'Abd-Allah fut livré à la populace, et les têtes des trois suppliciés restèrent exposées à la porte du vieux sérail. Le fils aîné d'Abd-Allah, nommé Turki, avait réussi à s'échapper. Les autres émirs de la famille de Saoud furent gardés en Égypte, d'où nous les verrons bientôt revenir.

Ibrahim-Pacha, sur l'ordre qu'il avait reçu de son père, détruisit complétement la ville de Derryeh et en dispersa les habitants. La puissance expansive du wahabitisme était détruite pour longtemps; mais les Égyptiens n'en avaient pas fini avec la principauté du Nedjd, qui reparaîtra bientôt sur la scène ainsi que la famille des Ibn-Saoud. Pour le moment, le pays était abattu et épuisé.

En même temps que le fils de Méhémet-Ali achevait cette soumission, les Anglais agissaient, de leur côté, contre la partie de l'Arabie qui s'étend le long du golfe Persique sous le nom assez vague d'el-Haça, jusqu'à l'État d'Oman. Ils avaient plusieurs fois réprimé par la force les pirates wahabites, qui s'étaient attaqués même à leur pavillon de guerre. En 1819, ils débarquèrent trois mille hommes à el-Katif, et offrirent leur concours à Méhémet-Ali pour l'aider à soumettre le Nedjd. C'est à cette occasion que le capitaine Sadlier traversa l'Arabie dans toute sa largeur, depuis le golfe Persique jusqu'à Iambo sur la mer Rouge. Méhémet-Ali refusa cette offre, et ses forces seules achevèrent la soumission du Nedjd.

Nous allons essayer de raconter la suite assez embrouillée de l'histoire des émirs du Nedjd. Nous le ferons en contrôlant les renseignements contenus dans les ouvrages de Palgrave, de Guarmani, de Wallin et de Mengin par les correspondances inédites auxquelles nous avons déjà fait allusion.

Nous avons laissé Ibrahim-Pacha dans le Nedjd après le sac de Derryeh ; il y éleva des points fortifiés. M. Palgrave raconte qu'il fit massacrer tous les hommes de religion et de loi, mais qu'il traita avec douceur les autres habitants. Il n'en fut pas de même des deux autres pachas qui, après son départ, gouvernèrent successivement le pays. Ils réussirent si bien à exaspérer les habitants, que le fils d'Abd-Allah, Turki, put rentrer, chasser les Égyptiens, et s'installer sur le trône de ses pères[1]. Ce fut lui qui choisit Ryad pour remplacer comme capitale la ville de Derryeh[2]. Toutefois il ne réussit pas à recouvrer tous les

---

1. Dans le livre de M. F. Mengin, on émet l'opinion que cet émir est le même qui, en 1815, perdit, sous le nom de Fayssal, la célèbre bataille de Koulacq-Bisel.

2. La situation exacte de Ryad a été relevée, en 1865, pour la première fois, par le lieutenant-colonel Lewis Pelly, résident britannique à Bender-Boushire, qui a mis cinq jours à s'y rendre,

pays sur lesquels régnait Abd-Allah au moment de sa défaite. Il ne reprit ni l'el-Haça, ni le Cassim. Pendant son règne, les Égyptiens, sous la conduite d'un pacha nommé Hussein, firent un retour offensif qui ne fut que passager. Vers 1830, Turki fut assassiné par un de ses parents, nommé Al-Meshari, qui se proclama à sa place.

Fayssal, fils de Turki, vint bientôt attaquer l'usurpateur. Il avait auprès de lui le fameux Abd-Allah-ibn-Raschid, un exilé de Djébel-Shammar, dont nous parlerons bientôt. Avec l'aide de ce guerrier, il remonta sur le trône où il était encore en 1862. Son règne fut encore interrompu et fort agité.

Vers 1835, les Égyptiens reprirent vigoureusement l'offensive contre le Nedjd. Fayssal ne put rester dans sa capitale, où fut installé un émir Kaled ou Kalil, de la famille de Saoud. Le lieutenant de Méhémet-Ali, nommé Kourchid-Pacha, poursuivit Fayssal dans l'el-Haça, l'assiégea dans la ville de Dalam, qui fut prise le 10 décembre 1838, après un siége de quarante jours. Fait prisonnier, Fayssal fut envoyé dans la citadelle du Caire[1].

à dos de chameau, du port de Koweit. La longitude de Ryad a été trouvée, d'après cinq observations solaires, être de 46° 41' 48", et la latitude de 24° 38' 34". Outre l'intérêt géographique, M. Pelly désirait avoir une entrevue personnelle avec l'émir « au sujet de différentes matières qui se rattachent au droit public. » On ne sait rien sur le véritable objet et sur le résultat de cette excursion.

1. Le rapport de Kourchid-Pacha sur ce fait d'armes a été publié à la page 478 de l'*Histoire sommaire de l'Egypte sous le gouvernement de Méhémet-Ali*, par F. Mengin. M. Palgrave (t. II,

La campagne de Kourchid dans l'el-Haça et l'occupation d'el-Katif par ses troupes, augmentèrent l'animosité des Anglais contre Méhémet-Ali. L'irritation était grande à Londres et à Bombay. On parlait d'occuper l'île Bahrein et même Bassorah, que l'on crut menacé par Kourchid-Pacha. C'était du reste le moment où allait éclater la seconde rupture du sultan Mahmoud avec son puissant vassal : les forces turques de terre et de mer commençaient à avoir une attitude menaçante, contre laquelle Méhémet-Ali avait peut-être été bien avisé de prendre des précautions ou des gages du côté du Chat-el-Arab.

La défaite de Fayssal fut le dernier exploit des Égyptiens dans le Nedjd. Lorsque les troupes de Méhémet-Ali se retirèrent après les événements de 1840, le pouvoir resta entre les mains d'un membre de l'ancienne famille régnante, nommé Kaled-ibn-Saoud[1]. Ce prince, que

---

p. 65 à 70 de l'édition anglaise) raconte aussi ces événements. Son récit, qui n'est pas très-clair parce qu'il manque de dates, diffère un peu du nôtre. Ainsi, il parle d'un retour momentané de Fayssal à Ryad. Ce qui tendrait à établir que les renseignements oraux recueillis par M. Palgrave étaient un peu confus, c'est que ce voyageur ne parle pas du siége de Dalam. En l'absence de moyens de contrôle, je me suis attaché à ne rapporter que les faits sur lesquels les relations paraissent concorder. — On voit, du reste, par le livre de M. Mengin, que Fayssal remporta quelques succès contre un nommé Ismaël Bey, mais que Kourchid-Pacha marcha contre Fayssal et l'accabla.

1. D'après le récit de Palgrave, Kaled ou Kalil, installé une première fois par les Égyptiens, ne serait pas revenu à Ryad après le retour momentané de Fayssal, dont il a été fait mention dans

Méhémet-Ali avait fait élever au Caire, avait puisé dans une éducation quasi européenne quelque goût pour la civilisation. On raconte qu'il s'était attiré la faveur des Anglais, avec lesquels il avait conclu un arrangement pour les pêcheries de l'île Bahrein, possession du Nedjd, sur le golfe Persique. Il y a probablement quelque chose de vrai dans ces relations avec les Anglais, puisque c'est à cette cause qu'on attribue un soulèvement qui eut lieu en 1842, contre l'autorité de Kaled. La branche cadette de la dynastie, représentée par l'émir Thenigyan, fut alors appelée à régner, et l'ami des Anglais contraint de se réfugier en Égypte. En 1843, Fayssal, le détrôné de 1838, échappé de la citadelle du Caire avec la complicité du vice-roi Abbas, à ce que pense Palgrave, souleva à son tour le pays, et renversa son cousin Thenigyan [1].

---

la note précédente. En se retirant, les Égyptiens auraient laissé l'émir Thenigyan, dont il va être question quelques lignes plus bas. Je me contente de signaler ces divergences en appelant un éclaircissement définitif.

1. M. Palgrave, dans le second volume de son voyage, raconte longuement le retour de Fayssal, la résistance de Thenigyan et les circonstances dramatiques de sa reddition. Le même voyageur indique dans les *Proceedings* de la Société géographique de Londres du mois d'avril 1864, pour le prince régnant Fayssal, la généalogie suivante : « Fils de Zerchi (Turki), fils d'Abd-Allah-ibn-Saoud, celui qui a été décapité à Constantinople en 1818. » M. Palgrave, dans le *journal* de la même société pour 1864, complète cette généalogie par les ascendants Abd-ul-Aziz et Mohammed. Cette indication, qui rappelle dans leur ordre historique une série de noms connus, paraît très-probable. Seulement, M. Palgrave

PREMIÈRE PARTIE.

L'émir Fayssal, ainsi restauré vers 1843, ou quelques années plus tôt, ne tarda pas à avoir des démêlés avec les Turcs établis dans le Hedjaz et avec le grand-chérif de la Mecque, Ibn-Aoun, alors leur allié. Il paraît qu'avant d'arriver dans le Nedjd, il s'était engagé à payer un tribut au sultan, et il est probable qu'il n'avait pas tenu cette promesse. En effet, en 1847, Ibn-Aoun entrait dans le Nedjd avec un descendant direct de Saoud, nommé Kaled ou Kalil, probablement le prédécesseur de Thenigyan. Le grand chérif n'était suivi que de mille hommes; mais il comptait sur le double prestige de son caractère religieux et de sa haute naissance. La petite troupe se dirigea sur Ryad. Fayssal, effrayé, était sur le point de consentir à se

---

dit que Fayssal est le septième de la série, tandis que nous n'en trouvons que cinq avant lui. M. Guarmani, qui était dans le nord de l'Arabie en 1864, appelle le souverain de Nedjd : Fayssal-ibn-Terchi-ibn-Abd-Allah-ibn-Abd-ul-Aziz-ibn-Mohammed-ibn-Saoud. C'est la même généalogie, sauf ce qui concerne Saoud. — On nous pardonnera de laisser ici et ailleurs quelques doutes sur les généalogies des princes arabes. Un point d'interrogation placé judicieusement est plus instructif qu'une affirmation hasardée. Un tel procédé est de nature à rassurer le lecteur, car s'il laisse voir que l'écrivain n'a pas eu la perspicacité ou les moyens de tout découvrir, il témoigne de sa bonne foi et de ses scrupules. Si nous avions eu l'honneur d'assister, le 22 février 1864, à la séance de Burlington-house, dans laquelle M. Palgrave a raconté son voyage, à cette *mille et deuxieme nuit*, comme sir Roderick J. Murchisson l'a dit avec autant de grâce que d'esprit, nous aurions peut-être pris la liberté d'inviter le narrateur à dresser plus clairement l'arbre généalogique du Nedjd.

retirer par le golfe Persique à la condition d'emporter ses trésors; mais l'expédition ne réussit pas, et l'émir en fut quitte pour promettre à la Porte un tribut de dix mille thalaris. Malgré l'insuccès de cette tentative, Kaled ou Kalil nourrissait l'espoir d'être replacé sur le trône de Ryad. Il vivait modestement à Djeddah d'une pension d'environ 30,000 piastres, que lui faisait la Porte. On l'y désignait sous le nom de *prince noir*, à cause de sa couleur. Il s'adressait continuellement aux autorités de Djeddah et de la Mecque, pour obtenir une expédition contre Fayssal qu'il représentait comme s'étant rendu impopulaire par ses exactions, tandis qu'il assurait que la branche à laquelle il appartenait compte beaucoup de partisans dans le pays. Kaled offrait, du reste, de porter à cent mille thalaris le tribut accepté, sinon payé par son cousin, et de rembourser ultérieurement les frais de l'expédition qui l'aurait mis à la tête des États de Fayssal. Kaled affectait des idées tolérantes en fait de religion. Il entretenait des rapports de politesse avec le consul de France à Djeddah, et était aimé de tout le monde à cause de la douceur de son caractère et de sa générosité. Les bédouins fréquentaient sa maison. M. Didier[1] l'a connu en 1854. Il le peint comme un homme rempli de charme, noble et gracieux à la fois, dont la mélancolie douce et fière ne permettait d'oublier ni l'infortune ni l'origine. Le prince

---

1. *Visite au grand-chérif de la Mecque.*

noir est mort subitement à Djeddah en 1857, au moment où il se disposait à partir pour Constantinople.

Nous avons vu qu'au moment de l'expédition de Kaled, Fayssal promit à la Porte un tribut de dix mille thalaris. Trois ans après, c'est-à-dire en 1850, il refusait déjà de le payer. En 1854 il n'en avait acquitté que le tiers, et en 1855 il offrit de solder l'arriéré et l'année courante en fournissant un certain nombre de chameaux et de chevaux. Je ne serais pas éloigné de croire que le tribut ait été alors et depuis accepté sous cette forme; c'est du moins ce qui résulterait des indications que nous trouvons dans le *Zeitschrift für allgemeine Erdkunde* (Berlin 1865), où M. G. Rosen résume le voyage exécuté en 1864 par M. Guarmani.

« On doit, dit ce voyageur, considérer comme un prince souverain l'émir Fayssal, bien qu'il envoie chaque année pour le sultan quelques juments, que le chérif de la Mecque expédie plus loin. » M. Guarmani ajoute que l'émir du Nedjd a le droit régalien de vie et de mort sur ses sujets, et qu'il ne connaît pas d'autre loi que la loi bédouine. Il est certain que les lois organiques de la Turquie n'y sont pas reconnues, et que le nom du sultan n'est pas prononcé dans le prône du vendredi.

Nous avons dit plus haut que Turki n'était pas rentré en possession de l'el-Haça et du Cassim. Au moment du voyage de Palgrave, Fayssal avait soumis l'el-Haça. Une partie du Cassim avait été prise par le cheik du Djébel-Shammar; Fayssal était en train de reconquérir le reste par la trahison et la force. La ville d'Oneïzah lui résistait encore en 1862. M. Guarmani annonce qu'elle fut prise, en 1863, par les forces combinées du Nedjd et du Djébel-Shammar. En général, le Cassim et l'el-Haça sont des foyers d'opposition et de résistance contre la centralisation politique et le despotisme religieux du wahabitisme nedjli.

M. Wallin, dans la relation de son voyage de 1845, estime que les émirs du Nedjd ont beaucoup perdu de la vigueur et de la résolution qui caractérisaient à un si haut degré les fondateurs de leur dynastie. Fayssal, dit-il, était respecté pour son attachement à la religion, et aimé à cause de son caractère doux et clément.

M. Palgrave a connu personnellement Fayssal. Il va nous le montrer dans une circonstance solennelle. C'est la réception faite à son second fils Saoud, qui rentre à Ryad avec ses troupes : « Pour la première et dernière fois pendant notre séjour, dit M. Palgrave, Fayssal donna une audience publique devant la porte de son palais. Là était assis le vieux tyran, aveugle, corpulent, décrépit, encore imposant avec son large front, sa barbe blanche, son air pensif, vêtu avec la simplicité d'un wahabite, portant pour toute marque distinctive le sabre à garde d'or. A côté de lui se tenaient les ministres, les officiers de la cour, une foule de citoyens les plus nobles et les plus riches. Abd-Allah, l'héritier du trône était seul absent (il est brouillé mortellement avec son frère, qu'il a voulu faire assassiner). Arrive Saoud en costume d'officier, richement couvert de châles de cachemires et d'un manteau tissé d'or, tandis que, homme à homme, suivaient ses cavaliers habillés de rouge, la lance sur l'épaule et le sabre traînant. Un mousquet pendait aussi de la selle de chaque soldat, et une dague pointue brillait dans chaque ceinture. Vint ensuite le commun des soldats, quelques-uns avec la lance seulement, d'autres avec des lances et des fusils, jusqu'à ce que la vaste place fût remplie d'hommes armés et de spectateurs, et que toute l'armée fût rangée devant le grand autocrate. Alors Saoud, ayant mis pied à terre, s'inclina et baisa la main de son père. « Dieu garde Fayssal! Dieu garde la victoire aux armées des croyants! » s'écria-t-on de toutes parts; en même temps toutes les figures s'illuminaient avec un fier sourire, exprimant un enthousiasme concentré et la conscience de la force. Fayssal se leva de son siége et plaça son fils à son côté. »

Le même voyageur fait connaître la nature du pouvoir que Fayssal exerce. Ses renseignements sont en contradiction avec l'appréciation de Burckhardt, qui dit que les États du prince des wahabites sont une sorte de république bédouine et nullement un pays absolu. Ou l'un des deux voyageurs se trompe, ou une révolution complète s'est opérée dans le Nedjd depuis cinquante ans, ce qui paraît assez probable. En effet, d'après Palgrave, l'autorité publique est très-centralisée dans le Nedjd. Il n'y a qu'un seul district, celui de Sedeyr, qui ait conservé un chef héréditaire. Les autres provinces ont des gouverneurs et des sous-gouverneurs nommés par l'émir.

M. Palgrave évalue la population du Nedjd à 1,700,000 habitants. Un certain nombre de soldats est levé dans chaque ville et dans chaque village ; il y a des taxes et des droits fixes, ainsi que des règlements pour tout ce qui concerne la vie commerciale et agricole. C'est une monarchie absolue, un despotisme, dit le même auteur, comme on n'en a peut-être jamais vu en Europe, un despotisme auquel tout ce qu'on a pu lire dans les livres ou dans les journaux ne ressemble que de loin. On ne peut, en effet, rien imaginer de plus complet, surtout au point de vue religieux, comme nous le verrons bientôt, après avoir dit quelques mots des habitants. Du reste la sécurité règne et il y a un certain ordre : le gouvernement central a le privilége de l'oppression.

Les Nedjli, nous l'avons déjà indiqué, sont restés ce qu'ils étaient au viie siècle de notre ère. Ayant peu de rapports avec les étrangers, et ne s'étant pas mêlés avec eux par des mariages, ils n'ont ni avancé ni reculé. M. Palgrave s'imaginait quelquefois qu'il revivait au temps de Mahomet, et il reconnaissait dans la langue parlée autour de lui, la langue même du Coran.

Les traits généraux du wahabitisme ont déjà été exposés[1]. Il y a aussi une morale particulière, et au premier

---

1. M. Palgrave (t. Ier, p. 448 à 449) indique les particularités du culte wahabite dans le Nedjd.

rang des devoirs figure l'interdiction de fumer[1]. Tout ce qu'on peut concevoir de plus horrible et de plus honteux n'est rien en comparaison de l'usage de cette plante. M. Palgrave demanda un jour à un habitant du pays quels sont les plus grands péchés. « Le plus grand péché, répondit le wahabite, est l'adoration de quelque autre chose que Dieu. » Il ajouta sans la moindre hésitation que l'usage du tabac est le péché le plus irrémissible après le polythéisme. « Mais l'assassinat, le vol, le faux témoignage, demanda l'européen. — Oh! répondit l'Arabe, Dieu est miséricordieux, ce sont là de petits péchés. Les seuls péchés mortels sont le polythéisme et l'usage du tabac. » Le même voyageur a entendu dire que dans le district nedjli d'Aflaï, c'est un acte méritoire de tuer les fumeurs, ou, comme disent les wahabites par euphonie, « ceux qui boivent la chose honteuse. »

L'assistance au service divin est obligatoire. L'absent est puni du bâton, s'il ne peut justifier d'un motif légitime. Du reste les Nedjli ne se font pas beaucoup de scrupule de prendre le nom de Dieu en vain. Ils n'en croient pas moins que Dieu est tout. Si un homme écrit, ce n'est pas l'homme mais Dieu qui écrit; de même pour le feu qui brûle, pour une pierre qui tombe. L'en-

---

1. Les wahabites prétendent que le tabac est un poison violent et ils disent avec intention *boire* le tabac; ils ajoutent que Mahomet défend l'usage de tout ce qui a été brûlé. M. Palgrave fait remarquer à ce sujet que les Nedjli n'en mangent pas moins de la viande bouillie.

fant qui joue à la toupie, dit que c'est Dieu qui la fait tourner.

Vers 1856 le choléra éclate dans le Nedjd. Ce qui se passa alors donnera une idée des sentiments de la population et du despotisme religieux exercé par le gouvernement. Nous empruntons ce récit caractéristique à M. Palgrave : « Le gouvernement était dans la plus grande anxiété et, croyant que l'épidémie provenait de ce que le pur et primitif islamisme n'était plus observé, il vit ce qu'il fallait faire pour arrêter les progrès du choléra. Le souverain appela les hommes les plus graves, les plus religieux et leur dit : « Je décharge ma conscience sur la « vôtre. Je ne puis pas surveiller moi-même la pratique « religieuse et l'état moral de chaque individu dans mon « empire. Je vous confie le soin de le faire. » On forma alors un conseil composé des trente-deux personnes les plus fanatiques et les plus immaculées que l'on put rencontrer dans la ville, et parmi lesquelles il se trouva plusieurs membres de la famille du réformateur Abd-ul-Wahab. Elles eurent un pouvoir de censure complet et absolu pour rechercher et punir dans tout l'empire les offenses qui pouvaient être commises contre la morale ou la religion. Comme symbole de leur autorité, elles étaient armées d'une longue baguette qu'elles laissaient rarement oisive, et assistées par une quantité de satellites portant de respectables gourdins. Leur droit d'investigation et de punition s'exerçait sur la vie publique et privée de tous les habitants, sans en excepter la famille régnante. Le frère du roi, nommé Djélovie, alors âgé de cinquante ans, convaincu d'avoir fumé, fut publiquement enlevé et bâtonné par les censeurs devant la porte de son propre palais. Le ministre des finances, qui avait commis quelque infraction du même genre, fut si bien battu qu'il mourut le lendemain. Beaucoup d'autres coupables furent aussi mis à mort. Des peines sévères frappèrent ceux qui ne se rendaient pas aux cinq prières quotidiennes. Après la prière du soir et jusqu'à celle du lendemain matin, il fut défendu de parler, même dans les maisons particulières, un bon musulman devant dire sa dernière parole à Dieu avant de s'endormir. Il fut interdit aux enfants de jouer dans les rues. Les trente-deux censeurs allèrent exercer leur surveillance dans les provinces. Dans l'el-Haca et le Cassim, où le wahabitisme n'est pas sincèrement accepté et où il y a encore des idolâtres, on leur résista et une transaction eut lieu. Après la cessation du choléra, l'institution des censeurs a été maintenue; mais elle s'exerce maintenant avec beaucoup moins de rigueur. »

Ainsi le wahabitisme a persisté dans le Nedjd proprement dit à l'état de croyance pratique, ou, si l'on veut, de rite, de *magtab*, comme disent les Arabes. Nous allons le voir dans le Djébel-Shammar à l'état de secte propagandiste comme aux temps d'Abd-ul-Wahab et de Saoud.

III

LE DJÉBEL-SHAMMAR

Le Djébel-Shammar est l'une des provinces du Nedjd, l'un des sept Nedjd, comme disent les Arabes, et le plus septentrional. Ce djébel forme un promontoire avancé vers la mer de sable ou Néfoud, qui, avec le désert de Syrie, le sépare des provinces turques. Niebuhr parle de la « fameuse montagne de *Schamer*, fertile et étendue; » il désigne aussi l'el-Djôf, qui fait actuellement partie du Djébel-Shammar, comme un district très-peuplé et bien cultivé. Burckhardt dit également que les Beni-Shammar forment une tribu puissante, qui pouvait lever de quatre à sept mille hommes armés de mousquets.

Ce pays est administré sous la suzeraineté du Nedjd. Le cheik qui y régnait en 1815, était un des plus solides appuis du chef des wahabites, auprès duquel, dit le même voyageur, il jouissait d'un grand crédit. Mais la prépondérance actuelle des Shammar est due à un autre personnage nommé Abd-Allah-ibn-Raschid. Le cheik régnant, Salih-ibn-Ali, qui était le cousin d'Abd-Allah,

craignant son influence sur le peuple, l'avait exilé.
Abd-Allah se rendit, vers 1820, à Ryad, capitale du
Nedjd, où régnait alors l'émir Turki. Ce prince
ayant été assassiné, comme nous l'avons déjà raconté,
Abd-Allah aida Fayssal son fils à ressaisir la principauté; pénétrant dans la forteresse, il avait, après une
lutte acharnée, tué de sa main Al-Meshari, compétiteur
de son ami Fayssal, que, du haut de la mosquée, il proclama et fit reconnaître par le peuple. Fayssal, par reconnaissance, déposa Salih et déclara Abd-Allah chef héréditaire du Shammar, mais il n'avait à ce moment aucun
moyen de l'aider à déposséder son cousin. Abd-Allah-ibn-
Raschid retourna seul dans son pays, plein de confiance
dans son habileté et dans le crédit qu'il exerçait sur ses
compatriotes. Pendant le jour, il se tenait caché dans les
montagnes; la nuit, il descendait aux villes voisines de Haïl
et de Kafar, dans les maisons de ses amis et adhérents qui
excitaient le peuple en sa faveur. Dès qu'il eut suffisamment organisé son parti, il tint tête ouvertement à son
cousin et réussit à le vaincre. Salih-ibn-Ali, se voyant
abandonné par la tribu, prit la fuite avec ses trois frères
et se dirigea vers Médine dans l'espoir d'être secouru par
le gouverneur turc. Les fugitifs furent atteints par le frère
d'Abd-Allah, nommé Ubeïd, qui en tua deux. Le troisième, nommé Isa, parvint à s'échapper et arriva dans
la *ville sainte*, où le pacha le reçut avec bonté et lui
promit le concours des troupes ottomanes. Mais Abd-
Allah envoya à Médine son frère Ubeïd, qui fit au pacha

une offre plus considérable que celle de son rival. D'après le récit rapporté par M. Wallin, cette offre consistait en deux mille chameaux, une somme d'argent et d'autres présents. Ubeïd l'emporta donc et son frère fut reconnu comme cheik de Shammar; mais le pacha garda Isa auprès de lui pour forcer Abd-Allah à tenir ses promesses.

C'est aux grandes qualités personnelles d'Abd-Allah-ibn-Raschid et au courage indompté de son frère Ubeïd que les Shammar, qui étaient comparativement une petite tribu, doivent la prépondérance qu'ils ont acquise sur les villages et les nomades des environs. Abd-Allah était intrépide et ferme, d'une justice stricte inclinant à la rigueur, d'une fidélité inflexible à sa parole, à laquelle on n'a pas su qu'il eût jamais manqué. Son hospitalité n'a été surpassée par personne et sa charité envers les pauvres était telle que jamais un seul ne frappa à sa porte sans être assisté. Il avait au plus haut degré toutes les qualités qu'un bédouin peut avoir, et c'est à ce caractère, plus encore qu'à ses richesses et à sa puissance, qu'il était redevable de son grand prestige sur les Arabes. M. Wallin, qui trace ce brillant tableau, a entendu cependant les partisans et les parents de son prédécesseur se plaindre de l'arbitraire de ses actes et particulièrement de la dureté de son frère Ubeïd, surnommé le Loup. Ubeïd était et est resté le chef sincère et convaincu du parti wahabite, tandis qu'Abd-Allah passe pour avoir obéi aux nécessités politiques en se montrant wahabite zélé.

Un des principaux résultats du gouvernement d'Abd-Allah a été l'établissement de la sécurité publique. Avant son règne, il n'y avait dans le pays de sûreté ni pour les personnes, ni pour les biens. Des gens, qui ne sont pas encore très-âgés, se rappellent le temps où l'on ne pouvait pas s'aventurer de Haïl au village voisin de Kafar sans une escorte de dix à vingt hommes armés. C'est une excursion de trois heures que M. Wallin, en 1845, faisait absolument seul. Depuis Abd-Allah, et sous le règne de son successeur, les habitants disent proverbialement qu'un homme peut aller d'un bout du pays à l'autre *en portant son or sur la tête* sans être exposé au moindre danger.

Abd-Allah mourut entre 1844 et 1847, après un règne d'environ dix ans. Son fils Talal-ibn-Raschid le remplaça.

M. Guarmani dit que Talal est un des chefs les plus puissants et les plus riches de l'Arabie centrale. Il a huit cents esclaves noirs et six cents juments de race. La richesse des Ibn-Raschid provient des taxes levées sur les villages et tribus soumis, du butin qu'ils font dans leurs expéditions, des biens confisqués sur la famille et les partisans de leur cousin Salih, et du prix qu'ils prélèvent pour l'escorte de six cents cavaliers fournis annuellement à une caravane de la Mecque composée de Persans et de Mésopotamiens. Vassaux des émirs du Nedjd, les cheiks des Shammar donnent au prince résidant à Ryad une partie de ce revenu et quelquefois une part du butin prélevé dans les expéditions militaires[1]. C'est à peu près, avec un envoi de volontaires, quand le Nedjd est en guerre, le seul lien qui rattache le Djébel-Shammar à l'émir suzerain, quoique les Ibn-Raschid ne nient pas cette relevance et paraissent vivre en bonne intelligence avec les Ibn-Saoud : ainsi l'une des quatre femmes de Talal est fille de Fayssal. Talal exerce le droit de vie et de mort sur ses sujets et administre d'après les lois coutumières des tribus arabes. Il a une bannière à lui : sur un fond vert bordé de rouge, il est écrit en blanc : *Dieu et Mahomet et Mahomet est l'envoyé de Dieu.*

L'attitude du cheik des Shammar vis-à-vis la Porte est aussi très-politique. Talal est rempli d'attention et de courtoisie pour les officiers turcs qui l'avoisinent ou qui traversent ses États. Guarmani raconte que le fils aîné de Talal, Bendar-ibn-Raschid, le prenant pour un employé de Fuad-Pacha, lui dit qu'en cette qualité, il devait s'attendre à un bon accueil dans une famille « qui maniait l'épée du sultan et s'en regardait comme l'esclave. » Le jeune prince ajouta que son père, au lieu de se laisser aller à des idées d'indépendance, s'honorait de servir le gouvernement[2]. Le fait est que Talal lui-même se dit en

---

1. M. Guarmani, le dernier voyageur européen dans ce pays, dit que Talal n'envoie chaque année à Ryad qu'un tribut de six juments les plus mauvaises de ses écuries, et que Fayssal-ibn-Saoud les fait parvenir au sultan, avec d'autres beaucoup mieux choisies, par l'entremise du grand-chérif de la Mecque. *Bulletin de la Société de Géographie*, novembre 1865, p. 496.

2. *Bulletin de la Société de Géographie*, octobre 1865, p. 370.

toute circonstance le très-humble serviteur du sultan, et que le nom d'Abd-ul-Aziz est prononcé tous les vendredis dans le prône. La monnaie turque, qui n'est pas connue dans le Nedjd, circule au Djébel-Shammar. Mais à cela se borne la sujétion de Talal, qui ne tient aucun compte de l'autorité du sultan ni des lois générales de l'empire; il ne relève, et encore nominativement, que de l'émir du Nedjd. Ce lien est si faible que Fayssal n'a rien osé dire lorsque son vassal lui a enlevé une partie du Cassim par le suffrage des habitants plus favorables aux tempéraments politiques du Shammar qu'au fanatisme du Nedjd.

Talal-ibn-Raschid, comme son père Abd-Allah, fait régner la sécurité dans ses États et s'efforce d'y attirer le commerce des marchandises et le transit des voyageurs. Aussi s'attache-t-il particulièrement à entretenir de bonnes relations avec la Perse et avec l'Égypte. Les vice-rois de ce dernier pays, Abbas et Saïd, ont essayé à plusieurs reprises de nouer des relations politiques intimes soit avec le Nedjd, soit avec le Djébel-Shammar. Mais il ne paraît pas que ces tentatives aient eu de suite [1].

Talal-ibn-Raschid a environ 40 ans. M. Palgrave n'hésite pas à déclarer qu'il est le prince le plus accompli de l'Orient et supérieur à son père comme guerrier et comme homme d'État. Il égale Abd-Allah en générosité. « Le soir, dit Guarmani, au coucher du soleil, tous ceux

---

[1]. Palgrave, t. Ier, p. 189 à 196.

qui n'ont rien à se mettre sous la dent se réunissent par centaines sur la place de la mosquée et attendent qu'un crieur public les invite à entrer dans le château, où, fussent-ils mille, le prince fait distribuer des vivres à tout le monde, surveillant en personne la répartition, afin que nul ne puisse s'en plaindre et se retirer en murmurant [1]. »

Comme Abd-Allah, et comme la plupart des habitants de Haïl, sa capitale, Talal affecte seulement par politique de se dire wahabite [2]. Aussi le relâchement de ses habitudes et son peu de zèle à surveiller ses sujets lui ont-ils valu une réprimande officielle de son suzerain Fayssal. Il s'excusa de fumer sur ce qu'il le faisait en secret et par raison de santé : il promettait en même temps de s'amender. Le fils de Talal plaisantait M. Guarmani de ce qu'il ne voulait pas fumer; il ajoutait qu'il n'y a plus de wahabites. Néanmoins Talal n'ose pas rompre en visière avec le fanatisme wahabite dont son oncle Ubeïd est le chef. C'est ainsi qu'il permet aux espions religieux envoyés de Ryad de surveiller les mœurs et les pratiques de ses sujets. D'après ces informations qui paraissent assez précises, je crois que M. Guarmani force un peu l'expression lorsqu'il dit qu'il n'y a plus de wahabites dans le Djébel-Shammar. Du reste,

---

1. *Bulletin de la Société de Géographie*, octobre 1865, p. 388.
2. Ce qui n'a pas empêché qu'on massacrât un israélite persan qui, après s'être fait passer pour musulman, refusa de professer qu'il n'y a qu'un Dieu et que Mahomet est son prophète. On le prit pour un espion. Le fait se passait en 1864. Voir le *Bulletin de la Société de Géographie*, octobre 1855, p. 370.

Palgrave et Guarmani s'accordent pour constater que les mœurs sont dissolues dans ce pays, et les conversations licencieuses.

Nous connaissons la famille régnant à Haïl, sous la suzeraineté du Nedjd. Voyons maintenant quel est ce peuple des Shammar qui, sous la conduite des Ibn-Raschid a fait, comme nous le verrons bientôt, de si grandes conquêtes, et qui, d'après M. Palgrave, compterait aujourd'hui 500,000 âmes. Les Shammar, dit M. Wallin, sont un peuple très-entreprenant. Ils ont une grande propension pour le commerce et pour les expéditions guerrières. Contrairement aux autres citadins, les habitants des villes dans le Shammar sont regardés comme supérieurs à leurs frères bédouins sous le rapport du courage et de la pratique des arts. Il est certain que c'est à eux et non aux nomades que les Ibn-Raschid doivent l'établissement de leur autorité sur les tribus voisines. Dans les entreprises pacifiques, le peuple des villes est également supérieur aux nomades. Tous les ans, les Shammar vont chercher à Meshed-Ali les pèlerins de la Mésopotamie et d'une partie de la Perse, les conduisent à la Mecque et les ramènent au tombeau de l'iman. Le chef de cette escorte est un membre de la famille régnante, et la plupart des Arabes qui accompagnent la caravane sont des citadins, tandis que le nombre des bédouins est très-restreint. Les citadins sont aussi en rapports continuels avec les nomades pour l'achat et l'échange des chameaux nécessaires à l'agriculture. Un intérêt mutuel fait qu'il existe d'excellentes relations entre les deux classes de la population, ce qui n'a pas peu contribué à augmenter le pouvoir de la tribu. M. Wallin n'hésite pas à considérer les Shammar comme une des plus jeunes et plus vigoureuses tribus de l'Arabie.

Dans un passage très-nouveau et très-instructif de sa relation, le même voyageur raconte comment les habitants passent de la vie nomade à la vie sédentaire, et forment des villages. M. Wallin a assisté à cette transformation, où l'on voit en action les divers éléments de la société arabe. « Quelques familles possèdent des plantations de palmiers auprès d'une source. Vers la fin de l'été, quand les dattes sont mûres, les Arabes arrivent pour les cueillir. Par occasion, ils plantent quelques nouveaux arbres, ou bien ils se contentent d'arroser et de soigner les jeunes rejetons qui ont poussé naturellement. Deux ou trois fois, ils reviennent visiter le même endroit pendant le reste de l'année pour voir les arbres et, s'il y a eu abondance de pluie, pour y amener les ruisseaux de la montagne, afin d'augmenter la quantité de l'eau devenue trop peu abondante vu l'extension des plantations. Par degré, ils s'aventurent à semer un peu d'avoine ou de blé, se confiant au ciel pour les arroser. S'ils réussissent une année, ils étendent la suivante leurs champs cultivés. Mais déjà il y faut plus d'attention; deux ou trois personnes âgées décident d'y rester pour aider à l'irrigation naturelle, pour prendre soin des champs et des arbres. Avec des baguettes et des feuillages de palmier elles se bâtissent elles-mêmes une petite hutte; dès l'année suivante, leur exemple est imité par d'autres, si bien qu'en peu d'années, en dix peut-être, il s'élève une vingtaine de huttes en palmier. Mais alors survient une année sans pluie ; pas de récolte, famine. La population nouvellement établie a appris qu'elle ne doit pas se fier au ciel seul, et que, pour sa subsistance, l'homme doit compter sur ses propres ressources et sur son travail. Les habitants commencent à creuser des puits. Mais les huttes en palmier ne les protègent pas contre la pluie et contre le froid de l'hiver : en conséquence ils y substituent des huttes enduites de terre. Ils imaginent de nouveaux moyens de subsistance et de gain ; ils recueillent du bois dans les montagnes, du foin et des herbes utiles dans les vallées, dont ils trafiquent au marché de quelque localité plus importante dans le voisinage. En même temps les frères bédouins errent dans le désert avec leurs troupeaux et, comme auparavant, retournent au nouvel établissement au moment de la récolte. La condition heureuse, la vie comparativement tranquille de leurs parents fixés décide chaque année un ou deux des nomades à abandonner la tribu quand elle repart pour le désert et à s'établir aussi. D'autres, par diverses circonstances, sont obligés de faire de même. De nouvelles huttes sont bâties, de nouveaux puits sont creusés, les plantations s'étendent à mesure que la population augmente : ainsi s'élève par degrés le village dans une vallée qui d'abord n'était que temporairement et à de longs intervalles visitée par les bédouins errants. Ces localités deviennent autant d'asiles pour les nomades pauvres et réduits à rien, qui ont perdu leurs troupeaux ou leur bétail d'une manière quelconque, ou qui, « ayant un sang sur la tête, » ont été obligés de quitter leur tribu et leur pays, pour échapper à la vengeance des parents de leur victime. Ainsi la population augmente, se mêle. Des besoins nouveaux se manifestent. Comme le nomade, en général, a une aversion naturelle pour tout travail manuel, et, quoique établi dans des demeures fixes, garde toujours son caractère, des artisans viennent des villes voisines en quête du travail qui leur a fait défaut dans leur pays. Ils trouvent généralement à s'employer dans les nouveaux villages et s'y établissent. C'est dans les mêmes vues de gain que les marchands et les colporteurs visitent ces localités. Ils y viennent chaque année une fois, deux fois, échanger leurs marchandises contre des dattes, de la laine, du beurre et d'autres produits du désert. Ils se familiarisent par degrés avec l'usage et les manières des nomades, choisissent une femme parmi les fraîches filles du désert et finissent par s'établir définitivement dans le village où il y a de riches habitants. C'est par suite de circonstances de ce genre que Haïl, considérée aujourd'hui comme la capitale du pays, renferme la population la plus hétérogène et la plus variée. Haïl est probablement un des derniers villages fondés dans le pays. Il n'y a plus de bédouins proprement dits, à ce qu'affirme Niebuhr, dans l'imanat de Saana, et c'est sans doute de la même manière qu'ils se sont fixés. »

Abd-Allah et son fils Talal-ibn-Raschid ont fait de

grandes conquêtes depuis la retraite des Égyptiens. Au nord ils se sont annexé, en dehors du massif élevé du Nedjd, l'oasis d'el-Djôf (sur les cartes anglaises *el-Gawf*) et les villages environnants. Tout le Néfoud leur est soumis. Dans le désert de Syrie, ils ont conquis les Anezi-Bishr, qui, d'après la carte jointe au récit de M. Guarmani, ne sont distants de la mer Morte que de trente à quarante heures de chameau. Vers le sud, il se sont annexé depuis peu une partie du district nedjli de Cassim. Les possessions du Djébel-Shammar ont pris également beaucoup d'extension du côté de l'ouest, par la soumission du Teïmé, qui était un pays indépendant avant l'expansion wahabite, et par la conquête de beaucoup d'autres villages; aujourd'hui elles entourent le Hedjaz au nord comme à l'est, et s'étendent du voisinage de la mer Morte à l'état d'Oman par la province d'el-Haça. La soumission de la tribu des Bély a presque amené le territoire du Nedjd jusqu'à la mer Rouge entre Moïlah et Iambo. Le docteur Wallin, qui a traversé le nord de l'Arabie en 1845 et en 1848, raconte que les Bély, quoique peu nombreux, étaient une tribu riche, possédant beaucoup de chevaux et de bétail jusqu'à 1847, époque à laquelle ces Arabes furent surpris et pillés par une autre tribu. Ils avaient assez bien réussi à se dédommager de ce désastre sur leurs voisins; mais ils craignaient les envahissements d'Abd-Allah-ibn-Raschid. C'est alors qu'ils s'agrégèrent à l'espèce de confédération dont il était le chef, en payant volontairement le tribut appelé zikâ, qui est une espèce de contribution pie, recommandée par le Coran. Observons les conditions auxquelles a été faite cette demi-soumission, car elle est caractéristique de l'état constitutionnel de cette partie de l'Arabie. La participation des Bély à la confédération, dit M. Wallin, ne leur donne droit à aucune protection de la part du chef contre les tribus ennemies et ne leur impose aucune contrainte dans leurs transactions avec les autres bédouins, soit de la confédération, soit étrangers. Les Bély, de leur côté, continuent à lever un tribut sur le village de Téïmé, bien que cette localité, comme nous l'avons indiqué, relève aussi du cheik du Djébel-Shammar. Les Bély perçoivent également une contribution sur la ville d'Ela, qui, bien qu'appartenant à leur tribu, est sous la protection du pacha turc de Médine, à qui elle paye le zikâ. Remarquez cette variété de condition, cet enchevêtrement qui fait que tel cheik est à la fois vassal et seigneur, cette limitation dans les droits du supérieur comme dans les obligations de l'inférieur, tout reposant sur la tradition et les contrats et nullement sur une idée préconçue ou une théorie quelconque. Un tel système a pour base le double principe de la liberté et du droit. Il est impossible de ne pas être frappé aussi de la ressemblance qu'il y a entre l'organisation actuelle de l'Arabie et celle de l'Europe occidentale pendant le moyen âge, en tenant compte des différences de races, et en remarquant que dans l'Europe le sentiment de la solidarité et de l'assistance réciproque était bien plus prononcé.

Le cheik des Shammar administre par des parents ou par des délégués les territoires ainsi annexés. Il s'en faut de beaucoup que l'autorité soit centralisée comme dans le Nedjd. On remarque aussi que les rapports entre la population et ses chefs sont généralement bienveillants, familiers et courtois. Talal est souvent en guerre avec ses vassaux. M. Guarmani rappelle quelques-unes de ces petites luttes intérieures qui tournent toujours à l'avantage des Ibn-Raschid. Les villages récemment ou anciennement annexés payent la dîme des produits du sol; mais les bédouins donnent seulement trois mesures de beurre par tente et dix piastres pour un troupeau de vingt brebis ou chèvres. De près ou de loin, les nomades et leurs cheiks viennent faire juger leurs litiges par le cheik des Shammar ou par son cadi. Pendant son premier séjour à Haïl, M. Wallin a vu environ deux cents personnes qui y attendaient l'issue de leurs procès et qui étaient entretenues aux frais du libéral Abd-Allah. La maison militaire du cheik était alors composée d'environ deux cents noirs, aguerris et prêts à accomplir aveuglément les ordres de leur maître. Au moyen de ce corps de serviteurs qui forment, pour ainsi dire, sa garde du corps, aussi bien que par son influence personnelle, Abd-Allah pouvait faire exécuter ses volontés ou ses sentences et punir les réfractaires. Le professeur finlandais a vu un certain nombre de cheiks nomades emprisonnés dans le palais pour avoir refusé de payer l'impôt et un habitant de Haïl, soupçonné d'avoir conspiré contre les Ibn-Raschid, qui avait eu les deux mains coupées. Le cheik punit souvent lui-même de son bâton ceux de ses sujets qui se sont rendus coupables de fautes moindres. Il y a donc, fait observer le même voyageur, une grande différence entre l'autorité exercée par le chef des Shammar dans ses États et celle des autres chefs. Ces derniers n'ont de pouvoir sur le moindre membre de la tribu et de moyen de faire exécuter leurs décisions que par l'autorité que leur donne leur éloquence ou par le crédit que des qualités personnelles leur ont acquis.

Écoutons maintenant ce que Guarmani raconte de la manière dont Talal rend la justice : « J'assistais régulièrement aux séances du tribunal qui se tenaient le matin à la porte du château et le soir à celle de la mosquée. Talal mettait en action le précepte de l'Évangile : aux assassins la mort; à celui qui blessait dans une rixe, il faisait couper la main; aux menteurs et aux faux témoins, brûler la barbe sur le feu, et quelquefois même leurs yeux restaient brûlés; aux voleurs la prison; aux rebelles la confiscation des biens. Il me disait souvent que les veuves et les orphelins lui étaient plus chers que sa propre famille. Ses jugements étaient remplis d'équité, sa générosité extrême[1]. »

Ce pays des Shammar est aujourd'hui, grâce aux voyages de Wallin, de Palgrave et de Guarmani, une des contrées les plus connues ou plutôt les moins ignorées du Nedjd. Leurs relations contiennent des informations précieuses sur l'état religieux de cette partie de l'Arabie où le waha-

---

1. *Bulletin de la Société de Géographie*, octobre 1865, p. 377.

bitisme est encore à l'état de secte propagandiste. Wallin est très-explicite. Le cheik des Shammar, dit-il, appartient à la croyance (*is of the creed*) des wahabites, et, au nom de Fayssal-ibn-Saoud, il attaque et subjugue les tribus qui n'ont pas encore cédé à sa domination ; il proclame alors la guerre sainte contre ces *infidèles*, comme les puritains wahabites appellent les autres musulmans. Ainsi, sous ce prétexte, les habitants de Gubbé, village situé entre el-Djôf et Haïl, considèrent comme leur devoir de harasser et persécuter par de continuels pillages les tribus qui ne professent pas la croyance wahabite, et les forcent à entrer en alliance avec les Shammar, à payer à leur chef la contribution appelée zikà, et à se soumettre à lui. A l'autre extrémité du pays, les Bély, dont il a déjà été fait mention, déclarent avoir eux-mêmes adopté la croyance réformée des wahabites ; comme preuve de leur sincérité, ils payent le zikà et observent exactement les prières quotidiennes et autres cérémonies prescrites à cette secte. M. Wallin ajoute qu'ils sont, autant que les autres bédouins, ignorants des données fondamentales de l'islamisme et aussi indifférents à ce que ce professeur appelle avec raison : « la subtilité scolastique de la jurispru-« dence musulmane. »

Essayons maintenant de préciser de quelle manière on pratique le wahabitisme à Haïl d'abord, puis dans les autres centres. Aux jours de la première ferveur, le tabac était prohibé sans exception comme une plante provenant de l'urine d'Iblis (le Satan des Arabes). L'usage de la soie était absolument défendu aux hommes. La poésie, la musique et les autres divertissements étaient interdits. Des restrictions étaient apportées à l'usage du riz, qui n'était pas répandu parmi les Arabes au temps du prophète, et que Mahomet, à ce qu'ils croient, n'a jamais mangé. L'avoine leur était recommandée de préférence au froment comme la nourriture la plus convenable à un vrai wahabite. Les relations amicales avec toute autre secte de musulmans étaient regardées comme illicites, et la guerre était prêchée contre eux comme un devoir sacré aussi longtemps qu'ils refusaient d'abjurer le culte des saints.

On s'est relâché de cette rigueur primitive. Ainsi, les habitants de Haïl disaient à M. Wallin, avec un certain sourire de dérision, que les autres sujets du prince du Nedjd se soumettent toujours plus ou moins à ces restrictions, mais qu'elles avaient été reconnues inutiles ou du moins considérablement modifiées par les Shammar, à qui leurs voyages continuels dans l'Irak[1], dans le Hodjaz et en Égypte, et leurs relations avec les étrangers qui visitent leur pays pour se rendre à la Mecque, avaient donné une plus grande liberté d'opinions. Par exemple, on ose aujourd'hui faire la prière quand on est vêtu d'un habit tissé moitié de soie. En toute autre circonstance on peut porter des vêtements entièrement de soie; seulement la prière faite avec ce costume n'est pas valable. Le tabac est toléré,

---

[1]. Il y a deux Irak : l'Irak-adjémi ou la Perse, et l'Irak-arabe, qui est arrosé par le cours inférieur de l'Euphrate et du Tigre.

et l'usage en devient de plus en plus général. Cependant un fumeur est généralement mal vu; il n'est pas admis dans une réunion à réciter les prières, et la plupart des habitants condamnent encore l'usage du tabac. M. Wallin cite un bédouin shammar qui assurait qu'il ne transporterait pas cette herbe abominable sur son chameau quand même on lui donnerait une charge d'or. M. Guarmani a trouvé aussi dans quelques familles l'usage de raser les moustaches, qu'il considère comme prescrit par le wahabitisme. Cette assertion est difficile à concilier avec ce que Burckhardt rapporte de Saoud que ses partisans appelaient *le Père des moustaches*, à cause de la longueur des siennes.

Mais il y a deux points de la doctrine wahabite auxquels les Shammar, comme les autres Nedjdli, sont inaltérablement attachés. Le premier, c'est le rejet de tous les saints et même de Mahomet comme médiateurs entre Dieu et l'homme. En effet, dans leurs conquêtes, les Shammar s'appliquent toujours à imposer cette croyance aux vaincus. Le second point essentiel à leurs yeux est la nécessité de dire la prière en public dans une mosquée, et non pas à la maison, comme le pratiquent les autres musulmans. Aussi chaque quartier, dans les villages, est-il généralement pourvu d'une petite mosquée où le peuple s'assemble cinq fois par jour pour faire les dévotions en commun aux heures prescrites. A Haïl, il y a, en outre, dans le palais même du cheik, une grande mosquée où la communauté se réunit le vendredi pour réciter la prière et écouter un sermon. Le cheik tient à ce que tout le monde vienne à la mosquée pour ce service du vendredi. Le prédécesseur du prince actuel, le fameux Abd-Allah, a plusieurs fois infligé des punitions sévères à ceux qui n'y assistaient pas. Dans la grande mosquée de Haïl, la prière est récitée par un prêtre que le prince nomme et paye. M. Wallin a remarqué que les prédicateurs ne portent que le titre de *hatyb*, le titre d'iman étant réservé au prince de la famille d'Ibn-Saoud qui règne sur tout le Nedjd. Le hatyb de Haïl a reçu ordinairement, soit au Caire, soit à Médine, soit à Ryad, une certaine instruction qui consiste principalement à savoir réciter par cœur une partie du Coran et à connaître les minutieuses cérémonies du rituel. Il doit aussi être versé dans la controverse entre les wahabites et les autres sectes; il est, avec le cadi, le seul représentant de la science; mais ni l'un ni l'autre ne savent rien en dehors de leur spécialité, et M. Wallin n'en a pu tirer aucun parti pour ses études historiques et grammaticales. Voilà pour ce qui concerne particulièrement la capitale et les environs.

Dans la relation de son voyage de 1845, M. Wallin caractérise d'une manière assez curieuse l'état religieux de la vallée d'el-Djôf, dont il a été déjà fait mention, qui est située au nord du Néfoud, à peu près à la moitié du chemin de Haïl à la mer Morte, et qui a été vaincue par les Shammar, sous Abd-Allah, seulement vers 1838, mais soumise définitivement par Talal vers 1845. D'abord tout le monde s'y rappelle avec enthousiasme les temps qui ont précédé l'invasion égyptienne, où le pur wahabitisme était pratiqué dans toute l'étendue des conquêtes de Saoud. Chaque vendredi, dit M. Wallin, après la prière de midi, le hatyb du quartier interprète généralement quelque tradition du prophète, quelques versets du Coran ou explique la doctrine wahabite sur l'unité de Dieu et sur l'impiété qu'il y a à rendre un culte aux saints, ce qui est le principal point de controverse entre les wahabites et les autres musulmans. Les habitants professent tous le puritanisme d'Abd-ul-Wahab et s'appellent eux-mêmes *muvahiddin*, c'est-à-dire unitaires en opposition aux autres musulmans à qui ils donnent le nom de *mushrikin*, c'est-à-dire ceux qui associent à Dieu des êtres inférieurs comme dignes d'être adorés par l'homme. Du reste, ils n'acceptent pas le nom même de wahabites.

M. Wallin vante le goût des habitants d'el-Djôf pour les choses de l'esprit. « Comme dans la plupart des villages wahabites, dit le professeur d'Helsingfors, les jeunes gens sont instruits sur les dogmes et cérémonies de leur religion ; la lecture et l'écriture sont plus répandues parmi eux que dans la plupart des villes turco-arabes. Les habitants d'el-Djôf sont aussi renommés pour leur talent poétique. Quoique le puritanisme des wahabites condamne les chants et les instruments pour un vrai croyant, et déclare que celui qui jouit de la poésie et de la musique ici-bas n'en jouira pas dans la vie à venir, j'ai rarement passé une soirée, pendant mon séjour d'environ quatre mois à el-Djôf, dans la compagnie des jeunes gens, sans qu'une chanson ait été récitée avec accompagnement de la rubaba, le monotone mais charmant et seul instrument des nomades. Le don naturel de la poésie et de la musique est commun parmi les bédouins ; mais je puis dire que les habitants d'el-Djôf y excellent plus que les autres. » Le professeur finlandais vante aussi l'hospitalité de ce pays, bien que cette vertu soit répandue dans toute l'Arabie et que les El-Djôfiens passent pour avoir un caractère querelleur et difficile.

Le fait suivant, raconté par le même voyageur, donnera une idée de l'état politique et social de cette partie de l'Arabie. Le 30 août 1845, M. Wallin partait d'el-Djôf en compagnie d'une famille bédouine appartenant à une petite tribu du voisinage nommée les Havazi. « Ces bédouins, dit-il, sont pauvres et méprisés, exposés aux attaques et au pillage de leurs puissants voisins de la tribu des Shammar, qui, les harassant par de grandes et petites expéditions, ont volé et emporté chez eux la plus grande partie du bétail et des chameaux de leurs faibles ennemis. C'était en vue d'obtenir la sécurité pour lui-même et pour les faibles restes de ses biens que mon compagnon de voyage s'était décidé à déserter sa patrie et sa propre tribu. Avec sa famille et le peu de chameaux qui lui restaient, il allait immigrer dans le pays ennemi, où il était assuré de trouver la sécurité en se plaçant sous l'allégeance du chef des Shammar et en lui payant la taxe zikâ. Comme il appartenait à une tribu en hostilité avec la population dont il allait traverser le territoire, il avait eu besoin d'un protecteur pour le cas où il serait tombé dans un parti ennemi. Ce protecteur était une femme native du village shammar de Gubbé, mais mariée et établie à el-Djôf. Elle nous suivait avec son mari. L'événement prouva qu'elle était une sauvegarde, puisque sa présence empêcha que nous fussions dépouillés par un parti de pillards de sa ville natale, que nous rencontrâmes sur notre chemin. » Au milieu de cette existence remplie d'actes violents, il y a quelque chose de touchant dans ce respect chevaleresque de la femme, qui non-seulement n'est pas insultée elle-même, mais qui assure la sécurité de ceux qu'elle couvre de son prestige. Le même sentiment se rencontre chez d'autres populations, dont les mœurs sont aussi violentes. Ainsi, quand la guerre est déclarée entre les Albanais et les Monténégrins, ce sont les femmes qui conduisent les voyageurs dans les barques du lac de Scutari. Au moment de la rupture, c'est une femme qui va porter au parti ennemi une pomme pour l'avertir d'avoir à se tenir sur ses gardes. Rien n'est plus digne qu'un tel sentiment d'inspirer de l'intérêt pour ces populations.

Les femmes wahabites du Djébel-Shammar sont remarquées par leur ponctualité à accomplir les devoirs religieux. Ce n'est que le vendredi qu'elles assistent en grand nombre à la réunion qui se fait dans la mosquée, où elles se tiennent à part. Il est considéré comme plus décent pour elles de dire habituellement les prières dans leur logis. Tandis que les autres femmes arabes font rarement leurs dévotions à la maison, celles du Djébel-Shammar et d'el-Djôf s'acquittent de l'obligation journalière des cinq prières avec une régularité qui a étonné M. Wallin. Il y a, du reste, dans cette partie du Nedjd, des femmes qui font des vers, souvent improvisés.

Pénétrons plus avant dans la famille. Il n'y a pas d'écoles ; aussi les enfants sont-ils élevés par leurs parents dans les premiers principes de la religion, et, dès les jeunes années, instruits à lire le Coran ainsi qu'à réciter les prières. Tout s'apprend par la transmission orale et les jeunes enfants ne sont jamais séparés des aînés. La première fois qu'il vint parmi les nomades, M. Wallin a été surpris de voir les enfants de trois à douze ans non-seulement reçus dans la société des grandes personnes et admis à prendre part à leur conversation, mais aussi consultés sur des matières qui auraient semblé au-dessus de leur portée et écoutés avec attention. Ils vivaient sur le pied de la familiarité et de l'intimité avec leurs parents ; malgré cela, M. Wallin déclare que nulle part dans le monde il n'a vu des enfants plus dociles, d'un meilleur naturel et plus obéissants que ceux des bédouins. Il y a quelque chose qui plaît dans l'organisation de cette famille, quelque chose de libre, d'harmonique et d'heureux : les enfants qui ne sont ni des esclaves ni de petits animaux, le père instruisant le fils, la mère priant après avoir vaqué au ménage, un hôte au foyer ; c'est un tableau de la Bible.

IV

LE HEDJAZ

Le Hedjaz est borné au nord par le Djébel-Shammar, à l'est par le Nedjd, à l'ouest par la mer Rouge, au sud par le pays indépendant d'Acyr, qui le sépare du Yémen proprement dit. Cette province a un intérêt capital pour les musulmans, car elle contient les villes qu'ils appellent *saintes* de la Mecque et de Médine, dont le territoire particulier est nommé el-Haram. Les autres villes importantes sont Djeddah, le port de la Mecque, Jambo, celui de Médine, et la place de Taïf, située à l'est de la Mecque sur une haute montagne, où, suivant Edricy, il gèle même pendant l'été. Cette place a joué un rôle important dans toutes les guerres de l'el-Haram; elle est comme la clé de la Mecque.

Le premier personnage du Hedjaz est le grand-chérif de la Mecque. On appelle *chérif* les personnes qui descendent ou croient descendre de Fatmé, fille de Mahomet. Ils sont innombrables; répandus dans tout le monde musulman, ils sont généralement confondus avec le reste de la population; mais il n'est pas de même dans le Hedjaz où l'un d'eux a le privilége d'exercer les fonctions de grand-chérif qui se transmettent ordinairement de père en fils.

Depuis la conquête du Hedjaz, en 1517, par Selim, la prière est dite pour le sultan le vendredi dans les mosquées et un cadi est envoyé de Constantinople à la Mecque, car le pouvoir du grand-chérif est purement temporel. Le sultan confirme dans le grand-chérifat celui que sa naissance et, dans une certaine mesure, l'assentiment des autres chérifs, désignent pour cette haute position; il lui envoie chaque année une pelisse d'investiture. La Porte entretient aussi un pacha à Djeddah et un cadi, mais le vrai maître du Hedjaz était, jusqu'au commencement de ce siècle, le grand-chérif, qui percevait les impôts et en envoyait seulement une partie à Constantinople. Ordinairement le pacha ou le cadi ne pouvait venir à son poste qu'escorté par la caravane. La Porte profitait quelquefois de la présence des pèlerins pour changer le grand-chérif, mais la pression cessait quand la caravane était partie.

Au moment où les wahabites se répandirent en dehors du Nedjd, la dignité de grand-chérif était occupée depuis 1786 par Ghaleb, fils de Messad. Après une guerre qui dura près de dix ans, le grand-chérif fut obligé de se soumettre et de professer ostensiblement le wahabitisme.

Les Égyptiens arrivèrent bientôt après, et lorsque la chance parut tourner en leur faveur, ils furent bien accueillis par Ghaleb qui contribua même à l'expulsion des wahabites. La bonne harmonie paraissait régner entre l'ancienne autorité locale et les libérateurs des *villes saintes*. Mais Méhémet-Ali, grand niveleur et grand centralisateur, tenait à abaisser le pouvoir héréditaire des grands-chérifs. A l'aide d'une trahison, il se saisit de Ghaleb qui, par ses qualités personnelles, par ses richesses et par le principe qu'il représentait, exerçait un grand prestige sur les Arabes. Envoyé en exil, le chérif mourut à Salonique en 1816. Il avait été remplacé par un de ses parents nommé Yahia et, à partir de ce moment le grand-chérif ne fut plus qu'un fonctionnaire salarié. Cependant Yahia ne devait pas non plus finir ses jours sur le siège chérifal. En 1831, dans la Kaaba même, il assassina à coups de poignard son neveu qui lui était devenu suspect à cause de son intimité avec le gouverneur égyptien. Yahia sentait que le vice-roi saisirait avec empressement cette occasion pour le perdre et porter par là un nouveau coup à l'autorité héréditaire et nationale dont le prestige gênait encore son despotisme; il se réfugia chez la puissante tribu des Harb, toujours prête à se soulever, et dont certaines parties, les Sobh et les Ouf, avaient résisté victorieusement aux wahabites.

Méhémet-Ali s'empressa d'investir du grand-chérifat un autre descendant du prophète nommé Mohammed-ibn-Aoun, et lui confia une troupe d'environ trois mille hommes pour aller s'installer à la Mecque. Ibn-Aoun est de la tribu des Abadelet, qui n'a pas droit au siège chérifal; c'est du moins ce que prétendent diverses relations. Il se serait donc agi de consacrer une usurpation.

Ibn-Aoun partit du Caire le 5 octobre 1827 et débarqua à Iambo, qui est le port de Médine. Assiégé dans Taïf, l'ex-grand-chérif Yahia voulut s'échapper et tomba dans un gros de cavalerie égyptienne qui le fit prisonnier. Il mourut au Caire en 1838. Ibn-Aoun fut installé comme grand-chérif.

Quel était ce personnage qui va jouer un rôle capital dans la suite de cette histoire? « Ibn-Aoun, écrit M. Tamisier, qui l'a connu en 1834, est un bel homme de cinq pieds sept pouces ; ses membres fortement constitués et une démarche pleine de fierté annoncent la vigueur de sa constitution. Sa barbe noire est plus épaisse sur le menton que vers les parties supérieures ; son œil est noir, son regard prend toutes les formes du sentiment et parcourt en un instant toute la distance qui sépare l'orgueil de l'humilité, la fourberie de la plus naïve candeur. Les traits de son visage ovale sont dessinés avec énergie. Sa mâchoire inférieure dépasse la supérieure, son nez est aquilin, son front ouvert, et un faisceau de muscles forme, depuis la partie moyenne jusqu'à la racine du nez, une pyramide dont la base est tournée vers le haut de la tête. Ses dents sont belles et blanches comme l'ivoire, sa bouche moyenne ; un sourire intelligent et malin se joue sur ses lèvres. Quand il parle, ses gestes devancent toujours sa parole et laissent deviner sa pensée. Sa tête est couverte d'une belle koufia, nuancée de rouge, de jaune et de vert, d'où s'échappent des tresses de diverses couleurs terminées par un flot de soie. Par-dessus est roulé un immense turban blanc en cachemire des Indes. Le chérif porte ordinairement une longue tunique en couleur de chair; un anthéri rayé de rouge et de vert descend jusque sur ses pieds et laisse entrevoir en dessous une belle chemise de mousseline de soie. Des caleçons de nankin brodés dans son harem, un magnifique châle à la ceinture où brille une djambie d'or, un sabre de Perse passé à la mode des Osmanlis, complètent ce brillant costume. Ibn-Aoun porte toujours à la main la longue baguette crochue dont se servent les Arabes qui montent à dromadaire pour rattraper les rênes lorsqu'elles viennent à leur échapper. Cette baguette est la compagne ordinaire des bédouins dissimulés qui s'en servent pour avoir une contenance. »

M. Botta, qui a vu Ibn-Aoun en 1837, en trace aussi un tableau flatteur : « En général pleins de distinction et de dignité à quelque classe qu'ils appartiennent, les Arabes parlent, marchent et agissent avec simplicité et font chaque chose comme elle doit être faite, sans chercher à produire de l'effet par la recherche et la prétention de leurs manières. Comme type de cette noble nature, j'ai du plaisir à citer le grand-chérif Mohammed-ibn-Aoun qui, par la grâce du pacha d'Égypte, avait remplacé les anciens chérifs possesseurs légitimes du trône de la Mecque. Il était impossible de ne pas être étonné et séduit par la dignité affable et l'aisance distinguée de ce personnage qui, bédouin de naissance et de cœur, n'avait pu trouver que dans son propre instinct l'art de se conduire. Cependant, transféré dans une sphère toute nouvelle pour lui, en présence même de gens comme les Européens, dont la nature et les idées étaient bien loin des siennes, il savait trouver ce qui pouvait plaire et imposer tout à la fois, et le dire et le faire avec une grâce qui auraient étonné des hommes se prétendant plus civilisés que lui [1]. »

Ibn-Aoun ne jouit pas paisiblement de son usurpation. En 1835, il fut soupçonné d'avoir contribué à une défaite que les troupes égyptiennes, comme nous le verrons bientôt, éprouvèrent dans le pays d'Acyr ; on l'accusait d'avoir laissé l'armée manquer de vivres et de l'avoir conduite par des chemins qui l'avaient exposée aux attaques des montagnards acyres, avec lesquels on crut qu'il avait eu des intelligences [2]. Quelque temps après, il était de retour à la Mecque, où arriva bientôt Kourchid-Pacha, investi d'un commandement supérieur. Il se passa entre ces deux personnages une scène avant-coureur de l'orage, et qui est bien caractéristique des mœurs de cette partie de l'Orient.

Je tire ce récit et quelques-unes des informations relatives à cette époque de l'ouvrage de MM. Cadalvène et Barrault : *Deux années de l'Histoire d'Orient.*

Comme le grand-chérif, allant rendre une première visite à Kourchid-Pacha, entrait, conformément à un privilége de sa dignité, appuyé sur deux serviteurs : « Votre Seigneurie est-elle donc malade? lui demanda Kourchid avec une grave malignité ; il me semble qu'elle

---

1. *Relation d'un voyage dans l'Yémen*, p. 44.
2. Voir le *Voyage en Arabie* par Tamisier, t. II, p. 52 et *passim*.

ne marche qu'avec peine. — Je désire, répondit sèchement Ibn-Aoún, que vous vous portiez aussi bien que moi ; Votre Excellence ignore-t-elle que c'est un honneur attaché à mon rang, tout indigne que j'en puisse être ? — J'avoue, dit Kourchid, que je l'avais oublié en voyant tous les jours notre seigneur Méhémet-Ali, malgré son grand âge, marcher seul ; mais je suis heureux d'être rassuré sur votre santé. » Cependant le grand-chérif, voyant qu'on ne lui présentait pas la pipe due à son rang, s'en fit apporter une par un de ses esclaves. « Pardonnez-moi, seigneur, dit Kourchid, mais depuis que mon maître, Méhémet-Ali, m'a chargé de grandes affaires, j'ai perdu l'habitude de fumer et j'oublie d'offrir la pipe. — Vous prenez sans doute du café ? — Excusez-moi de nouveau ; j'ai aussi cessé d'en prendre. — Seriez-vous donc de la secte des wahabites ? » répliqua Ibn-Aoun. Kourchid-Pacha lui répondit : « Mon maître Ibrahim-Pacha, que Dieu glorifie ! le vainqueur des wahabites, ne peut être soupçonné d'hérésie, et pourtant il a cassé ses pipes et ne prend plus de café. — Oui, dit le grand-chérif, mais on assure qu'il boit du vin. »

C'était une déclaration de guerre courtoise mais implacable. Bientôt Méhémet-Ali appela le grand-chérif au Caire, sous le prétexte de se concerter avec lui sur les affaires de l'Arabie. Ibn-Aoun n'ignorait pas que c'était le signal de sa disgrâce, mais l'occupation militaire ne lui laissait pas les moyens d'y échapper. Il conserva une inaltérable sérénité. Entouré de toutes les pompes de son rang, il traversa tranquillement, silencieusement la ville de Djeddah, au milieu de la population stupéfaite, et s'embarqua au mois de mars 1836. Il emmenait en exil un jeune fils. MM. Cadalvène et Barrault racontent qu'une fois à bord Ibn-Aoun, les yeux mouillés de larmes, dit : « Espérons, enfant, que le pacha aura pitié de toi ; espérons que le fils du grand-chérif, le descendant du prophète, deviendra peut-être colonel. »

Au Caire, où vécut Ibn-Aoun avec une pension honorable, il put rencontrer quelque temps après l'émir Fayssal, chef des wahabites, vaincu en 1838 par le même Kourchid-Pacha à Dalam, dans le Nedjd oriental, comme nous l'avons raconté. En 1839, au moment de la rupture entre la Turquie et l'Égypte, Ibn-Aoun, par son influence personnelle, attira dans l'armée égyptienne les bachibouzouks du Hedjaz. Cette complaisance ne lui valut pas son retour en grâce ; mais lorsque les troupes de Méhémet-Ali se retirèrent de l'Arabie à la suite des événements de 1840, Ibn-Aoun reprit possession du siège chérifal, et il fut pendant quelque temps le seul maître du Hedjaz.

Que serait devenue cette domination indigène, si elle fût restée abandonnée à elle-même ? Aurait-elle maintenu l'espèce d'ordre et d'autorité compatibles avec la vie de tribu ? Elle s'annonçait sous les couleurs les plus riantes. Les tribus avaient accueilli avec sympathie un pouvoir qui avait à leurs yeux le mérite de tirer son origine de la religion, de rester pur de tout élément étranger et de ne pas peser assez sur elles pour contrarier leurs habitudes d'indépendance et de pillage. Élevés parmi les bédouins, les grands-chérifs ont toujours tenu à se les attacher. Si l'on ajoute que le retour d'Ibn-Aoun mettait fin à la domination impatiemment supportée des Égyptiens, on s'expliquera ce qui arriva alors. Les tribus établies autour de Médine avaient résisté aux wahabites et à Méhémet-Ali; elles se soumirent. La paix se fit presque d'elle-même entre l'el-Haram et l'état d'Acyr, dont les frontières furent délimitées; enfin vingt mille bédouins se réunirent à la Mecque pour les cérémonies du Courban-Beïram, invités par le grand-chérif et sous sa responsabilité. Les partisans de toutes les sectes y accomplirent paisiblement leur pèlerinage.

La Porte rentrait, par la retraite des Égyptiens, en possession du Hedjaz et y envoya un gouverneur général dont la résidence fut à Djeddah. Elle fit choix d'Osman-Pacha, ancien administrateur de la mosquée de Médine, poste où il avait été nommé par le sultan Mahmoud et laissé par Méhémet-Ali. Ibn-Aoun, quoiqu'il eût été installé par Méhémet-Ali aux dépens du grand-chérif légitime, Moutaleb, son cousin, fut aussi confirmé par le sultan Abd-ul-Medjid comme gouverneur de la Mecque, ville qui a toujours eu le privilège d'être administrée par un prince de la descendance de Mahomet.

Le pacha de Djeddah était le supérieur du grand-chérif et le vrai représentant de la Turquie dans le Hedjaz; mais son autorité ne s'exerça d'abord que dans l'enceinte des murs de la ville où il résidait. Bientôt il travailla à l'étendre, et ses successeurs l'imitèrent en employant tour à tour la ruse ou la force, suivant la tradition des fonctionnaires turcs.

Voici le récit de l'un des premiers actes de cette politique; je l'extrais d'une lettre écrite de Djeddah, le 24 janvier 1846, par M. Alciati de Grilhon. Dans le courant de l'année 1844, un cheik nommé Roumi, qui commandait une fraction importante de la grande tribu des Harb, s'était mis en état d'insurrection par suite du refus qu'avait fait Osman-Pacha de reconnaître ses créances sur le trésor public. Il se borna toutefois à faire évacuer la petite ville de Rabegh, qui était occupée par un corps de troupes turques, et à s'emparer d'un magasin de vivres établi sur ce point pour les besoins des caravanes. Les Turcs, qui n'étaient point en forces, profitèrent de la permission qu'il leur donna de se retirer sans coup férir avec armes et bagages. Peu de temps après, Osman-Pacha acheta la paix du chef arabe, et lui fit à Djeddah une réception splendide. La maison la plus considérable de cette ville avait garanti l'inviolabilité du cheik. Osman-Pacha n'osa rien tenter dans l'enceinte des murs; mais il traita avec Roumi pour l'établissement à Rabegh d'une forteresse destinée à protéger le dépôt des vivres et à le mettre à l'abri d'un coup de main. Cette construction terminée, le cheik Roumi se rendit auprès d'Osman-Pacha pour réclamer le payement du terrain. Kurdi-Osman, l'un des chefs militaires au service de la Porte, ayant été nommé alors gouverneur de Rabegh, partit avec sa cavalerie, accompagné du cheik, pour régler cette affaire sur les lieux. Arrivé à Koulays, il dressa ses tentes à une demi-heure du village et fit préparer un banquet où furent invités Roumi et ses frères. Le repas terminé, Kurdi-Osman prétexta un besoin naturel pour sortir de la tente qui couvrait les convives, tandis qu'un bouffon les égayait de ses lazzis, et dansait devant eux un sabre nu à la main. Mais à peine Kurdi-Osman était-il dehors qu'il donna à ses soldats, en langue kurde, le signal du massacre. Un jeune fils du cheik, âgé de quatre ans, avait été préalablement enlevé par le chef kurde, qui l'enveloppa dans son manteau. A l'instant même, un coup de sabre tomba sur la tête du cheik Roumi, qui, en se relevant et soutenant sa tête d'une main, put à peine articuler ces mots : « *Encore une trahison turque!* » puis il reçut une balle dans la poitrine et tomba roide mort. A l'extérieur, les soldats ayant coupé à la fois toutes les cordes de la tente, les bédouins se trouvèrent pris comme dans un filet, et furent criblés de balles par des décharges réitérées. Un des frères du cheik, d'autres disent un esclave, parvint cependant à se dégager, tua un bachi-bouzouk, et blessa grièvement deux soldats avant que de succomber. Un autre frère du cheik, un enfant de douze ans, s'étant fait un rempart des coffres qui se trouvaient dans la tente, n'avait reçu aucune blessure, mais lorsqu'il sortit pour prendre la fuite, il fut saisi et eut la tête coupée comme ses aînés. Pas un bédouin ne parvint à s'échapper. Le nombre des victimes est porté à vingt-cinq. Les têtes des principaux personnages furent portées au bout des piques et exposées à la Mecque. On forma des chapelets avec les nez et les oreilles.

Au mois de mars 1845, un régiment de troupes régulières (nizam) arrivait pour la première fois à Djeddah. Cependant le représentant de la Porte n'avait pas encore réussi, cinq ans après, à dominer réellement le pays. Ainsi, en 1850, les tribus qui entourent Médine s'étaient soulevées, poussées à bout par les exactions des agents inférieurs. La troupe qui fut envoyée contre elles de Djeddah n'en put venir à bout et le pacha fut obligé de payer aux Arabes le tribut accoutumé, sans que cette concession ait réussi beaucoup mieux que la force à établir la sécurité dans le voisinage des *villes saintes*.

Cependant la Porte ne devait pas tarder à frapper un grand coup au foyer même de cette féodalité locale héréditaire, à laquelle elle a déclaré la guerre dans tout l'empire. Déjà une garnison turque avait été établie à la Mecque, contrairement à d'anciens priviléges, violés une première fois par Méhémet-Ali. Le chérif Ibn-Aoun avait acquis de grandes richesses. Il exerçait beaucoup d'influence sur les bédouins, et se montrait complaisant pour leur penchant ordinaire, le rançonnement des voyageurs. Il était intervenu plusieurs fois avec succès par son prestige religieux dans le Nedjd et dans le Yémen. Le prince de l'Acyr était son allié. Ibn-Aoun passait pour être bien avec Abbas-Pacha, vice-roi d'Égypte. Il n'en fallait pas davantage pour le faire accuser d'aspirer à l'indépendance. Vers le mois d'août 1852, le pacha de Djeddah reçut l'ordre de l'envoyer à Constantinople avec ses deux fils. La trahison seule pouvait faire exécuter un tel ordre. Les jeunes chérifs furent mandés à Djeddah, où des troupes avaient été réunies sous le prétexte d'une expédition militaire, dont la direction devait être confiée à l'un d'eux. Ils se rendirent au palais pour y entendre la lecture du firman d'investiture. Il est d'usage dans ces circonstances de déployer un grand appareil militaire. La lecture eut lieu. Quand elle fut terminée le gouverneur exhiba l'ordre qu'il avait reçu d'envoyer les deux chérifs à Constantinople, et les portes du palais se refermèrent derrière eux. Le même jour le pacha militaire de la Mecque cernait l'habitation du grand-chérif avec des troupes et de l'artillerie, mèche allumée. Ibn-Aoun comprit que toute résistance était inutile, et cet homme qui aurait pu, une heure auparavant, soulever presque toutes les tribus, et peut-être expulser momentanément les Turcs du Hedjaz, fut amené tranquillement à Djeddah et embarqué avec ses fils. C'était la seconde fois qu'Ibn-Aoun était conduit en exil, et il devait encore en revenir. Cette exécution frappa de stupeur toutes les tribus.

Abd-el-Moutaleb, de la tribu de Zeïd, fils du chérif Ghaleb dépossédé par Méhémet-Ali en 1813, et héritier légitime du siége de la Mecque, ne tarda pas à arriver à Djeddah. Il y fut reçu avec solennité et respect tant par les autorités turques que par les chérifs venus exprès de la *ville sainte*. Un mot sur ce personnage nouveau pour nous, à qui M. Charles Didier a rendu visite en 1858, dans la ville de Taïf, en compagnie du célèbre voyageur anglais Burton. Le chérif était alors un homme d'une soixantaine d'années, grand, mince, de manières nobles et distinguées. Il a la peau brune, le nez droit, la physionomie fine. Pendant un séjour de vingt-quatre ans à Constantinople, il a contracté des habitudes européennes : aussi les visiteurs trouvèrent-ils des fauteuils, quand ils furent introduits dans la salle d'audience, qui était vide. Moutaleb entra quelques instants après, car l'étiquette ne lui permettant de se lever que pour le sultan, qui se lève aussi pour lui, il fait entrer d'avance les étrangers de distinction pour garder son privilége sans manquer aux règles de la courtoisie. Il était au courant des intérêts politiques qui s'agitaient alors à propos de la question d'Orient. Il se fit raconter longuement les événements accomplis à Paris le 2 décembre 1851. Le seul reproche que lui fait M. Didier, c'est d'être trop civilisé.

Tous les voyageurs s'accordent pour vanter l'hospitalité des chefs arabes. Bien qu'européanisé, le grand-chérif Moutaleb n'avait pas oublié les nobles traditions de sa race. M. Didier et son compagnon furent reçus à ses frais et ne trouvèrent à se plaindre que d'avoir été servis avec des nappes et des fourchettes, ce que le descendant de Mahomet, moins curieux de la couleur locale, considérait sans doute comme l'attention la plus délicate.

Quelles qu'aient été au début les promesses ou les dispositions personnelles de Moutaleb, un changement de personnes ne pouvait pas modifier considérablement la situation respective des Arabes et des Turcs dans le *territoire sacré*, cette situation étant le résultat de la juxtaposition de deux pouvoirs différents par leur caractère et par leur origine : le chérifat et l'administration ottomane.

Le nouveau grand-chérif était à peine installé depuis quelques mois qu'il adoptait un système d'isolement et vivait dans les termes les plus froids avec le gouverneur de Djeddah. A la première visite qu'il fit à la Mecque, le pacha turc essaya de se mettre bien avec son rival naturel par des marques extérieures de la plus grande déférence ; il ne réussit qu'à lui inspirer des soupçons sur ses intentions et à lui faire prendre la résolution de s'enfuir à Taïf où se trouvaient ses parents et ses richesses. La lutte devint dès lors déclarée. Le gouverneur demanda à Constantinople la destitution du chérif : celui-ci, de sa retraite, couvrait le pays d'agitations et ne tenait aucun compte de l'autorité du sultan. En même temps, il excitait le fanatisme dans toute la Péninsule en répandant le bruit que les infidèles allaient conquérir Constantinople et renverser l'islamisme. C'était au moment de la campagne de Crimée.

Un ordre du sultan ordonnant la fermeture des bazars d'esclaves vint, vers le milieu de l'année 1855, allumer la guerre civile dans le Hedjaz. La garnison turque fut obligée de s'enfermer dans les forts de la Mecque. Les Algériens, comme sujets de la France, furent insultés. Médine se soulevait aussi et le nom du sultan n'y était plus prononcé dans les prières publiques. Sur ces entrefaites arriva la nouvelle de la destitution de Moutaleb et de son remplacement par le vieil Ibn-Aoun. Le seul événement remarquable de la guerre fut une tentative infructueuse des Turcs pour s'emparer de Taïf, refuge de Moutaleb. L'infanterie et la cavalerie du sultan y furent mises en déroute par les Arabes. Cependant le chérif destitué, après une courte apparition à la Mecque, restait toujours enfermé dans Taïf, ce qui permit enfin à Ibn-Aoun de rentrer dans la *ville sainte*, le 17 avril 1856. Quant à Moutaleb, il finit par être pris et conduit à Salonique.

On ne s'attendait pas à une solution aussi prompte, et dans la prévision de la prolongation de la guerre, on avait parlé d'une intervention de l'Égypte qui semble naturellement appelée à agir au nom de la Turquie dans la péninsule arabique. On se rappelle que, par une disposition spéciale des arrangements de 1841, l'Égypte est tenue à fournir annuellement un contingent de 400 hommes pour le service de l'Arabie. En 1853, des nègres y avaient été envoyés par le vice-roi Abbas; ils devaient regretter le service égyptien où ils étaient probablement payés plus régulièrement et mieux entretenus. En 1855, 280 de ces nègres se révoltèrent dans le Yémen contre l'avarice du gouverneur Mohammed-Pacha et se retirèrent dans la montagne.

L'une des difficultés de l'administration du Hedjaz est la pénurie du trésor alimenté seulement par la douane de Djeddah et des envois fort irréguliers de Constantinople. Avec ces ressources restreintes et précaires, le gouvernement doit fournir aux frais de l'administration locale, à la solde et à l'entretien des troupes et aux appointements du grand-chérif et de sa maison, lesquels montent à quarante mille francs par mois.

Les Turcs n'ont jamais réussi à faire régner la sécurité dans le Hedjaz. A Djeddah même, M. Fresnel, consul de France, avait été l'objet d'une tentative d'assassinat dont l'auteur, connu de tout le monde, n'a jamais été arrêté. Le 13 mars 1851, le capitaine de vaisseau Guérin mouillait à Djeddah sur la corvette *Eurydice*, détachée de la station de l'Indo-Chine. Il devait demander la punition de l'assassin de M. Fresnel et la réparation des outrages commis envers nos agents et nos missionnaires à Massouah, île de la côte d'Abyssinie, dont le gouverneur dépend de celui de Djeddah. M. Guérin ne salua pas le pavillon turc à son arrivée. Des notes furent échangées. Le pacha promit de réparer les griefs. M. Guérin salua alors le pavillon turc. Son salut lui fut rendu. L'*Eurydice* appareilla. Il est inutile d'ajouter que le gouverneur ne s'en préoccupa pas davantage. Le 18 mars de l'année suivante, le même officier revint avec le même bâtiment. M. Rochet d'Héricourt occupait le consulat de France. Le gouverneur était à la Mecque. Il déclara qu'il ne pouvait pas venir et proposa une entrevue à mi-chemin que M. Guérin refusa. Le defterdar alla à bord de l'*Eurydice*. Une note fut encore écrite, rappelant les anciens griefs et demandant, en outre, le payement de sommes dues à des protégés français qui avaient fait des fournitures à l'administration locale. La justice de toutes les réclamations fut reconnue de nouveau. La promesse de les réparer fut encore faite, et l'*Eurydice* appareilla sur ces promesses le 31 mars. Au printemps de 1853, le contre-amiral Laguerre visita Djeddah avec deux bâtiments, la frégate *Jeanne-d'Arc*, et l'aviso à vapeur *Caïman*. Ce dernier navire se perdit à Zeïlah. Les visites des bâtiments de guerre français se sont succédé à peu près tous les ans depuis cette époque dans les divers ports de la mer Rouge.

Cependant la réinstallation d'Ibn-Aoun n'avait pas accru l'autorité de la Porte dans le Hedjaz. Le gouverneur turc de Djeddah fut obligé de laisser le commerce des esclaves se continuer comme auparavant. C'est aux puissances européennes que les Arabes du Hedjaz attribuaient les tentatives de suppression de ce trafic. La nouvelle, qui se répandit bientôt après, de la prochaine organisation d'un service de bateaux à vapeur dans la mer Rouge jeta l'alarme parmi les propriétaires et capitaines des barques arabes, qui ont jusqu'à présent effectué seules le cabotage dans ces eaux. A Djeddah, les maîtres de ces barques, presque tous originaires de la contrée d'Hadramout, avaient eu depuis quelque temps des démêlés très-vifs avec le consulat britannique. En outre, il s'était établi dans cette ville, depuis une dizaine d'années environ, un certain nombre de maisons de commerce européennes qui devaient faire une concurrence redoutable aux indigènes. Ces circonstances locales avaient produit parmi les habitants une grande excitation qui, suivant l'usage, prit facilement la forme du fanatisme religieux.

Le 15 juin 1858, en vertu d'un jugement rendu par la

juridiction consulaire anglaise, le pavillon ottoman avait été amené sur un bâtiment et remplacé par le pavillon britannique à l'aide des embarcations d'un navire de guerre de cette nation, le *Cyclops*, qui se trouvait en rade. Dans la soirée, vers six heures, le consulat anglais fut subitement envahi, le gérant, M. Page, surpris, assassiné, sa maison pillée. Les meurtriers se rendirent ensuite au consulat de France. Les efforts du chancelier, M. Émerat, d'un cavas nommé Achmet et d'un Algérien, Hadji-Méhémet, ne purent arrêter longtemps le flot des assaillants. Le colonel Hassan, qui commandait les 80 ou 100 hommes formant toute la garnison de Djeddah, avait refusé de venir au secours du consulat de France, qu'il aurait pu sauver, sous prétexte qu'il ne pouvait agir que d'après un ordre du gouverneur général, Namik-Pacha, alors à la Mecque. Déjà le cavas français Achmet avait été mis hors de combat; M. Émerat lui-même tomba et fut emporté par le fidèle algérien qui sut le cacher. Dans le premier moment de désordre, des musulmans, pénétrant par les terrasses à l'étage supérieur, avaient tué Mme Éveillard, femme du consul de France, dont la fille fut atteinte aussi d'un coup de sabre, en défendant son père. Quand M. Émerat eut été blessé, les assassins montèrent et le malheureux consul fut laissé mort. Mlle Éveillard fut sauvée par la femme d'un employé militaire à qui la famille consulaire avait donné des soins quelques jours auparavant. Tous les chrétiens, au nombre de quatorze, sur qui l'on put mettre la main, furent assassinés et leurs comptoirs pillés. D'autres chrétiens, qui avaient pu se sauver à la nage, gagnèrent le *Cyclops*. Le lendemain, en enterrant les morts, les gens de Djeddah furent très-étonnés de ne pas trouver le cadavre de M. Émerat. Une sentence de mort fut régulièrement prononcée par le cadi contre cet *infidèle*, comme étant coupable du meurtre de deux musulmans tués dans la lutte au consulat de France. Tout vrai croyant était invité à le chercher et à le livrer. Heureusement, le bruit courut que, dans la nuit, il avait gagné le bâtiment anglais. Le 19 juin, c'est-à-dire trois jours après, le gouverneur général, Namik-Pacha, fit son entrée à Djeddah avec un bataillon.

Ces scènes sanglantes excitèrent une grande indignation. La nécessité d'un châtiment exemplaire se présentant d'abord à tous les yeux, on se demandait si les puissances outragées s'en remettraient à la Porte seule du soin de punir les assassins. L'anxiété dut être grande à Constantinople à cet égard; aussi mit-on un empressement inaccoutumé à prendre toutes les mesures nécessaires pour hâter la solution de cette affaire sur les lieux, avant que la France et l'Angleterre eussent le temps d'agir par elles-mêmes. Dès le 17 juillet, le ministre des affaires étrangères annonçait officiellement aux deux ambassades que le Sultan venait de rendre un firman autorisant le gouverneur de Djeddah, après enquête, à faire arrêter et mettre à mort sur-le-champ les promoteurs de la révolte, les insurgés qui auraient avoué leur crime et ceux dont la culpabilité serait reconnue; que le lieutenant-général Ismaïl-

Pacha avait été chargé de porter cet ordre à Djeddah le plus vite possible et d'en assurer l'exécution de concert avec le gouverneur général. Des indemnités supportées par la ville, dont les habitants avaient été complices de ces affreux événements, seraient accordées à tous ceux qui avaient eu à souffrir dans leurs personnes ou dans leurs biens.

Cependant il avait été décidé entre Paris et Londres que des commissaires seraient envoyés à Djeddah pour veiller, d'accord avec un fonctionnaire de la Porte, à ce que les mesures convenues entre les gouvernements reçussent une entière exécution. La corvette à vapeur *Duchayla* était partie de Toulon pour se rendre à Djeddah et prêter son concours, de concert avec les bâtiments de Sa Majesté Britannique, aux commissaires ainsi qu'aux agents du gouvernement ottoman.

Ces arrangements, arrêtés d'un commun accord, impliquaient nécessairement un concert ultérieur pour une action commune. Cependant le commissaire désigné par la France, M. Sabatier, n'avait pas encore quitté Paris, et le commissaire turc, Ismaïl-Pacha, n'était pas encore arrivé à Djeddah, lorsque le commandant du bâtiment anglais *Cyclops*, qui était mouillé à Suez, reçut de nouveaux ordres de son gouvernement, qui furent apportés à Alexandrie par un bâtiment de guerre. A la réception de ces ordres, le commandant Pullen partit pour Djeddah et demanda que les auteurs du massacre fussent immédiatement exécutés. Namik-Pacha répondit que les coupables étaient arrêtés, mais que les lois existantes n'accordaient pas à un gouverneur le droit de vie et de mort et qu'il était nécessaire d'en référer à Constantinople. Le commandant du *Cyclops* ne tint aucun compte de cette juste observation, et commença à bombarder la ville. En voyant agir les puissants moyens de destruction dont disposait le *Cyclops*, on dut s'étonner de nouveau de l'inaction à laquelle ce bâtiment s'était résigné au jour du massacre. Namik-Pacha, qui était dans son droit, ne céda pas. Le bombardement aurait pu se prolonger encore, lorsque le commissaire ottoman arriva avec quelques troupes. Ismaïl était porteur d'un firman qui autorisait l'exécution des coupables sans recours à Constantinople; onze personnes eurent la tête tranchée en présence d'un détachement de troupes anglaises. Mais il fut reconnu bientôt qu'on avait eu affaire tout au plus à des instruments secondaires, et que les instigateurs s'étaient soustraits à l'action de la justice. D'ailleurs, il restait à régler la question des indemnités qui devaient être supportées par la ville.

Les commissaires français et anglais se présentèrent devant Djeddah à la fin de l'année 1858. Grâce à leur présence et surtout à l'énergie de M. Sabatier, les choses changèrent immédiatement de face. Une flottille anglaise considérable stationnait devant Djeddah et fut rejointe par la corvette à vapeur française *Duchayla*. L'enquête dirigée d'après les indications de M. Émerat, qui avait échappé au massacre du 15 juin, fit découvrir bientôt les auteurs de l'attentat. La conspiration avait été ourdie par les principaux habitants de la ville. Le gouverneur du Hedjaz, Namik-Pacha, invita tous les coupables à dîner, et à la fin du repas leur annonça qu'ils étaient ses hôtes forcés.

La peine de mort fut prononcée contre les trois principaux coupables, Abd-ul-Montessibe, ancien chef de la police et le plus riche propriétaire de Djeddah, Seïd-Amoudi, chef des Hadramautes, et le caïmacan. Autant le commandant du *Cyclops* avait montré de violence lors de sa première apparition, autant le commissaire anglais hésita à faire exécuter immédiatement la sentence, quoique la commission eût été formellement investie de ce droit. Cette différence d'attitude est facile à expliquer. Il s'agissait dans le premier cas, pour l'Angleterre, de faire, à elle seule, acte d'omnipotence dans la mer Rouge : onze têtes étaient tombées, après un bombardement, sans qu'on s'inquiétât si l'on avait mis la main sur les vrais coupables. Au contraire, il s'agissait maintenant de partager avec la France l'honneur de la répression : M. Valne voulait que l'on sursît et que les condamnés fussent envoyés à Constantinople. M. Sabatier résista aux instances de ses deux collègues anglais et turc. Il exigea que les coupables fussent exécutés publiquement, sur les lieux, sans retard, en vertu de la sentence rendue par la commission ; il déclarait qu'au besoin il ferait justice avec les seules forces du *Duchayla* et sous les yeux de l'escadrille anglaise, dont le concours lui était refusé. On dut céder. Les Anglais aimaient encore mieux s'associer à la France que la laisser agir seule, en leur présence et malgré eux. Le commissaire turc insista pour qu'on sursît à l'exécution du caïmacan parce qu'il avait été l'écuyer du Sultan. M. Sabatier consentit à cet ajournement.

Le 12 janvier 1859 des détachements français et anglais stationnaient sur la plus grande place de Djeddah, auprès du bazar : les condamnés eurent la tête tranchée par des bourreaux du pays, au pied même du kiosque d'où étaient partis les ordres du massacre. Quant à l'indemnité dont la ville de Djeddah devait être frappée, les représentants de la France et de l'Angleterre à Constantinople furent chargés d'en régler définitivement le montant, de concert avec les ministres turcs [1]. Les sommes réclamées ont été payées intégralement.

Du reste, les pèlerins de la Mecque et de Médine ne sont pas plus favorisés que les étrangers sous le rapport de la sécurité. Depuis le départ des Égyptiens, les routes n'ont été complétement libres que lorsque l'administration turque a payé aux Arabes les tributs auxquels ils croient avoir droit.

Niebuhr explique que chaque grand-cheik se regarde, et avec quelque raison, comme souverain du territoire qu'il occupe. A ce titre, il se croit autorisé à percevoir sur les voyageurs et sur les marchandises un péage et un droit de transit. Ce n'est donc pas, comme on le dit généralement, une rançon pour racheter le pillage. Les Turcs ont en

---

1. Nous avons extrait ces détails, en les abrégeant, des tomes VIII et IX de l'*Annuaire des Deux-Mondes*.

quelque sorte reconnu ce droit de perception en payant une certaine somme aux Arabes qui laissent passer la caravane, qui l'escortent et qui entretiennent les puits. Lorsque les Turcs ne veulent pas acquitter ce tribut, lorsqu'ils coupent la tête aux cheiks qui vont le réclamer, les Arabes pillent une ou deux caravanes pour se venger et pour recouvrer ce qui leur a été soustrait. Toujours est-il, pour ne parler que des dernières années, qu'en 1853 et en 1858 les pèlerins furent obligés de rétrograder et que la tribu des Harb a plusieurs fois assiégé la garnison de Médine.

En 1859, Mustapha-Pacha Scodrali, personnage célèbre dans les fastes de la Haute-Albanie, avait été nommé gouverneur des *villes saintes*. Il eut l'idée de se rendre directement de Iambo à Médine et fut obligé de rétrograder en toute hâte, quoiqu'il eût payé de fortes sommes aux bédouins. La même année, au mois de juillet, un Arabe des Oulad-Ouf, tua un bachi-bouzouk de la garnison de Rabegh, petite ville de littoral située à deux journées au nord de Djeddah. L'assassin ayant été saisi et jugé à la Mecque, les Oulad-Ouf, qui sont une fraction de la tribu des Harb, déclarèrent que si leur compatriote ne leur était pas rendu, ils attaqueraient la ville de Rabegh. En effet, ils l'investirent et la garnison était réduite aux abois, lorsque le gouverneur turc de Djeddah envoya un détachement de quatre cents hommes, qui dégagea la place sans coup férir au mois de septembre suivant. On n'osa pas, cependant, exécuter l'assassin.

Une nouvelle crise éclata en 1861 et voici à quelle occasion. Dans la même ville de Rabegh, un soldat turc surprit un bédouin qui entrait chez lui pour voler et le tua. La tribu de ce bédouin réclama le prix du sang que le pacha refusa d'acquitter. Les bédouins, mécontents de ce que l'on ne leur avait pas payé depuis deux ans le tribut accoutumé, saisirent cette occasion et vinrent mettre le siége devant Rabegh ; mais le pacha avait eu le temps d'y envoyer trois cents hommes de garnison et deux pièces de campagne. Une quinzaine de bédouins et quelques soldats turcs furent tués dans une sortie. Du reste, la terreur que l'artillerie inspire aux Arabes les empêcha de rien entreprendre de sérieux contre la place. Le grand-chérif de la Mecque ayant offert sa médiation, les bédouins demandèrent qu'on leur payât l'arriéré du tribut et qu'on leur permit d'égorger autant de Turcs qu'il avait péri d'Arabes depuis la reprise des hostilités. Ces conditions ne pouvaient être acceptées. Le grand-chérif tenta lui-même contre les Arabes une expédition ou plutôt une razzia qui n'eut d'autre résultat que de soulever les tribus qui étaient restées tranquilles et qui furent les premières victimes des dévastations. Cet état de choses se prolongea jusqu'au commencement de l'année 1864, les bédouins continuant à intercepter la route de Médine au port de Iambo. Il arriva même plusieurs fois que cette ville, manqua de vivres par suite de l'interruption de ses communications avec la mer. Enfin, au mois d'avril 1864, les autorités de Djeddah s'étaient décidées à payer aux bédouins le tribut accoutumé montant annuellement à environ 250,000 francs. Les Turcs disent de ces Arabes que ce sont les chiens de la maison et que, quand ils aboient, il vaut mieux leur jeter un peu de pâture que de chercher à les exterminer. Ils ont raison.

Au mois de mai, la sécurité des routes paraissait à peu près rétablie et le pèlerinage de 1864 s'accomplit sans difficulté. Cependant la grande caravane de Syrie fut attaquée à son retour, mais les bédouins ne l'empêchèrent pas de continuer sa route.

Le grand-chérif de la Mecque, Ibn-Aoun, qui avait été réinstallé en 1856 après la révolte de Moutaleb, était mort le 28 mars 1858. Ce personnage, qui avait une grande connaissance du pays, fut généralement regretté à cause de sa générosité, de sa bravoure et de son caractère conciliant. Il était âgé de quatre-vingt-dix ans et fut remplacé par son fils Abd-Allah-ibn-Aoun, qui exerce, comme son père, un grand prestige sur les Arabes. Cette succession était une nouvelle atteinte au principe de la légitimité, représenté par Moutaleb, comme il a été expliqué plus haut. Abd-Allah a résidé longtemps à Constantinople où il était membre du grand-conseil au moment de la mort de son père.

V

LE YÉMEN ET L'ACYR

Entre le Hedjaz, dont nous venons de retracer les vicissitudes politiques et le Yémen dont nous n'avons pas encore parlé, se trouve la contrée appelée Acyr. Ce pays, qui joue un grand rôle dans l'histoire contemporaine de l'Arabie, était complétement inconnu à l'Europe il y a une centaine d'années. Jomard, qui a dressé en 1838 la première carte détaillée de l'Acyr, constate qu'aucun des géographes ou historiens arabes n'en a fait mention. Niebuhr parle d'un pays indépendant situé au sud du Hedjaz, qui professe un religion antérieure à celle de Mahomet. Croyant remarquer quelque défiance dans les manières du voyageur danois, ces Arabes jetèrent leurs lances au loin pour le rassurer. C'étaient probablement des Acyres. Burckhardt les mentionne expressément comme une des populations les plus nombreuses et les plus belliqueuses de ces montagnes et y exerçant une influence considérable. Ce sont peut-être eux qui, avant d'être convertis au wahabitisme, poussaient, d'après le même auteur, l'hospitalité jusqu'au genre de libéralité attribué aux Lapons. Je me suis aussi demandé si les Béni-Halal, dont parle Niebuhr, qui étaient indépendants, et que leurs voisins accusaient de professer une religion appelée *Masalik*, n'étaient pas des Acyres.

L'Acyr est borné à l'ouest par la mer Rouge, au nord par le Hedjaz, au sud par le Yémen. Ses limites à l'est ne sont pas fixes ou bien connues. Il possède une petite étendue de côtes et de bons mouillages depuis Haly, limite méridionale du Hedjaz jusqu'à Birk-el-Kasah au sud. Les Acyres n'ont manifesté jusqu'à présent aucun désir d'entrer en relation avec les Européens. Leur pays, fertile et peuplé, produit d'ailleurs, tout ce qui est nécessaire à leur consommation. L'Acyr est un des États les mieux constitués de l'Arabie, et peut réunir une force militaire relativement considérable. Il a successivement accordé sa coopération aux Égyptiens, aux Turcs ou aux chefs indigènes et la victoire est presque toujours restée au parti qui s'était assuré son concours. Cet État jouit d'une véritable indépendance qui a été défendue jusqu'à présent par le courage des habitants et par la configuration du pays : non-seulement le territoire est montagneux, mais les hauteurs arrivent jusqu'à la mer sans laisser, comme dans le Yémen, une côte basse, un *téhama*, disent les Arabes, où les envahisseurs puissent s'établir.

Immédiatement au sud de l'Acyr et par conséquent dans la partie septentrionale du Yémen, se trouve la principauté d'Abou-Arisch. Ce pays dépendait autrefois de l'iman de Saana. Au commencement du dix-huitième siècle, les chérifs, qui en étaient gouverneurs, se sont rendus et sont restés depuis à peu près indépendants, quoiqu'ils aient quelquefois reconnu la suzeraineté des uns ou des autres et payé à plusieurs reprises un tribut.

Le plus ancien État de l'Arabie méridionale est l'imanat de Saana. L'iman a été, pendant des siècles, le suzerain non-seulement de l'intérieur du Yémen où il réside, mais de la côte ou Téhama. Même à l'époque de la plus grande extension de la puissance turque, la Porte n'a possédé effectivement et sans contestation une partie du Yémen que pendant soixante ans, de 1570 à 1630. C'est vers le commencement de ce siècle, comme on le verra bientôt, que les Égyptiens d'abord, les Turcs ensuite, sont venus disputer à l'iman de Saana la suzeraineté effective ou nominale du Yémen. Je dis *nominale* parce que, depuis une centaine d'années, beaucoup de vassaux s'étaient rendus indépendants, ainsi qu'il a été déjà indiqué pour les chérifs d'Abou-Arisch. Le prétendu sultan de Laheï, de qui les Anglais ont depuis acquis Aden, s'était soustrait à l'autorité de l'iman en 1728.

Le souverain de Saana est le chef de la secte des zeïdites, qui ne paraît pas être jamais sortie de l'Arabie. On n'est pas d'accord sur l'origine de cette secte. Suivant les uns, elle remonte jusqu'à Zeïd-ibn-Ali-Zeïn-el-A'abedin-ibn-el-Husseïn-ibn-Ali-ibn-Abou-Taleb, qui fut tué à Koufa l'an 121 de l'hégyre par les partisans du calife Hescham. Suivant les autres, le fondateur de cette croyance est El-

Imam-el-Hadi-ibn-el-Hak-Yahin-ibn-el-Husseïn, dont la généalogie remonterait jusqu'à Hassan, fils d'Ali. Ce personnage, né à Rass, dans le Cassim (Nedjd), l'an 245 de l'hégyre, commença à prêcher à Sada, combattit les Abassides, prit Saana dont il fut chassé, attaqua les Karmates et mourut du poison à Sada en 298. La croyance des zeïdites n'est pas bien connue. Quoiqu'ils ne maudissent pas formellement Abou-Beker et Omar, ils ont un respect particulier pour Ali et paraissent se rapprocher des chiites. Ils prétendent former le cinquième rite orthodoxe de l'islamisme. On dit que beaucoup de chérifs, à la Mecque, appartiennent à cette secte. Mais, suivant Burckhardt, à qui nous empruntons les détails qui précèdent, ces chérifs n'avouent pas qu'ils soient zeïdites.

Le trône de Saana est héréditaire. Les princes de ce pays, appelés *imans*, sont à la fois spirituels et temporels. En qualité de chefs de la secte des zeïdites, ils s'attribuent, comme le sultan des Turcs et comme celui du Maroc, le titre d'*émir-el-moumenin*, c'est-à-dire de commandeur des croyants, mais ils n'exercent le pouvoir spirituel que dans leur propre État. Dans les autres parties du Yémen, quelle que soit la secte, il y a des cadis et des muphtis indépendants de cet iman. A l'époque du voyage de Niebuhr, les cadis du Yémen jouissaient d'une bonne réputation sous le rapport de l'intégrité.

Jusqu'à ces derniers temps, les imans de Saana ont frappé la monnaie à leur coin et battu leur pavillon qui représentait l'épée d'Ali à double lame sur un champ de gueules. Peut-être le font-ils encore, malgré l'état de faiblesse où ils sont tombés. D'après un rapport adressé au ministre des affaires étrangères par M. Alciati de Grilhon, l'État de Saana comprenait, en 1844, 14 districts, dont voici les noms : Saana, Taëz, Beh-el-Medinne-Tenne, Jézim, Kabata, Eszias-el-Oulanne, Mabar, Rodat-Wazidar, Damar, Makadèze, Oudenne, Zalma, Zouragua, Zouranne, Céïanne. Chacun de ces districts est administré par un gouverneur, ordinairement ancien esclave du petit César de Saana. Celui qui se trouvait à Taëz, au moment de la mort de M. Sainte-Croix Pajot, était un nègre. L'iman entretenait à cette époque, c'est-à-dire en 1844, une armée à peu près régulière de 6640 hommes; mais il pouvait en réunir un plus grand nombre en temps de guerre [1].

Telles sont les divisions actuelles du Yémen. Pour plus de clarté, nous ne comprenons pas dans cette énumération quelques pays peu importants, dont l'existence séparée est contestable ou précaire.

Malgré le désordre politique où se trouvait le Yémen, Niebuhr, Burckhardt, M. Botta ont remarqué que les voyageurs, même européens, y rencontraient une sécurité complète.

Dans un précieux mémoire sur l'Arabie, imprimé à la

---

[1]. Nous parlerons de ceux des imans de Saana qui ont été mêlés aux événements contemporains. On trouvera l'histoire suivie de ces princes dans l'ouvrage de M. Playfair (voir plus bas page 92).

suite de l'*Histoire sommaire de l'Égypte sous le gouvernement de Méhémet-Ali*, par Félix Mengin, le savant M. Jômard donne le récit d'un témoin oculaire de l'invasion des wahabites, le cheik A'ous. D'un autre côté, M. Playfair, capitaine de l'artillerie de Madras et premier assistant politique du résident d'Aden, a publié à Bombay, en 1859, une histoire de l'*Arabia Felix*, ou Yémen, qui contient des renseignements pleins d'intérêt sur ce pays. Burckhardt, bien qu'il s'occupe spécialement du Hedjaz et du Nedjd, rapporte aussi les événements auxquels ont pris part les wahabites du sud. C'est à ces trois sources ainsi qu'aux correspondances des savants et agents français, que nous avons puisé nos informations.

Lorsque les wahabites se furent solidement établis dans le Nedjd et qu'ils eurent conquis le Hedjaz, ils se tournèrent vers le Yémen où leur réussite fut moins complète. Cependant les Acyres acceptèrent facilement le wahabitisme. Saoud mit à leur tête un de ses officiers, Abd-ul-Hakal, surnommé, à cause d'une taie qu'il avait sur un œil, Abou-Noqtah ou le *Père de la Tache*. Ce fut lui qui réunit le premier en un corps d'État les tribus acyres. Il se chargea ou fut chargé, en 1804, de propager la nouvelle doctrine dans le Yémen à la manière du pays, c'est-à-dire par la guerre. Il s'adressa d'abord à l'État qui touche immédiatement à la frontière méridionale de l'Acyr.

Cet État, la principauté d'Abou-Arisch, était alors possédé par un chérif nommé Hamoud-Abou-Mesmar, qui refusa d'adopter la croyance wahabite et fut attaqué par les Acyres. La guerre fut si terrible, dit le narrateur arabe, que les chevaux nageaient dans le sang. La ville d'Abou-Arisch fut forcée de se rendre et Hamoud de s'enfuir. L'iman de Saana était trop faible pour arrêter les envahisseurs : deux villes importantes de la côte, Lohéïa et Hodéïda, tombèrent au pouvoir du Père de la Tache. Les Acyres, toutefois, n'osèrent pas attaquer Moka et retournèrent dans leurs montagnes; mais, pendant toute l'année suivante, ils continuèrent à harceler et à piller le Yémen.

Le chérif d'Abou-Arisch, Hamoud, se résigna alors à adopter ostensiblement la nouvelle secte et fut rétabli dans sa principauté. En 1809, se croyant assez fort pour rompre avec les wahabites, il prit Lohéïa et Hodéïda, qu'il replaça sous l'autorité de l'iman de Saana et dont il resta gouverneur en son nom. A la nouvelle de cette défection, le Père de la Tache marcha contre lui au mois de juillet et remporta un premier succès à Djézan; mais Hamoud ne se laissa pas abattre; et, avec les secours venus de Saana, il réunit environ trois mille fantassins et quatre cents cavaliers. Le prince des Acyres était campé avec une dizaine de mille hommes auprès d'Abou-Arisch. Hamoud quitta cette ville de nuit avec quarante cavaliers déguisés en wahabites. Prenant un circuit, il atteignit à l'aube l'arrière-garde du camp ennemi où il pénétra sans exciter de soupçon. Arrivés à la tente du chef, les gens d'Abou-Arisch poussent leur cri de guerre, Hamoud tue le Père de la Tache de sa propre main, et réussit à s'échapper dans le désordre. Les Acyrés, attaqués sans doute en même temps par toutes les forces ennemies, sont mis en pleine déroute [1]. Le Yémen respira jusqu'au moment où les Égyptiens furent envoyés en Arabie au nom de la Porte.

Lorsque Méhémet-Ali d'Égypte eut reconquis les *villes saintes* et fut devenu maître du Hedjaz, il porta son attention sur le Yémen. En 1813, il y expédia un certain Aga-Jousef. Le chérif Hamoud, à qui cet agent demanda d'abord son concours contre les wahabites, fit une réponse évasive. Aga-Jousef se rendit de là à Saana, où l'iman déclara qu'il était prêt à concourir à la répression de l'ennemi commun, mais qu'il n'avait aucun moyen de le faire, ce qui était vrai. L'ennemi commun était Thamy, alors prince de l'Acyr. Thamy professait ouvertement le wahabitisme et avait reçu l'investiture de Saoud de même que son prédécesseur, le célèbre Père de la Tache. Il paraît avoir été un homme du pays. Depuis cinq ans, il était en possession de Confounda qui fait partie du Hedjaz. Les troupes égyptiennes lui reprirent cette place en 1814, non sans y perdre beaucoup de monde. C'était au mois de mars. En mai, les Acyrés, sous le commandement de Thamy en personne, surprirent la même ville. La garnison égyptienne, poursuivie l'épée dans les reins, s'enfuit précipitamment et perdit beaucoup de monde. Les bagages, les

---

[1]. Le récit du cheik Aous diffère un peu de celui de Burckhardt, adopté par M. Playfair et par nous.

armes, les munitions, les bêtes de somme, les chevaux restèrent au pouvoir du vainqueur.

Cependant Méhémt-Ali, toujours harcelé par ces wahabites du sud jusque dans Taïf et dans la Mecque, prit le parti de diriger contre eux tous ses efforts, et, au commencement de l'année 1815, il alla les attaquer en personne. Ce fut alors qu'il remporta l'importante victoire de Bisel, appelée aussi de Koulacq, dont il a déjà été fait mention. Le vice-roi d'Égypte déploya, en cette circonstance, autant d'énergie que de talent. Il sut, par une retraite simulée, attirer son impétueux ennemi dans la plaine. Ce fut la cause de la défaite des wahabites, à qui le célèbre Saoud avait pourtant recommandé en mourant de ne jamais combattre les Égyptiens en rase campagne. L'armée arabe était commandée par Fayssal, fils de Saoud et frère du prince du Nedjd. Au premier rang des combattants était Thamy avec ses Acyres, dont quelques-uns déployèrent un courage héroïque. Burckhardt raconte que des détachements entiers de ces Arabes furent trouvés sur les montagnes liés ensemble par des cordes qui entouraient leurs jambes, et voici pourquoi : en quittant leurs familles, ils avaient juré de ne pas fuir. N'ayant pas eu de succès dans ce combat, ils résolurent de s'empêcher mutuellement de quitter le terrain en se liant les uns aux autres. Ils se battirent tant que leurs munitions durèrent et furent ensuite taillés en pièces sur place, les uns à côté des autres.

La même année, c'est-à-dire en 1815, les Égyptiens

pénétrèrent sur le territoire des Acyres, qu'ils attaquèrent auprès du château de Tor. Thamy, à cheval, en avant de ses soldats, les animait par des chants guerriers. La résistance fut encore plus acharnée qu'à Bisel ; mais l'artillerie finit par disperser les Arabes. Méhémet-Ali, un moment maître de la montagne, y installa pour chef Ibn-Médry. Cependant Thamy, qui avait réussi à s'échapper, chercha un refuge auprès d'Abou-Arisch, chez un parent du chérif. Or, Hamoud, en apparence wahabite, était toujours disposé à se prononcer pour le plus fort : il livra le vaincu de Tor à Méhémet-Ali.

Thamy était un homme de petite taille ; il portait une longue barbe blanche ; ses yeux lançaient du feu et il était doué de grands talents naturels. Son courage et ses malheurs inspiraient le respect à toute l'armée égyptienne ; son maintien noble imposait même à Méhémet-Ali qui le traita avec courtoisie et promit d'intercéder en sa faveur auprès du Sultan. Cependant, arrivé au Caire, il lui fit mettre au cou une énorme chaîne et le héros arabe fut promené, sur un chameau, dans les rues de la ville ayant suspendue aux épaules la tête d'un autre chef wahabite. Thamy fut ensuite envoyé à Constantinople et décapité.

Le vice-roi d'Égypte avait repris Confounda, mais il ajourna ses projets sur le Yémen. Toutes ses forces étaient alors employées à la grande guerre du Nedjd. Après le sac de Derryeh et la soumission des wahabites, le vice-roi envoya un corps de deux mille cinq cents hommes qui reprirent Lohéïa à Hamoud et s'emparèrent de plusieurs places dans l'intérieur du Yémen. Un arrangement eut lieu alors entre les Égyptiens et l'iman qui rétablit son autorité dans le Téhama : il s'engageait seulement à payer au vice-roi un tribut annuel ou subside d'un lac de thalaris. Les choses restèrent en cet état jusque vers 1832.

La révolte de Turktché-Bilmez amena les Égyptiens à intervenir de nouveau et plus complétement dans les affaires du Yémen. Un ancien mamelouk, à qui son ignorance de la langue turque valut ce sobriquet, avait été mêlé à une révolte militaire contre l'autorité égyptienne causée par le retard de la solde et en était devenu l'un des chefs. La Porte, qui se brouillait alors avec Méhémet-Ali, lui avait conféré le gouvernement du Hedjaz. Turktché-Bilmez ne put s'y maintenir devant les forces envoyées d'Égypte et échoua également à Confounda ; mais il réussit à s'emparer de la place importante d'Hodeïdah et alla bientôt s'établir à Moka. Ces événements se passaient en 1832. L'iman de Saana, le suzerain du Yémen, essaya de chasser Turktché-Bilmez de ses possessions. Il n'en vint pas à bout ; alors les Égyptiens dirigèrent sur le Yémen une armée de quinze mille hommes.

Cependant les Acyres avaient chassé le chef que Méhémet-Ali leur avait imposé en 1815 après la défaite de Thamy. Leur nouveau prince s'appelait Ali-Mujessin : il avait d'abord été l'allié de Turktché-Bilmez, mais s'étant brouillé avec lui et ayant appris la venue des Égyptiens en si grand nombre, il voulut s'attirer la bienveillance de Méhémet-Ali. Il marcha avec vingt mille Arabes contre Moka où

Turktché-Bilmez s'était enfermé et que l'escadre égyptienne vint bloquer. Il enleva la place d'assaut et la livra au pillage pendant trois jours. En 1834, les montagnes acyres étaient encore remplies des dépouilles de Moka. La ville la plus commerçante du Yémen ne s'est jamais relevée de ce désastre dont Hodeïdah et plus tard Aden ont profité. Quant à Turktché-Bilmez, il avait réussi à se réfugier à bord du navire anglais *Tigris*, qui le transporta à Bombay. De là il se rendit à Bagdad où il mourut bientôt sans avoir plus fait parler de lui. Cependant des garnisons furent mises par les Égyptiens à Hodeïdah, à Confounda et dans plusieurs places de l'intérieur.

Le prince des Acyres, Ali-Mujessin, était mort vers 1833 et avait été remplacé, au préjudice de ses enfants en bas âge, par Aïd-ben-Moury, son petit neveu. Ce dernier ayant assiégé Abou-Arisch, dont le cheik était l'allié de Méhémet-Ali, les Égyptiens vinrent délivrer cette place en 1834. Achmet-Pacha dirigea alors contre l'Acyr une expédition nombreuse à laquelle s'était joint le grand-chérif de la Mecque, Ibn-Aoun. Il emmenait avec lui le fils d'Abou-Noqtah, nommé Dossari, que Méhémet-Ali avait gardé en otage au Caire et qui devait remplacer Aïd, si l'expédition réussissait. Aïd offrait une rançon de 2,500,000 francs; mais il refusait de se reconnaître tributaire. Achmet-Pacha remporta un succès important à Khamis-Michet, le 21 août 1834; mais, il n'osa attaquer les Acyres retranchés à Rhedda. L'armée égyptienne, harcelée par un ennemi insaisissable, ne tarda pas à manquer de vivres. Enfin, le 26 septembre de la même année, Achmet-Pacha signait une capitulation honteuse : les Acyres conservaient leur indépendance et permettaient à l'armée égyptienne de se retirer par la mer Rouge sous la surveillance et la protection des commissaires d'Aïd et sous la promesse de ne commettre aucun dégât sur son passage [1].

L'année suivante, en 1835, Méhémet-Ali envoya son neveu Ibrahim en Arabie avec quelques renforts. Fatigués d'un trajet pénible au milieu des sables, manquant d'eau et de moyens de transport à cause de la lassitude des bêtes de somme, les Égyptiens rencontrèrent encore une vigoureuse résistance de la part des Acyrés réfugiés dans leurs montagnes. Le 16ᵉ régiment gravit l'élévation sur laquelle les défenseurs étaient retranchés, tandis que le 9ᵉ tournait la position pour égarer l'attention et seconder l'attaque. Ce mouvement dans un pays inconnu fut mal exécuté, et le 9ᵉ régiment n'arriva pas à faire sa jonction. Ce corps fut écrasé, et le 16ᵉ régiment, qui prit la fuite, fut poursuivi rudement. Ibrahim se retira dans le plus grand désordre et avec des pertes considérables [2].

Nous avons déjà vu que les Égyptiens se vengèrent de

---

1. Cette expédition est racontée en détail dans le *Voyage en Arabie* de Tamisier, témoin oculaire. M. Playfair ne parle ni de cette expédition ni de celle de 1835.

2. Le récit de cette seconde expédition se trouve dans l'*Histoire sommaire de l'Égypte sous Mohammed-Ali*, par Félix Mengin, p. 93. — Dans cet ouvrage, il n'est pas fait mention de l'expédition de 1834 racontée par Tamisier, mais ce dernier indique dans

leur nouveau désastre sur le grand-chérif de la Mecque, Ibn-Aoun, qui fut alors envoyé au Caire. Ibrahim reprit bientôt l'offensive et rétablit ses affaires dans le Téhama, mais sans entamer l'Acyr.

En 1837, au moment où M. Botta visitait le Yémen, les Égyptiens n'avaient fait encore aucun progrès dans l'intérieur; mais ils se préparaient à y pénétrer en profitant des discordes des chefs indigènes. Quelques détails, empruntés au récit de l'éminent et consciencieux voyageur, nous feront connaître les mœurs politiques de cette partie de l'Arabie. Le jeune iman, qui régnait alors à Saana, s'appelait Al-Mansour. C'était un homme de trente-cinq ans environ, qui s'était rendu odieux dans tout le Yémen par la faiblesse de son gouvernement et par ses vices : il était particulièrement adonné à l'ivrognerie. Son œil louche avait une expression sinistre. M. Cruttendern, de l'armée des Indes, qui visita Saana en 1836, constata que cette cour était bien déchue de son ancienne splendeur. Saana a toujours passé pour la ville des plaisirs. A cette époque du moins, les goûts des habitants n'avaient rien de délicat : leurs divertissements consistaient principalement dans l'ivrognerie et les spectacles licencieux. L'oncle de l'iman, nommé Cassim, aspirait à le remplacer et s'était mis en révolte contre lui dans la ville de Taez. Ce personnage

---

une note l'expédition dirigée par Ibrahim en 1835. Je ne garantis pas que M. Mengin n'ait pas rapporté à la seconde expédition quelques traits appartenant à la première.

curieux a été visité par M. Botta au moment où il se préparait à attaquer l'iman. « Il habitait par humilité, dit notre voyageur, une toute petite chambre dans les combles de sa maison. Cet homme, voulant supplanter son neveu odieux par des débauches de tout genre, avait jugé à propos de se concilier l'estime publique par une conduite opposée : il affectait une grande piété, s'habillait simplement, priait continuellement et jeûnait toute l'année, c'est-à-dire que, selon l'usage des musulmans dans leurs jeûnes, il ne mangeait qu'après le coucher du soleil. Je le trouvai priant sur un modeste tapis. J'attendis debout qu'il eût terminé ses nombreuses génuflexions, après lesquelles il me fit asseoir, m'adressa d'une voix humble et douce quelques questions, me parla avec tristesse de l'état misérable de son pays, de son amour pour le bien public et de ses efforts pour faire refleurir l'ordre et la religion. »

Ibrahim-Pacha guettait le moment de profiter de ces discordes et avait su attirer au parti des Égyptiens un des personnages les plus importants du Yémen, Hassan-ben-Yahia-ben-Ali-Saad. Après avoir été gouverneur de Taez pour les imans de Saana et commandant de Moka pour les Acyres après la défaite de Turktché-Bilmez, il avait été reconnu par Ibrahim-Pacha comme chef indépendant du district de Haïs. Demandons encore à M. Botta le portrait de ce personnage : « Après quelques minutes d'attente, je fus introduit auprès du cheik que je trouvai debout, probablement pour ne pas compromettre sa dignité en se levant à mon approche. Il me fit asseoir auprès de lui.

Son costume était simple et semblable à celui des négociants aisés. La partie la plus singulière de son accoutrement était un petit châle de laine avec lequel il s'enveloppait tout le bas de la figure pour cacher un défaut personnel honteux chez les Arabes : le cheik n'avait aucune trace de barbe ni de moustache. Ce châle ne laissait voir que le haut de la figure, qui avait tous les caractères de celle des Yéménites en général : un nez aquilin, de grands et beaux yeux très-ouverts et rendus plus expressifs encore par l'usage du collyre avec lequel, comme tous ses compatriotes, il se teignait en noir le bord des paupières. La douceur de ses manières et de sa physionomie faisait un singulier contraste avec son courage pour lequel il était célèbre dans toute l'Arabie, et avec l'énergie de son caractère qui ne reculait jamais devant les moyens nécessaires pour arriver à ses fins. Il n'avait pas certainement la physionomie d'un homme qui, pour se débarrasser de rivaux en puissance, avait tué de sa propre main ses deux frères et son oncle, père de sa première femme. Comme je lui exprimais le regret que j'avais de voir l'état de décadence où de mauvais gouvernements avaient réduit son pays autrefois si riche et si florissant, le cheik me parla de ses projets et du désir qu'il avait de contribuer au rétablissement de l'ordre, en aidant Méhémet-Ali à saisir le pouvoir. Je suis convaincu que, dans le fond du cœur, il le désirait pour lui-même et ne voyait dans les Égyptiens qu'un instrument pour l'établissement de sa propre autorité, car la haine de l'étranger est un sentiment si naturel aux Arabes et si puissant dans leurs cœurs, qu'il n'est pas probable que, chez aucun d'eux, il cède à la raison et encore moins à l'amour du bien public. »

Tels étaient les trois personnages dont les faiblesses, les discordes ou les intrigues allaient amener les Égyptiens au cœur du Yémen. Le 4 juin 1837, Cassim, l'oncle de l'iman de Saana, arrivait à Moka avec une troupe de deux cents Arabes. Trois jours après, il concluait avec Ibrahim-Pacha, venu exprès d'Hodeïdah, un arrangement en vertu duquel il recevrait à Moka une pension annuelle de trois cents thalaris et livrerait aux Égyptiens la ville de Taez. Le 19 du même mois, Ibrahim envoya un millier d'hommes qui prirent possession de Taez. Le cheik Hassan rendit aussi aux envahisseurs des services dont il fut mal récompensé. Les Égyptiens lui firent la guerre et l'attirèrent dans une conférence où il fut assassiné. La même année, l'iman de Saana ayant été détrôné et remplacé par un de ses oncles, le vice-roi fit des ouvertures au nouveau prince pour la cession de sa principauté. L'envoyé fut reçu avec distinction, mais positivement éconduit.

En 1839, les Anglais s'emparèrent d'Aden. Cet événement eut une influence sur les destinées du Yémen au bénéfice de la Turquie.

Au commencement de l'année 1840, les Égyptiens se disposaient à évacuer le Yémen comme le reste de l'Arabie. L'iman de Saana était trop faible pour ramener sous sa domination le domaine entier de ses ancêtres. Le chérif d'Abou-Arisch, qui s'appelait alors Hussein-ibn-Ali-ibn-

Hayder, s'entendit avec les Acyres et fit arriver un corps de troupes à Hodeïdah le 22 avril, le jour même où les Égyptiens évacuaient cette ville. Ce mouvement jeta le Yémen dans la plus grande confusion. Les Acyres occupèrent à leur tour Hodeïdah, imposèrent une contribution de 120,000 thalaris aux habitants et défendirent, comme autrefois, aux chrétiens de monter à cheval et de passer par la porte de la Mecque.

Cependant Hussein finit par s'établir à Moka et par se faire reconnaître comme gouverneur du Téhama, moyennant un tribut annuel de 80,000 thalaris à payer au vice-roi d'Égypte.

A ce moment le Yémen se trouvait divisé entre trois principaux chefs : l'iman de Saana, le chérif d'Abou-Arisch, Hussein, et le cheik Ali-Homeïda, maître de la montagne *Badjel*. Ce dernier est pour nous un nouveau venu. Nous n'avons trouvé son pays indiqué sur aucune carte[1]. Au nord du Yémen, la principauté d'Acyr, non-seulement était restée indépendante, mais prélevait habituellement un tribut de 15,000 thalaris sur l'Abou-Arisch.

---

1. Peut-être est-ce le prince de Hamdan que Niebuhr indique comme distingué par sa puissance et par l'ancienneté de sa noblesse? Dans une lettre adressée au ministre des affaires étrangères le 26 avril 1847, M. Arnaud d'Abbadie désigne ainsi la localité en question : « La résidence habituelle d'Ali-Homeïdah est à Bajel, à environ deux heures de la montagne Bora, canton très-fertile qui fait partie de sa juridiction. Bajel est à peu près à une journée et demie vers l'est de Hodeïdah. »

Le pavillon anglais ayant été insulté à Moka en 1817, la Compagnie des Indes avait fait bombarder la ville en 1823 et imposé des conditions fort dures à l'iman de Saana, qui y exerçait alors l'autorité. Une factorerie, un consulat avec des gardes y avaient été installés. Mais le prestige moral des Anglais était singulièrement affaibli en 1840. Leur maison consulaire était en ruines et la Compagnie des Indes avait payé une rétribution à Hussein pour conserver le droit d'y arborer son pavillon national. En 1842, un capitaine de navire ayant hissé un pavillon de signal, Hussein prétendit que les Anglais avaient payé pour un et non pour deux pavillons, et il fit abattre le mât consulaire. On lui demanda réparation. Hussein répondit au gouvernement de Bombay par une sommation d'évacuer Aden. En même temps, l'iman de Saana, qui venait de triompher d'une révolte religieuse, méditait de reconquérir le Téhama sur Hussein, et il le sommait de rendre ce territoire à son légitime souverain. Le chérif répondit qu'il l'avait reçu de Dieu et qu'il le défendrait jusqu'à la dernière extrémité. Aux mois d'avril et de juillet, l'iman proposa aux Anglais de combiner une attaque contre le chérif Hussein; mais, à ces deux demandes et à une autre qui eut lieu en 1843, le résident politique d'Aden objecta que son gouvernement s'était imposé la règle de ne pas intervenir dans les démêlés intérieurs des chefs arabes et garderait par conséquent la neutralité. C'est à Constantinople que l'Angleterre avait demandé réparation.

En 1842, un commissaire turc, nommé Eschref-

Bey, fut envoyé en Arabie porteur d'ordres qui avaient été adressés au gouverneur de Djeddah, commandant supérieur de toutes les possessions ottomanes en Arabie. Hussein lui déclara qu'il n'obéirait, en ce qui concernait le pavillon anglais, que si l'ordre lui était envoyé par la Porte directement. D'après le récit de M. Playfair, la réponse du chérif aurait été plus conciliante en ce qui concerne les réclamations anglaises. Il est certain, toutefois, que cette première mission n'eut aucun résultat.

L'année suivante, c'est-à-dire en 1843, Hussein reçut un firman à lui adressé. Il était élevé au rang de pacha et nommé gouverneur du Téhama pour trois ans, avec promesse d'être maintenu s'il se conduisait bien; mais on le plaçait sous la suprématie du grand-chérif de la Mecque. On lui enjoignait de laisser arborer le pavillon britannique dans toutes les villes de Téhama, conformément aux traités de la Porte avec la Grande-Bretagne. Enfin, il avait à payer un tribut annuel. Le commissaire ottoman, qui était encore Eschref-Bey, fut bien accueilli. M. Playfair dit que le tribut fut alors fixé à 70,000 thalaris.

Les mêmes faits sont racontés un peu autrement par M. Alciati de Grilhon, dans une lettre adressée au ministre des affaires étrangères le 24 janvier 1847. Voici le récit du compagnon de voyage de M. Sainte-Croix Pajot : « Il a fallu qu'au mois de juillet 1843 un envoyé de la Porte vînt menacer le chérif Hussein de l'abandonner à la merci de l'Angleterre pour le décider à faire prononcer dans les prières publiques le nom du sultan, ce qui n'avait pas été fait depuis le départ des troupes égyptiennes en 1840. Aussitôt que le chérif se fût rendu aux remontrances de la Porte, le grand-seigneur lui envoya des agents porteurs d'un firman d'investiture depuis Haly jusqu'au détroit de Bab-el-Mandeb. Ces agents étaient accompagnés par un pacha qui devait résider à Moka. A leur arrivée, on fit une salve de vingt et un coups de canon. Le chérif donna des fêtes et défraya jusqu'à Saana les envoyés qui allaient porter à l'iman régnant le firman d'investiture pour l'intérieur du Yémen. Lorsque l'ambassade fut de retour de Saana, le chérif fit de beaux présents au pacha et aux gens de sa suite. Après lui avoir remis ceux destinés au sultan et à ses ministres, il déclara au pacha qu'il fallait qu'il se réembarquât avec l'ambassade, n'ayant besoin de personne pour gouverner ses États. Alors le pacha, voyant sa mission finie, partit pour Djeddah. »

D'après la relation de M. Playfair, l'envoyé de la Porte aurait été fort mal reçu à Saana, où il réclamait, en forme d'hommage, un tribut que l'iman avait autrefois payé ou promis au vice-roi d'Égypte.

En 1844, l'iman de Saana reprit les projets de son prédécesseur pour recouvrer la possession du Téhama. Pendant trois ans, les événements n'eurent pas une grande signification : l'iman crut un instant qu'il allait réduire Hussein, qui était alors en guerre contre Ali-Homeïda, avec lequel le souverain de Saana avait noué des intelligences; mais, après une bataille indécise, les deux ennemis se réconcilièrent. En 1847, Eschref-Bey revint dans cette partie de l'Arabie. Hussein venait d'être fort affaibli par sa guerre contre le chef de la montagne de Badjel, Ali-Homeïda; mais il s'était allié avec l'Acyr, probablement en lui payant une redevance. Lorsque Eschref-Bey arriva en rade d'Hodeïdah, au mois de juillet, il y trouva M. Cruttendern, aide de camp du gouverneur d'Aden. Cet officier avait déjà été employé à plusieurs missions dans le Yémen, et notamment à Saana. Sa présence devant Hodeïdah n'était pas fortuite : il portait un firman du sultan ordonnant à Hussein de rétablir les consulats anglais de Moka et d'Hodeïdah et de rendre aux Européens la faculté dont ils avaient joui sous Méhémet-Ali de monter à cheval dans les rues des villes et de voyager dans l'intérieur. On croit qu'Hussein accéda à tout ce qu'on lui demandait. Du reste, il n'est pas fait mention de cette troisième mission d'Eschref-Bey dans la relation de M. Playfair, et il y a en général, on l'a vu, peu de précision et de concordance dans les récits relatifs aux divers voyages de cet agent.

En 1848, l'iman de Saana réunit toutes ses forces et tenta un effort suprême pour ressaisir le Téhama. La paix entre le chérif Hussein et Ali-Homeïda n'avait pas été de longue durée; aussi ce dernier fournit-il un contingent à l'iman. Une bataille eut lieu auprès de Zébeïd, ville autrefois importante et qui avait été la résidence de pachas turcs. Hussein, blessé à la jambe, s'enfuit jusqu'à Hodeïdah, où l'iman le poursuivit à la tête de 8,000 hommes. Le chérif osa l'attaquer avec des forces bien inférieures. Mis en déroute à Bajil (Badjel?), poursuivi et atteint, il fut obligé de se rendre aux conditions imposées par l'iman, c'est-à-dire la cession de Moka, de Baït-el-Fuki et de Zébeïd. Le chérif lui-même fut retenu prisonnier jusqu'à ce qu'il eût payé une rançon de 20,000 thalaris.

Mais Hussein n'avait pas perdu courage; il se remit bientôt sur l'offensive et reprit la plupart de ses places. La guerre continuait avec des chances diverses, lorsqu'un troisième et plus gros compétiteur vint changer la face des choses.

Le 23 mai 1849, une expédition turque partait de Djeddah; elle était forte de 4 à 5,000 hommes. Toufieh-Pacha s'était assuré au moins la neutralité des Acyres, et il amenait avec lui le grand-chérif de la Mecque, Ibn-Aoun. Le 19 avril, Hussein, enfermé dans Hodeïdah, était sommé de rendre la place. Les renseignements sur ce qui s'est passé alors sont contradictoires. D'après nos correspondances de Djeddah, la ville aurait été livrée par Hassan, cousin d'Hussein, et ce chérif aurait été conduit directement à Constantinople, où une pension de 3,000 piastres par mois lui fut assignée. D'après la relation plus détaillée de M. Playfair, le chérif aurait traité lui-même avec les Turcs, et consenti à rendre toutes les villes du Téhama à condition de recevoir une pension. Il se serait alors retiré dans sa principauté d'Abou-Arisch, où il avait mis en sûreté à un premier voyage les dépouilles recueillies dans le Téhama depuis neuf ans. La pension promise n'ayant jamais été payée, il se serait déterminé de lui-même à aller à Constantinople pour exposer son affaire au sultan; mais il serait mort en route au mois de mars 1851, *under circunstances of great suspicion*, dit M. le premier assistant politique du résident d'Aden. Haider, cousin d'Hussein, conserva la principauté d'Abou-Arisch moyennant un tribut de 10,000 thalaris; mais ce fut la fin de la domination de cette famille sur les autres parties du Téhama, où les Turcs établirent un simple pachalik, dont le chef-lieu fut à Hodeïdah.

Aussitôt que le Téhama eut été repris, les Turcs se tournèrent vers l'iman de Saana et le sommèrent de faire sa soumission à la Porte. L'iman hésita et se rendit de sa personne à Hodeïdah, au mois de juillet 1849. Il y fut reçu avec les honneurs royaux, au son du canon. Cédant probablement aux suggestions du grand-chérif de la Mecque, Ibn-Aoun, il aurait signé une convention en vertu de laquelle une partie des revenus de la principauté serait versée à la Turquie, qui ferait occuper la ville de Saana par une garnison de 1,000 réguliers. Tel est, du moins, le récit de M. Playfair. Toufieh-Pacha, le grand-chérif de la Mecque et l'iman se rendirent alors à Saana, et 800 hommes de troupes turques furent établis dans la forteresse un jeudi. Le lendemain, le nom du sultan Abd-ul-Medjid était substitué dans la prière publique à celui de l'iman de Saana.

La population, qui est de la secte des Zeïdites, en fut exaspérée. En même temps, un Arabe, qui avait une querelle avec un Turc, était tué. Les habitants coururent aux armes et massacrèrent un grand nombre de soldats du sultan. Ceux qui étaient restés ou qui se réfugièrent dans la forteresse, bombardèrent la ville, mais sans résultat. L'iman qui avait amené les Turcs, fut déposé et remplacé par Al-Mansour qui montait sur le trône pour la troisième fois. Toufieh-Pacha, qui avait été blessé dans la bagarre, obtint de se retirer avec le reste de ses troupes moyennant une rançon de 20,000 thalaris. Une nouvelle révolution renversa bientôt Al-Mansour. Ghaleb, fils du dernier iman, se proclama lui-même en 1850 ; mais les habitants refusèrent de le reconnaître et le pays tomba dans la plus grande anarchie, si bien que les marchands, pour rétablir un peu d'ordre, se décidèrent à nommer un gouverneur parmi eux. Cet état de choses dura environ huit ans. M. Stern, missionnaire biblique, qui visita Saana en 1856, en fait le plus triste tableau. Il n'y restait alors que trois négociants étrangers, des Banians [1], dont deux furent assassinés pendant son séjour. Le marchand gouverneur s'empara de leurs biens. Le troisième, un vieillard, était sur le point d'abjurer sa religion dans l'espoir de sauver ses jours. Vers 1858, l'iman Ghaleb fut rappelé. Nous n'avons pas appris ce qui est arrivé depuis son retour. C'est avec douleur que nous constatons la décadence d'un État qui, il n'y a pas longtemps encore, avait rendu puissante, prospère, *heureuse* cette partie de

---

1. Voir plus bas le chapitre sur les Banians.

l'Arabie. Ne refusons pas un regret à cette grandeur qui agonise à quelques journées du sol bouleversé, où, sur les ruines de Mareb, le savant cherche, à travers quelques inscriptions à demi-effacées, les traces de la reine de Saba et de l'ancienne splendeur des Himyarites.

L'heureux Ali-Homcïda continua à régner assez paisiblement dans la montagne Badjel, en s'engageant à payer un tribut. Il mourut en 1854 et son fils lui succéda.

Tels sont les faits qui ont suivi immédiatement la retraite de l'armée égyptienne et la prise de possession du Yémen par les Turcs. Leur autorité est très-faible dans ce pays où ils sont presque toujours en guerre avec les chérifs d'Abou-Arisch ou bien avec les chefs indépendants de l'Acyr. Nous allons raconter ce que nous avons appris de ces luttes.

Dès l'année 1845, le chef de l'Acyr s'était emparé de deux districts nommés Ghamid et Zahran, qui faisaient partie du Hedjaz. Il prit et rasa la forteresse de Bicha[1]. Il menaçait d'envahir la vallée de Tarabah, mais il fut arrêté dans sa marche par une simple lettre d'Ibn-Aoun, le grand-chérif de la Mecque. En 1850, les Acyres s'étendaient encore du côté du Hedjaz. Les possessions turques étaient également menacées par les chérifs d'Abou-Arisch. En 1850 ou 1851, cette principauté était possédée par l'héritier légitime, fils du vieil Hussein et nommé Hassan-

---

[1]. Il est fait mention longuement de cette localité dans le *Voyage en Arabie* de Tamisier, qui y a passé plusieurs jours en 1834.

ibn-Hussein. Ayant recruté environ 6,000 hommes dans l'une des tribus indépendantes de la Montagne, il se présenta devant Loheïa, qui était occupée par 400 hommes de garnison turque. Il se rendit maître des puits et força ainsi la population à se réfugier dans l'île Caméran. Une tentative d'escalade ayant échoué, Hassan s'apprêtait à battre en retraite, lorsque 700 hommes du nizam, partis d'Hodeïdah avec de la cavalerie et de l'artillerie, apparurent. Une sortie de la garnison rejeta les assiégeants sur les nouveaux venus. Pris entre deux feux, les Arabes se défendirent vaillamment : ils se précipitaient sur les canons pour les enlever. Mais rompus par la mitraille, ils durent fuir, laissant 700 cadavres, de l'argent, du bétail, des bagages. Hassan se réfugia chez le prince de l'Acyr. On n'a pas appris que les Turcs l'aient poursuivi et aient alors attaqué Abou-Arisch.

Pendant la dernière guerre du Hedjaz, le grand-chérif de la Mecque, Moutaleb, réussit à persuader aux ignorants Acyres que la France, après la prise de Sébastopol, viendrait conquérir l'Arabie. Le bruit courut à Djeddah que le prince Aïd-ibn-Moury allait se joindre aux forces de Moutaleb et se jeter sur le Yémen. Cette dernière prévision se réalisa et voici dans quelles circonstances.

Abou-Arisch était, nous l'avons vu, gouverné par le fils du vieil Hussein, nommé Hassan-ibn-Hussein. Ce chérif eut des démêlés avec Mahmoud-Pacha, gouverneur du Yémen, qui le remplaça par un autre chérif nommé Hayder. Alors Hassan-ibn-Hussein se retira dans l'Acyr et obtint d'Aïd la promesse de se mettre en campagne contre les Turcs pour le rétablir. Le chef de l'Acyr partit donc au commencement de l'année 1856 et marcha d'abord contre Abou-Arisch. Hayder n'osa l'y attendre et prit la fuite. Aïd se dirigea vers le nord-ouest et attaqua le petit port de Djizan dont la garnison turque se défendit avec le plus grand courage et ne se rendit que lorsqu'elle n'eut plus ni vivres ni poudres. Après s'être assuré des positions d'Abou-Arisch et de Djizan, Aïd se mit en marche sur Hodeïdah avec des forces considérables, annonçant l'intention de chasser les Turcs du Yémen. La frégate anglaise *Queen* et la corvette *Elphinstone* se trouvaient en rade. Toute la partie orientale d'Hodeïdah fut, dit-on, brûlée par ordre du pacha pour faciliter la défense, et les habitants s'étant retirés sur une petite île, la garnison, maîtresse de la ville, aurait pillé les maisons[1]. Mais le choléra ayant éclaté dans sa troupe, le vieux prince dut rebrousser chemin, laissant des garnisons à Abou-Arisch et à Djizan[2].

Aïd-ibn-Moury succomba bientôt, après avoir gouverné son peuple avec fermeté et sagesse pendant plus de vingt ans. Depuis le commencement du siècle, l'ordre héréditaire n'avait pas été observé. Mais cette fois, le fils d'Aïd, nommé Mohammed-ibn-Aïd-Moury, lui succéda. C'était en mars 1856. Il était âgé de dix-huit ans. Le grand-

---

1. *Moniteur* du 20 février 1857.
2. Ici s'arrête la relation de M. Playfair.

chérif de la Mecque Ibn-Aoun se mit en rapports avec lui et le décida à ajourner les projets d'Aïd sur le Yémen. Ainsi le nouveau chef de l'Acyr ne tenait pas la promesse faite par son père à Hassan-ibn-Hussein de le replacer sur le petit trône d'Abou-Arisch. Après avoir séjourné pendant une année dans la tribu des Jam, dont nous reparlerons bientôt, cet Hassan-ibn-Hussein y recruta une petite armée avec laquelle il assiégea et prit Abou-Arisch vers le mois de juillet ou août 1857. Il mit ensuite le siège devant Djizan encore occupée par les Acyres ; mais il ne réussit pas à s'en emparer malgré ses intelligences avec les négociants de la ville. Les hostilités durèrent entre les deux anciens alliés jusqu'au moment où Mohammed-ibn-Aïd-Moury envoya une députation à Abou-Arisch pour régler les différends existants. Il y fut stipulé : 1° que le prince des Acyres reconnaîtrait le droit de souveraineté d'Hassan-ibn-Hussein sur la principauté d'Abou-Arisch, moyennant le tribut que le vieil Hussein payait à Aïd, père de Mohammed ; 2° qu'Hassan-ibn-Hussein resterait maître de Djizan qui serait évacué par les Acyres. C'était une acquisition importante, attendu que la douane de Djizan rapporte annuellement 15,000 thalaris et les mines de sel de Zohara 10,000.

Ainsi rétabli sur le trône de son père, Hassan-ibn-Hussein voulut entreprendre la conquête de tout le Yémen sur les Turcs. Nous avons déjà raconté sa tentative infructueuse contre Loheïa en 1850 ou 1851. Il n'était pas découragé. Au mois d'octobre 1857, il se mettait en route avec son armée à laquelle s'étaient joints des volontaires de la tribu belliqueuse des Jam.

En combinant les indications de Niebuhr avec celles de Burckhardt, je crois que ces Jam sont les Nedsjerani du premier et les Yam du second. Vers 1763, leur cheik nommé Mekrami s'était rendu indépendant et avait fait une expédition jusque dans l'el-Haça. Il était en même temps prophète d'une religion assez semblable à celle des wahabites. Ces derniers, du reste, n'avaient pas réussi à soumettre les Jam et leur avaient accordé une sorte de capitulation. M. Tamisier dit que les Jam avaient été forcés de reconnaître l'autorité ou la suzeraineté de l'acyre Ali-Mujessin et qu'en 1834 ils vinrent se joindre à l'expédition égyptienne [1]. Ces Jam ou Yam ou Nedsjerani, que le chérif

---

1. « Cette tribu nombreuse et puissante occupe l'espace compris entre Réjal-el-Ma-el-Yémen, le Téhama, l'Acyr et les États de l'iman de Saana. Lorsque le sultan Sélim vint faire la conquête de l'Arabie, son armée se trouvait dans le voisinage du pays des Jam au moment où elle fut attaquée par une affreuse épidémie. Les kabyles ennemis allaient profiter du triste état où le monarque se trouvait réduit; mais les Jam le délivrèrent du péril. Ensuite ils escortèrent les troupes turques jusqu'à la Mecque. Pour récompenser les Jam, Sélim leur donna un firman qni les autorisait à prélever annuellement une imposition sur les tribus que les Turcs avaient soumises. Les Jam conservèrent avec soin ce firman, et, chaque année, ils envoyaient une armée de 3 à 4,000 hommes pour percevoir ce tribut. Cependant Ali-Mujessin s'étant emparé du gouvernement de l'Acyr, la tribu des Jam expédia une armée pour exiger l'impôt accoutumé; mais Ali, s'étant embusqué dans un défilé, les attaqua à l'improviste et les mit en fuite après les avoir entièrement battus. » Tome II, page 185.

d'Abou-Arisch entraînait avec lui en 1857, obéissent à des chefs religieux nommés Mekrami, qui excitent les soldats en leur promettant le paradis.

De son camp de Zohara, à sept heures de Loheïa, Hassan-ibn-Hussein écrivit à Achmet-Pacha, gouverneur turc du Yémen, une lettre à peu près ainsi conçue : « Avant que le littoral du Yémen fût tombé au pouvoir des infidèles (?), les cheiks de ce pays étaient tributaires de mes ancêtres, et leur payaient annuellement une somme de dix-huit mille thalaris. Aujourd'hui, je demande le payement des arriérés. Si tu es sourd à ma réclamation, sache que j'ai confiance en ma force et que je marcherai sur Hodeïdah. » Il n'en fit rien. Les Turcs ayant reçu quelques renforts qu'il crut destinés à attaquer Djizan, Hassan-ibn-Hussein rentra dans son pays après être resté environ un mois aux environs de Loheïa. Il fut en 1860 assassiné par un de ses cousins nommé Hassan-ibn-Mohammed, qui se mit à sa place.

En novembre 1863, les Acyres attaquèrent Abou-Arisch pour en chasser le meurtrier d'Hassan-ibn-Hussein, et y placer le frère de la victime nommé Zeïd-ibn-Hussein. La ville d'Abou-Arisch ne put résister aux Acyres. Hassan-ibn-Mohammed prit la fuite et ses richesses furent pillées. Le chérif Zeïd-ibn-Hussein fut installé. Alors les Acyres, enhardis par l'heureux succès de cette aventure, marchèrent contre le port de Djizan, qui était retombée au pouvoir des Turcs; ils s'en emparèrent et, s'avançant rapidement dans le sud, vinrent de nouveau inquiéter les Turcs jusque dans Hodeïdah, chef-lieu de la province. Serré de près par les Acyres, Ali-Yaver pacha était sur le point de leur payer une forte rançon pour en obtenir la levée du siége, lorsqu'il lui arriva un renfort qu'il avait demandé au gouvernement du Hedjaz. La présence des troupes régulières suffit pour déterminer la retraite des Acyres qui restèrent, cependant, maîtres de Djizan. D'après des lettres en date du mois d'avril 1864, le gouverneur d'Hodeïdah aurait envoyé par mer contre Djizan une expédition de cinq à six cents hommes, qui n'auraient pas même réussi à débarquer. Les Acyres les auraient attaqués sur les barques qui furent coulées et en auraient fait un grand carnage. On signale aussi que ces Arabes se seraient emparés eux-mêmes de quelques barques sur lesquelles ils donnaient la chasse aux caboteurs de la côte.

Cependant, à la suite de cet échec, les Turcs préparaient contre les Acyres une expédition à laquelle devaient prendre part un corps de quatre mille soldats demandés à l'Égypte, et une troupe de fantassins du grand-chérif de la Mecque, bien que ce dernier fût soupçonné de favoriser secrètement les Arabes. A la date du 16 août 1864, on écrivait de Djeddah que les Acyres, sur les conseils du grand-chérif de la Mecque, le médiateur de la Péninsule, avaient consenti à évacuer les places de Djizan, de Zochia et quelques points du Yémen qu'ils avaient occupés, notamment Abou-Arisch, qui fut livré au pacha de Djeddah. La Porte réclamait, en outre, des Acyres la restitution de trois tribus importantes situées à peu de distance de Taïf, nommées Ghamid, Zahran et Bicha, qui faisaient autrefois partie du gouvernement du Hedjaz et dont le grand-chérif Moutaleb leur avait abandonné la possession. D'après des lettres du 5 octobre 1864, les Acyres, quoique disposés à vivre dans de bons rapports avec les Turcs, ne consentaient pas à rendre ces tribus.

Les choses traînèrent jusqu'au 12 août 1865, où l'expédition projetée se mit enfin en marche sous les ordres du grand-chérif de la Mecque. Le corps principal, composé de 2,500 hommes, partit de Djeddah sous la conduite directe du grand-chérif Abd-Allah-ibn-Aoun. Son frère Hussein partit de Taïf avec 1,800 hommes. Deux bateaux à vapeur embarquèrent 800 Égyptiens à Djeddah. Le rendez-vous général était à Confounda.

Retranchés dans leurs montagnes, les Acyres avaient, dit-on, 20,000 hommes sous les armes et 40 canons. De quel côté serait la victoire? Les Acyres allaient-ils succomber comme en 1815 ou triompher comme en 1834 et 1835? Il paraît qu'on découvrit dans le camp turc un plan de défection, sans doute parmi les auxiliaires arabes. Quoique parent de Mohammed-ibn-Moury, le grand-chérif Abd-Allah passe pour son ennemi; mais quels qu'aient été ses sentiments personnels, pouvait-il, sans compromettre son influence sur ses compatriotes et ses propres intérêts de chef arabe, agir autrement que ne l'avait fait son père en 1834 et en 1835? Tout en essayant de ne pas se compromettre avec le Turc, ne devait-il pas favoriser secrètement le maintien d'une autonomie locale?

Il n'y eut aucun engagement militaire, mais des négociations qui aboutirent à la conclusion de la paix et à un échange de cadeaux. Je ne connais pas les termes mêmes de l'arrangement : d'après ce qu'on en racontait à Djeddah au mois d'octobre 1865, les Acyres auraient restitué les territoires litigieux de Ghamid, de Zahran et de Bicha et ils auraient consenti à payer un tribut annuel. En revanche, le sultan accorde au chef des Acyres le titre d'Émir-Aimara ou Prince des Princes.

Cette confirmation de l'existence séparée d'une population indigène, et le fait que ce résultat a été obtenu par le grand-chérif sont un succès pour la cause arabe. On doit aussi se féliciter à Constantinople de ce qui est arrivé : sans parler des chances d'un échec, il est bon pour la Porte de renoncer à une centralisation impossible à maintenir dans la Péninsule et de laisser, au contraire, les Arabes se gouverner par leurs chefs indigènes sous la suzeraineté plus ou moins nominale du sultan. Il reste encore à savoir quel sera, dans ces arrangements, le sort d'Abou-Arisch, c'est-à-dire si cette petite ville continuera à être une principauté séparée sous sa dynastie héréditaire. Il est à désirer qu'il en soit ainsi.

Après le récit de ces agitations et de ces violences, terminons ce qui concerne le Yémen par quelques tableaux plus riants. Pénétrons, avec M. Botta, dans quelques détails de la vie des Yéménites, comme nous l'avons fait pour les autres parties de l'Arabie.

Parlons d'abord des femmes de l'intérieur, c'est-à-dire de la partie montagneuse : « Nous attendions, dit ce savant, le passage des femmes qui portaient à la ville des branches de cat coupées dans la journée. C'était un spectacle amusant que celui de ces troupes de femmes descendant de toutes les parties de la montagne, sautant de rocher en rocher pour arriver plus vite, avec une sûreté et une rapidité telles qu'elles faisaient chaque jour une course qui me parut à moi très-fatigante à faire en deux. Dans les montagnes, principalement sur le Mont-Saber, les femmes sont remarquablement belles, ce dont on peut facilement s'assurer, parce que, contrairement à l'usage de tous les pays musulmans, elles sortent le visage découvert. A des traits presque italiens, à un teint presque blanc, elles joignent l'avantage de ces formes parfaites qu'on ne peut guère admirer que dans les pays où l'on est encore ce que Dieu a voulu qu'on soit. Malheureusement, les travaux auxquels elles sont obligées de se livrer, et leurs courses continuelles sans chaussures sur les rochers leur déforment les extrémités : leurs pieds et leurs mains n'ont pas la délicatesse féminine. Leur costume est très-simple et presque semblable à celui des hommes : il n'en diffère qu'en ce que la chemise ou tunique, plus longue que celle de l'autre sexe, est brodée et enjolivée autour du col ; qu'elles ne portent sur la tête qu'un simple mouchoir de toile bleue qui pend sur les épaules, et que leur long pantalon a aussi le bas des jambes brodé de diverses couleurs. En Orient, cette pièce de vêtement est plus nécessaire aux femmes qu'aux hommes, qui effectivement n'en portent généralement pas dans le Yémen. Pour les femmes, l'usage du pantalon est un devoir religieux, Mahomet ayant déclaré que la bénédiction de Dieu sera sur celles qui en porteront. La tunique des femmes les gênerait dans les chemins montueux; pour éviter cet inconvénient, elles en relèvent toujours la partie antérieure et l'attachent à leur ceinture. Leurs seuls ornements sont des bracelets en argent ou en ivoire, des pendants d'oreilles, souvent un anneau passé dans le cartilage du nez, suivant l'usage des bédouins. Ces ornements, quelquefois joliment travaillés, sont fabriqués par les Juifs du pays. L'absence de voile indique assez chez ces femmes une plus grande liberté que dans le reste de l'Orient : aussi leur familiarité et la parfaite aisance de leurs manières et de toute leur conduite pendant que nous faisions nos achats, étaient-elles bien loin de l'embarras et de la gêne que témoignent, en général, les femmes de l'Orient lorsqu'elles se trouvent en présence des hommes. »

Une certaine fierté se rencontre chez ces femmes : ainsi, en 1853, Mohammed pacha, gouverneur du Yémen pour les Turcs, fut empoisonné par une fille arabe qu'il avait entraînée de force dans son harem.

Allons maintenant visiter la maison de campagne d'un bourgeois du Téhama, à quelques lieues de Haïs et sur le bord de la mer, non loin de Moka. Ezzé, le compagnon indigène de M. Botta, avait la passion du jardinage. Son jardin était régulièrement planté, tenu avec beaucoup de propreté et entouré d'une plantation de trois mille dattiers. Au moment de la récolte, Ezzé invitait ses amis et voisins à venir passer quelque temps chez lui; il les logeait dans de petites maisonnettes qui parsemaient son jardin, ou dans des huttes de branches de palmier qui formaient comme un petit village de campement. Avec une générosité toute arabe, Ezzé ne vendait jamais sa récolte.

A part la superstition qui est générale en Arabie, le sentiment religieux n'a pas chez les Yéménites le caractère qu'on a observé chez les habitants du Nedjd et du Djébel-Shammar. Aussi n'était-ce pas un pays bien préparé pour le wahabitisme. Le Yémen a passé par trop de révolutions; il a été possédé par des maîtres appartenant à trop de sectes différentes, pour qu'on y rencontre la même ardeur et la même unanimité que dans le Nedjd et même dans l'Acyr et dans le Hedjaz. En revanche, la fidélité aux préceptes religieux y est moins mêlée aux intérêts de la propagande politique et y revêt un caractère quelquefois touchant. Le même Ezzé, atteint de la fièvre pendant le Ramadan, avait oublié une fois de boire avant l'aurore pour le reste de la journée. Son indisposition lui donnait une soif ardente qu'il ne consentit pas à satisfaire avant le coucher du soleil, bien que le Coran dispense du jeûne les voyageurs ainsi que les malades, et que les Yéménites en pareil cas se contentent à l'ordinaire de promettre de compenser ce jeûne ultérieurement. Ezzé s'abstenait aussi pendant le mois consacré aux austérités de se teindre les yeux, craignant qu'une partie de la poudre, passant par le conduit des larmes ou par le nez, pût être absorbée dans la salive.

L'ARABIE
CONTEMPORAINE.

DEUXIÈME PARTIE

L'ARABIE
CONTEMPORAINE

DEUXIÈME PARTIE

I

QUELQUES OBSERVATIONS SUR LES ARABES

Les événements qui viennent d'être racontés, les récits des voyageurs, les scènes de mœurs ont pu donner une idée assez précise de la population dans les diverses contrées de la Péninsule. On aura remarqué que les Arabes, particulièrement ceux des tribus, ont un goût inné pour les combats, une grande mobilité d'esprit et un amour immodéré de la liberté, même désordonnée. Dans l'habitude de la vie, ils cherchent leurs aises ; ils n'aiment pas la contrainte, les réglementations minutieuses. Les pratiques religieuses les ennuient, ce qui explique les rigueurs exercées dans le Nedjd pour les y astreindre. Les Arabes sont plutôt violents que sanguinaires. Ils professent un sentiment de l'honneur, entendu à leur manière, qui fait qu'ils se préoccupent de leur réputation parmi les bédouins. Ils craignent de forfaire à « l'honneur arabe » : ils ont un orgueil et une certaine pudeur de race. Ils aiment à citer les qualités qui, à leurs yeux, distinguent les Arabes des autres peuples. « Ne fuis pas la mort, s'écrie Antar, ne te déshonore pas aux yeux des nobles Arabes. » Dans le même roman, un autre chef dit : « Les Arabes aiment avant tout l'équité. » Malgré cette sorte de solidarité morale, il n'y a dans la Péninsule rien qui ressemble à un désir d'unité politique, à une aspiration vers ce qu'on appellerait en Europe « la nationalité arabe. » Ce qui domine l'idée toujours un peu vague de la race, c'est l'amour de la tribu, le soin des intérêts et de la réputation de la petite patrie ambulante. C'est une faute d'aller piller dans le voisinage de son territoire; c'est un crime honteux d'enlever une femme appartenant à cette grande famille[1].

Les Arabes sont souvent éloquents. Ils sont passionnés pour la musique et pour la poésie. A quelque classe qu'ils appartiennent, ils ont des manières distinguées et aisées. Ils sont d'une politesse délicate. Ainsi, quoique très-curieux, ils éviteront de demander directement à un étranger à quelle religion il appartient.

Leur hospitalité est proverbiale et a été célébrée par leurs poëtes de préférence à toutes les autres vertus. Par exemple, dans le roman d'*Antar*, Cheïboub, poursuivi par des cavaliers ennemis, demande la protection d'un jeune berger qui le fait entrer dans sa caverne. Arrivent

---

1. Pages 12, 14, 58, 290, 302, 321 de la traduction d'*Antar*.

les ennemis. « Livre-nous cet homme; fais-le sortir afin que nous le percions de nos lances et le coupions en morceaux avec les lames de nos sabres. » Après avoir inutilement cherché à les fléchir, le berger leur dit : « Nobles Arabes, faites avec moi un accord : éloignez vous à quarante coudées de l'entrée de la caverne afin que je le fasse sortir de ma sauvegarde. Alors ce sera affaire à vous et à lui ; mais n'avilissez pas mon honneur en me forçant à violer mes serments de protection. » Il rentre dans la caverne, donne ses habits à Cheïbouh et le fait échapper. Quand les cavaliers ont reconnu le stratagème, le jeune pâtre leur répond : « Nobles seigneurs, le fugitif avait réclamé ma protection; je la lui avais donnée. J'ai sacrifié ma vie pour sa rançon et je suis content que vous me perciez de vos lances plutôt que de vivre hôte déshonoré. » Les cavaliers, pénétrés d'admiration, ne voulurent pas tuer le pâtre ni lui reprocher la fidélité à sa foi. Ces récits sont encore chantés parmi les bédouins, qui ont conservé l'antique vertu hospitalière de leur race. Écoutons à ce sujet le témoignage des voyageurs.

« La principale partie de la politesse des Arabes, dit Niebuhr[1], c'est l'hospitalité, vertu dont cette nation a hérité de ses ancêtres et qu'elle exerce encore dans sa simplicité primitive. Un homme envoyé en ambassade chez quelque prince ou cheik est défrayé et régalé de présents selon la coutume des Orientaux. Un simple voyageur de

---

1. *Voyage en Arabie*, t. II, p. 262.

quelque distinction, qui irait voir quelque grand cheik du désert recevrait de lui le même traitement. Ce qui paraît distinguer les Arabes des autres peuples de l'Orient, c'est qu'ils exercent l'hospitalité sans regarder ni au rang, ni à la religion. Quand les Arabes sont à table, ils invitent tous les survenants à manger avec eux, qu'ils soient petits ou grands, mahométans ou chrétiens. J'ai souvent vu avec plaisir dans les caravanes un simple muletier presser les passants de partager son repas avec lui et donner, d'un air content, de sa petite provision de pain et de dattes à ceux qui voulurent l'accepter. J'ai été choqué, au contraire, de la conduite des Turcs, riches même, qui pour manger se retiraient dans un coin afin de n'être pas obligés d'inviter ceux qui pourraient les trouver à table. Lorsqu'un cheik des bédouins mange du pain avec des étrangers, ils peuvent compter sur sa fidélité et sur sa protection. »

« Quelque pauvre que soit un bédouin, a remarqué M. Guarmani, soyez certain, en entrant sous sa tente, que vous ne passerez pas la nuit sans souper. Dans les petites et pauvres tribus, les hôtes sont toujours reçus dans une tente que l'on ajoute, et traités chaque jour par une famille différente. Dans les grandes tribus, chaque campement a sa *tente des hôtes*; mais beaucoup d'Arabes, pour se faire une réputation de générosité, ne permettent pas que le voyageur s'en approche et le conduisent presque de force dans la leur propre[1]. »

---

1. *Bulletin de la Société de géographie*, septembre 1865, p. 252.

L'hospitalité est même considérée comme un attribut de la souveraineté, comme un droit régalien. Le célèbre chef wahabite, Saoud, fut sur le point de déshériter son fils Abd-Allah, qui, oubliant une fois le touchant et glorieux privilége de son père, s'était permis d'inviter des étrangers à sa table. A Haïl, dans le Djébel-Shammar, le voyageur le plus obscur, s'il n'a pas d'amis ou de connaissances dans la ville, descend au palais du cheik et est hébergé avec ses bêtes aussi longtemps qu'il lui plait d'y rester. Lorsque M. Botta explora le Mont-Saber, non-seulement le cheik Hassan, dont il était hôte, fournit à tous les besoins de notre savant et aimable compatriote ; mais il donna aux gens de sa propre maison 400 thalaris pour les récompenser des soins qu'ils avaient eus pour l'étranger, et il voulut faire transporter à ses frais les caisses contenant les plantes recueillies pour le muséum de Paris. Le fils du même cheik avait prêté à M. Botta une petite somme d'argent. Lorsque le voyageur européen voulut s'acquitter, l'Arabe lui répondit que, s'il acceptait, son visage deviendrait *noir*, c'est-à-dire qu'il serait déshonoré.

Au moment du départ, l'Arabe se préoccupe de ce que deviendra son hôte. Au rapport de Niebuhr, le voyageur reçoit souvent de l'argent pour continuer sa route. Il faut aussi veiller à sa sécurité : voyons ce que raconte Guarmani au moment de quitter le campement des Faamri-Saad : « La population mâle du douar, prévenue de mon départ, s'était réunie dans l'intérieur et autour de la tente des hôtes. Le cheik Ismaïl m'y conduisit en me tenant par la main.

Les assistants firent cercle. Il me recommanda à ceux qui devaient m'accompagner, leur ordonnant de me conduire chez les Beni-Hamid et leur enjoignant de ne me quitter, malgré les ordres contraires que je pourrais leur donner, que lorsque les Beni-Hamid leur auraient donné l'assurance que *leurs faces ne seraient pas noircies.* Ensuite se tournant vers moi et prenant malgré son jeune âge un air paternel, il me conseilla la prudence et la patience. Après quoi il me congédia en m'embrassant, c'est-à-dire qu'il posa ses mains sur mes épaules, et y appuyant la figure de chaque côté sans me toucher le visage, il fit entendre dans la direction de mes oreilles le son du baiser. Ses parents m'embrassèrent pareillement. Les vieillards présents me prirent la main droite et appuyèrent la leur sur mon front. Les autres hommes du douar se contentèrent de me présenter leur main droite et d'en baiser les doigts, en la retirant, en signe d'affection et de respect[1] ». Il faut reconnaître, du reste, qu'il y a quelquefois un peu d'ostentation et de vanité dans la manière dont les Arabes exercent l'hospitalité.

Les habitants de la Péninsule ont un genre particulier de courage, qui a quelque chose de spontané, de motivé et d'intermittent : ce n'est pas le courage du soldat enrégimenté. Niebuhr rappelle que celui qui veut donner des preuves d'attachement à son chef, se lie une jambe et fait feu jusqu'à ce que les ennemis se retirent ou que lui-même

---

[1]. *Bulletin de la Société de géographie*, septembre 1865, p. 245.

soit tué. Pendant le séjour du savant danois dans le Yémen, un cheik au service de l'iman de Saana, se dévoua ainsi. Six esclaves chargeaient des fusils à ce cheik qui fit feu sans cesse jusqu'à ce qu'abandonné même par ses serviteurs, il fût massacré sur place. On a vu plus haut des Acyres donner l'exemple d'un courage semblable à la bataille de Bisel. C'est une forme traditionnelle de l'héroïsme arabe. Dans le roman d'Antar, ce bédouin s'écrie : « Par la foi des Arabes ! laissez mes jambes enchaînées : ou je tuerai le lion, ou bien il n'y aura pas devant moi d'espace pour fuir ! » L'Arabe sera souvent héroïque pour défendre sa famille, son hôte, sa religion ou l'honneur de la tribu. Le même homme, s'il n'attaque que pour piller, sera presque un poltron. Burckhardt explique ainsi l'opinion peu avantageuse que les Syriens ont du courage des bédouins.

Ce qu'il y a de plus particulier dans la nature des Arabes, ce sont précisément les contrastes. Ainsi leur rapacité est égale à leur libéralité. Ils sont âpres au gain comme tous les Orientaux musulmans ou chrétiens, mais la richesse ne suffit pas pour donner la considération, surtout parmi les bédouins qui respectent bien plus la naissance ou la sainteté. D'un autre côté, tel homme qui ne toucherait pas à un cheveu de son ennemi réfugié sous sa tente et qui le défendrait au péril de ses jours, cet homme, dis-je, aura assassiné tous ses parents. L'Arabe se fera rarement scrupule de trahir ses alliés : seulement il ne les trahira pas d'une certaine manière, dans certaines circonstances. S'il le fait ainsi, ce sera avec la conscience de pécher et il y perdra une partie de sa considération. Il y a dans l'esprit des Arabes une fâcheuse distinction entre la foi privée et la foi publique. On peut presque dire que cette dernière n'existe pas. Non-seulement une telle disposition est regrettable au point de vue de la morale; mais elle a de fâcheuses conséquences dans l'ordre politique. Elle contribue beaucoup à produire dans l'Arabie ces continuelles révolutions qui épuisent le pays et qui facilitent la domination étrangère.

Les Turcs sont très-habiles à profiter de la mobilité et de la crédulité des Arabes. Mais il faut le dire, et nous avons eu malheureusement occasion de le constater, les Turcs ne donnent pas à l'indigène l'exemple de la bonne foi et de la moralité. Aussi ne lui inspirent-ils aucune confiance, en même temps que leurs manières fières et froides choquent l'Arabe plus brillant et plus expansif. Leur mauvaise prononciation de la langue arabe, leur fait aussi grand tort. Néanmoins, ils réussissent presque toujours à venir à bout des gens du pays.

On a trop dit, cependant, que les Arabes sont incapables de résister à l'influence étrangère et de se gouverner eux-mêmes. C'est peut-être vrai du Yémen, qui est un pays usé, mais le Nedjd, le Djébel-Shammar, l'Acyr même, sont des contrées solidement constituées et mieux régies en définitive que bien des provinces de l'empire ottoman. « En vérité, dit M. Palgrave, l'administration de Talal-ibn-Raschid, dans le Djébel-Shammar, n'est pas moins incontestablement supérieure à celle de la Turquie, que l'administration anglaise ou prussienne ne l'est à celle de Talal[1]. »

Sous le rapport du caractère nous avons rencontré en Arabie des individualités remarquables : le grand-chérif Ibn-Aoun, dans le Hedjaz ; Saoud, Abd-Allah, les Ibn-Raschid, dans le Nedjd et le Djébel-Shammar ; Thamy et Aïd-ibn-Moury, dans l'Acyr ; le chérif Hussein, dans le Yémen. C'étaient des hommes énergiques à leur manière et doués de qualités brillantes. On ne peut pas se défendre de s'y intéresser, surtout quand on se rappelle qu'après avoir joué un rôle grand et mérité, ils sont presque tous devenus victimes d'une trahison ou d'une vengeance étrangère. C'est qu'avec tous ses défauts et ses imperfections, l'Arabe a du charme.

---

1. Tome II, p. 142.

II

LES FEMMES.

Nous avons eu occasion de parler des femmes arabes. Qu'il nous soit permis de revenir sur ce sujet, car c'est au degré de respect que l'homme porte à la femme et à l'autorité morale qu'il lui accorde, qu'on reconnaît la valeur d'une société. Loin de moi la pensée de me faire le défenseur de la polygamie et, en général, de la condition que les antiques mœurs de l'Orient, plutôt que l'islamisme, y ont faite aux femmes. Mais il faut se garder d'ajouter foi aux écrivains qui, ne connaissant pas l'Orient, prétendent que la femme y est partout et toujours un objet de mépris. Dans les temps anté-islamitiques, Antar tue un esclave parce qu'il n'avait pas respecté « les femmes arabes, » et le roi Zoheïr le loue par ces paroles : « Voilà un garçon qui combattra l'injustice et sera zélé pour les femmes[1]. »

---

[1]. Page 16 de la traduction de M. Devic.

Il en est toujours de même surtout parmi les bédouins et les montagnards. Les femmes de l'Arabie, excepté dans quelques villes, jouissent d'une grande liberté et surtout d'un grand pouvoir dans leurs maisons ; elles ont paru à Niebuhr aussi heureuses que peuvent être celles de l'Europe. M. Palgrave en dit autant. Nous avons vu le témoignage de M. Botta en faveur des femmes du Yémen. Dans son *Voyage en Arabie*, M. Tamisier dit que les femmes de l'Acyr sont laborieuses, et qu'elles causent avec beaucoup de grâce et de facilité. Il parle aussi de leur fierté : ainsi il a rencontré une jeune bédouine très-belle, mais pauvre, qui aimait mieux mendier qu'épouser un citadin.

La polygamie n'est pas aussi commune parmi les Arabes qu'on le croit en Europe ; elle y est même rare. Le divorce est plus fréquent ; mais il faut remarquer que les femmes peuvent aussi le demander. D'ailleurs, il n'est pas nécessaire d'aller jusque dans l'Asie musulmane pour rencontrer les unions précaires et en constater les tristes suites. Ajoutons que la femme arabe conserve sa dot pendant et après le mariage, ce qui est une condition d'indépendance.

Chez les bédouins, une jeune fille n'est pas donnée en mariage sans son consentement. Il faut rappeler aussi, d'après le témoignage répété de Burckhardt, que, pendant les désordres de la guerre, les femmes sont toujours respectées.

Mais ce qui montre le mieux que les compagnes des montagnards et des bédouins ne sont pas des esclaves, c'est la part qu'elles prennent à la vie morale de la tribu. Le vieux tyran du Nedjd, Fayssal, a une Égérie : c'est une de ses filles qui écrit toute sa correspondance diplomatique depuis trente ans. On a souvent constaté que les femmes arabes exercent elles-mêmes l'hospitalité. Quand les tentes d'un douar se disputent l'honneur de recevoir un hôte, les femmes se mêlent aux bruyantes instances de leurs parents. M. Guarmani raconte que celles des Scerarat « reçoivent et traitent les hôtes en l'absence de leurs maris et de leurs parents. Elles leur parlent et se laissent voir sans scrupule. Comme l'arrivée d'un étranger sous leur tente est un événement assez rare, à peine est-il entré qu'il se voit entouré de toute la population féminine du campement. Les jeunes filles les plus grandes s'appuient à la toile qui partage la tente en deux compartiments ; les femmes mariées se placent dans le cercle des hommes, et les fillettes où elles peuvent se fourrer[1]. »

On connaît les exploits des femmes koraïchites à la bataille d'Ohod. Au siège de Rass, en 1817, les femmes wahabites vinrent éclairer les défenseurs dans une rencontre nocturne, en portant des torches de palmes de dattiers qu'elles avaient enduites de résine. Pendant l'un des combats contre Ibrahim-pacha, autour de Derryeh, elles portaient à boire aux combattants, comme les dames françaises dans *la Chanson d'Antioche*, ou comme les jeunes

---

1. *Bulletin de la Société de géographie*, septembre 1865, p. 267.

filles des Beni-Abs, qui viennent exciter « leurs guerriers » dans le roman d'Antar[1].

M. Guarmani a assisté à un combat dans le Nedjd. « Quelquefois, dit-il, j'étais distrait par les gémissements des blessés qui venaient se faire soigner et par les cris des femmes qui les recevaient avec des transports de joie. Elles les encourageaient à retourner au combat s'ils le pouvaient, dès que la poudre et le charbon avaient arrêté le sang et qu'elles avaient rapproché les lèvres des plaies avec des bandes. Les femmes des Ehtébé se montrèrent les dignes rivales des héroïnes d'Himaïar[2]. »

M. Tamisier rapporte que, lorsque la guerre vient à éclater entre les tribus, les femmes sont les premières à engager leurs maris à se rendre au combat. La femme dit : « Allons, homme, lève-toi. » Si le mari refuse, la femme sort en brandissant le fusil ou la lance du défaillant, et, en poussant de grands cris, va chez son propre père. « Jusqu'ici, dit-elle, j'ai cru que tu m'avais marié à un homme; comme je vois que c'est une femme, je le quitte : choisis-moi un mari digne de ce nom. »

Pendant les guerres de Méhémet-Ali, une tribu arabe était conduite au combat par une femme nommée Ghalié, qui inspirait une crainte superstitieuse aux soldats Turco-Égyptiens, peu préparés par leurs propres idées à comprendre le rôle héroïque de la femme. Voici, par

---

1. Page 123 de la traduction de M. Devic.
2. *Bulletin de la Société de géographie*, septembre 1865, p. 280.

exemple, comment un auteur turc, Fazyl-Bey, dans le *Livre des Belles*, s'exprime sur cette participation des femmes au combat : « Les femmes sont tenues en si haute estime dans ce pays, que si deux tribus en viennent aux mains, au début du carnage on exhibe de part et d'autre une vierge richement vêtue. Montée sur sa chamelle, chacune d'elles devient alors le centre d'un cercle d'hommes. L'honneur consiste à protéger cette vierge et à s'illustrer sous ses yeux en combattant à ses côtés sans lâcher pied. C'est alors qu'il faut voir la mêlée et la boucherie qui s'en suit parmi ces Arabes ! Chaque brave risque sa tête pour défendre la jeune fille. En cas de défaite, autre histoire ! Les vaincus ne prennent pas la fuite : groupés autour de la vierge, ils s'y font briser et tailler en pièces jusqu'au dernier. C'est alors seulement que l'ennemi s'en empare. En attendant, celle-ci se disloque la nuque au milieu du cercle et ne cesse, avec ses gentillesses, de donner du cœur à sa tribu. Ne dois-je pas prendre en pitié ces peuplades où deux mille hommes se font tuer pour une femme [1] ? »

Ce trait de mœurs si héroïque, si distingué, si touchant, en un mot si chevaleresque, charme et électrise le lecteur européen; on admire, on est ému, on voudrait en être. Cependant l'auteur turc y voit matière à moquerie et même à des plaisanteries licencieuses que j'ai supprimées. Rien n'est plus propre à faire ressortir la profondeur de

---

[1.] Je dois l'indication et la traduction de ce curieux morceau à M. Ange Pechméja.

l'abîme qui sépare le Turc de l'Arabe et qui les séparera toujours.

Ces derniers ont conservé l'usage, si honorable pour leur race, auquel il est fait ici allusion. On en trouve des témoignages dans les récits des voyageurs contemporains. M. Palgrave raconte ainsi une bataille qui eut lieu entre les troupes du Nedjd et les bédouins Ajmans : « L'armée bédouine était *conformément à l'usage,* précédée par une *hadee'yah*, c'est-à-dire une jeune fille de bonne famille et du meilleur courage qui, au premier rang, montée sur un chameau, est là pour faire honte aux timides et exciter les braves par des récitations satiriques ou élogieuses. Elle était, dit-on, remarquable par la taille et par l'éloquence. Elle périt d'un coup de lance, et l'on croit que sa mort décida la déroute de l'armée ajmane. »

III

LES JUIFS, LES BANIANS, LES HADRAMAUTES.

Les Juifs sont établis en Arabie probablement depuis les temps les plus reculés : ils y étaient déjà nombreux à l'époque de Mahomet. Ils ont des synagogues dans les villes et y jouissent d'une grande liberté. Ils habitent ordinairement des quartiers séparés dans le voisinage des principales villes. Comme dans le reste de l'Orient, ils laissent pousser toute la barbe et font pendre deux boucles de cheveux de chaque côté des oreilles. Ils ne portent ni turban ni armes, et sont vêtus entièrement de toile bleue. Cependant, dans l'état d'Oman, ils s'habillent de la même manière que les musulmans et sans être inquiétés. Jusque vers la fin du dernier siècle, ils faisaient à Djeddah le métier de courtier. Ils furent chassés du Hedjaz par le grand-chérif Serour et se réfugièrent dans l'Oman et dans le Yémen. Les Juifs paraissent avoir été plus nombreux dans cette province que dans le reste de l'Arabie. Leur principal établissement se trouvait autrefois dans la ville de Tanéïm, localité de la petite principauté de Khaulan, au sud-est de Saana. Tanéïm est devenue aujourd'hui presque déserte[1].

Comme particularité des mœurs, Niebuhr rapporte ce qui suit : « Un Juif de Mascate avait deux enfants de sa femme; comme cette femme ne lui avait plus donné d'enfants depuis huit ans, il en prit une seconde. » Le même voyageur apprit aussi à Bassorah qu'un Juif, dont la femme était stérile en avait épousé une seconde sans répudier la première.

Mais ce qui paraît surtout digne de remarque, c'est l'existence en Arabie de Juifs vivant à l'état de tribu indépendante. Nous laisserons encore la parole au grave Niebuhr qui raconte ce qui suit au deuxième volume de sa *Description*. « Il y a plusieurs petits États souverains dans les montagnes du Hedjaz. Je ne connais point ces États souverains, excepté le district de Kheïbar, qui est au nord-est de Médine, et qui jusqu'à ce jour, à ce que l'on dit, est habité par des Juifs indépendants qui ont leurs propres cheiks comme les autres Arabes[2]. Une tribu de ces Juifs se nomme Beni-Missead, une autre Beni-Schahan et une

---

1. Voir Benjamin de Tudèle, chap. xiv. Il mentionne une autre grande ville du nom de Tilimas.
2. Voir, dans l'*Itinéraire* de Varthema, le chapitre intitulé : *De Una montagna habitata da Iudei*. Varthema évalue le nombre de ces Juifs de 4 à 5,000 : « Ils sont, dit-il, plutôt noirs que d'une autre couleur; ils sont circoncis et confessent être Juifs. S'ils peuvent avoir un More entre leurs mains, ils l'écorchent vif. Ils vont nus. »

troisième Beni-Anassé. Le nom de Beni-Kheïbar est encore si odieux aux mahométans septentrionaux, qu'on ne peut faire une plus grande injure à quelqu'un qu'en le nommant descendant des Beni-Kheïbar. Aussi disent-ils que leurs caravanes dans le Hedjaz sont pillées par les Beni-Kheïbar. Cependant en cela ils font trop d'honneur à ces Juifs; car, au dernier pillage, les cheiks des tribus des Harb dans le Hedjaz et d'Anasse (Anezi) dans le Nedjd étaient les principaux capitaines; les Juifs de Kheïbar, au rapport des mahométans même dignes de foi, n'avaient fourni que fort peu de troupes auxiliaires à cette armée arabe.

« Il paraît que les Juifs de Kheïbar n'ont aucune liaison avec ceux qui demeurent dans les villes sur les confins de l'Arabie. Du moins les Juifs d'Alep et de Damas assurent-ils n'avoir pas entendu parler des Beni-Kheïbar, et, comme j'alléguais le témoignage de tant de mahométans, ils me répondirent que ces prétendus frères n'osaient paraître chez eux parce qu'ils n'observaient pas la loi. Ainsi les Juifs de Kheïbar pourraient fort bien être Karaïtes. »

Cette mention suscite le désir de savoir si cette population est de race juive ou si ce sont des Arabes convertis au mosaïsme. Benjamin de Tudèle énonce qu'ils descendraient des tribus de Ruben, de Gad et de la demi-tribu de Manassé que Salmanassar emmena captives. Les voyageurs postérieurs à Niebuhr ne parlent plus des Beni-Kheïbar.

Les Banians originaires de l'Inde, où ils portent le nom

de Parsis, sont aussi répandus dans toute la mer Rouge. En s'associant, ils ont réussi à accaparer presque tout le commerce. On dirait une communauté religieuse appliquée au trafic. Chacun d'eux a fourni primitivement une mise de fonds pour laquelle il a une part proportionnelle sur les bénéfices généraux. A chaque membre de l'association est assignée une fonction spéciale. Les uns s'occupent de l'administration intérieure et des détails les plus infimes, comme par exemple, le soin des appartements et la préparation de la nourriture. Parmi ceux qui s'occupent de négoce, les uns conduisent les grandes opérations, font les voyages, surveillent la pêche des perles dont ils ont le commerce exclusif; les autres sont chargés de la vente en détail. Du reste une hiérarchie détermine la distribution des fonctions et des rangs. Au sommet de l'association, est le trésorier, qui est élu. Les Banians déploient dans les affaires une grande habileté et même beaucoup de ruse; mais leur caractère doux et inoffensif les fait aimer des indigènes. Ils observent très-sévèrement leur religion dans ses moindres pratiques. L'esprit de bienveillance universelle, que ce culte répand sur toute la nature vivante, s'accommode parfaitement avec l'islamisme. Les musulmans voient de bon œil les Banians traiter les animaux avec les plus grands égards et subvenir, par exemple, le samedi, à la nourriture de tous les chiens errants, généralement bannis des villes du Hedjaz et du Yémen. M. Rochet d'Héricourt a remarqué qu'à Moka les habitants ne frappent jamais les bœufs, et il a appris que c'était par déférence pour les scrupules de leurs hôtes indous. A l'époque du voyage de Niebuhr, les Banians ne paraissaient pas jouir de la même considération : cet auteur les représente comme méprisés et opprimés.

On rencontre aussi, sur la côte orientale de la mer Rouge, des Arabes venus de la partie méridionale de la Péninsule, d'un pays nommé Hadramout, qui, comme l'Oman, auquel il confine, n'a pas été mêlé d'une manière très-active aux mouvements politiques et religieux de l'Arabie. Les habitants passent pour grossiers, ignorants et fanatiques : ils accomplissent régulièrement le pèlerinage de la Mecque, dont le grand-chérif jouit à leurs yeux d'une considération toute particulière. Les Hadramautes s'expatrient facilement pour un temps et retournent dans leur pays quand ils ont amassé de l'argent. Ce sont les Auvergnats de l'Arabie. Ils forment aussi des associations qui deviennent quelquefois assez puissantes, comme on l'a vu à Djeddah en 1858. Les plus pauvres sont employés comme portefaix ; d'autres font le commerce ou possèdent des barques.

Les Hadramautes, comme les Banians, donnent aux autres habitants de l'Arabie l'exemple de l'activité et de la persévérance, sans réussir, cependant, à leur inspirer le désir de les imiter. En somme, leur présence est utile.

IV

LES NOIRS

Il nous reste à parler d'une autre immigration continue, insaisissable, inépuisable et irrésistible, qui pénètre dans le monde arabe et en a déjà profondément modifié la nature; nous voulons parler des noirs.

Il est vrai que les bédouins ont conservé de l'horreur pour les mélanges mélaniens [1]. Ainsi dans la grande tribu des Anezi, qui occupe une partie de la Syrie et de l'Arabie septentrionale, non-seulement l'Arabe blanc n'épouse jamais une négresse, non-seulement le nègre même affranchi ne pourrait épouser une fille blanche, mais les bédouins s'abstiennent ordinairement de relations avec les femmes de couleur. En général, le nomade, fier de son sang, méprise même l'habitant arabe des villes et ne se soucie pas d'épouser sa fille. Mais parmi le peuple établi dans les rési-

---

1. Voir *Antar*, p. 35, 37, 50, 78, 112, 115, 119, 128. Cependant, par une contradiction que je ne cherche pas à expliquer, le héros Antar est un nègre et il épouse une femme de grande famille.

dences fixes, le sentiment qui porte à vouloir propager une race pure, n'est pas aussi fort et les noirs se marient avec les Arabes des villes et des villages. Or, les noirs sont déjà très-nombreux en Arabie.

Dans le Djébel-Shammar, sans parler des 800 esclaves que, d'après la relation de M. Guarmani, possède le cheik, M. Wallin cite à Tébouk et dans l'El-Djôf des tribus entières d'esclaves affranchis, comme il y en avait déjà dans le désert de Syrie du temps de Burckhardt. La population de Keibar, dit M. Guarmani, se compose de Mores et d'Abyssins, qui sont les descendants des esclaves des Ouled-Suleyman et des Aleidan[1].

Il y a aussi beaucoup de nègres dans le Nedjd proprement dit. L'émir Saoud entretenait un grand nombre d'esclaves noirs; son favori Hark, qui était de cette couleur, a quelquefois commandé des expéditions. Au siége de Derryeh en 1817, la garde particulière de l'émir Abd-Allah

---

[1]. « Ces esclaves continuèrent à demeurer à Keibar quand leurs maîtres, il y a de cela quelques siècles, décimés par la petite vérole, attribuèrent cette maladie à l'eau et leur abandonnèrent le village sans toutefois leur en céder complétement la propriété : ils leur accordèrent un droit de deux grappes de dattes par arbre à la récolte et leur laissèrent, en outre, la liberté de faire d'autres cultures pour leur compte. Chaque année, les Ouled-Suleyman et les Aleidan s'approchent de Keibar sans y entrer : ils en croient l'eau toujours fatale aux blancs. Les habitants mores leur remettent les dattes qui leur reviennent et le tribut de 9,320 fr. qu'ils sont engagés à payer à Talal-ibn-Raschid; c'est le seul tribut auquel ils soient assujettis. » *Bulletin de la Société de Géographie*, novembre 1865, p. 490. Serait-ce le Kheïbar des Juifs ?

était composée de quatre cents noirs. A mesure qu'on s'avance vers le midi du Nedjd et à partir du district appelé Aared, dit M. Palgrave, non-seulement les esclaves nègres sont plus nombreux que dans le nord, mais il existe une population distincte et libre de noirs, et aussi de mulâtres dont la multiplication est due à la pratique universelle des relations du maître avec l'esclave, si bien que, dans ces provinces, les hommes de couleur forment un quart, quelquefois un tiers de la population totale. Il y en a un grand nombre à Ryad qui sont boutiquiers, marchands et même officiers du gouvernement. Le trésorier actuel de Fayssal est un nègre.

Dans le Hedjaz, les grands-chérifs entretiennent des soldats nègres. Il y a à Médine un assez grand nombre d'Abyssins; des femmes de cette nation y sont mariées à des habitants. A Djeddah et surtout à la Mecque, l'usage d'entretenir des esclaves abyssiniennes et de les épouser est très-répandu. Il arrive même souvent que des étrangers établis temporairement dans la ville, y achètent une esclave, l'épousent quand elle est devenue mère et ne retournent plus dans leur pays. Burckhardt attribue à ces mélanges le teint jaune qui distingue les habitants de la Mecque de ceux du désert. On voit, d'après la relation de M. Tamisier, que les nègres appelés Takrouris qui viennent dans le Hedjaz pour le pèlerinage, y restent en grand nombre et qu'il y en a même qui s'établissent parmi les bédouins[1]. Depuis

---

1. Tome Ier, p. 132 et 258.

le commencement de ce siècle, le mal a toujours été en s'aggravant dans les villes du Hedjaz, comme il résulte du témoignage du baron de Maltzan qui a visité ce pays en 1864. « Les bédouins, dit-il, ne se marient pas avec des négresses, tandis que les habitants arabes des villes le font souvent. Il en résulte que, dans le cours d'un siècle, la population urbaine de l'Arabie est devenue voisine du mulâtre tandis que la population des campagnes a conservé le type arabe originel dans toute sa pureté. Aussi voit-on à Djeddah, parmi les bourgeois, beaucoup de figures de mulâtres et de quarterons, et encore plus à la Mecque, puisque la plupart des chérifs, c'est-à-dire les hommes de la plus noble caste, sont presque nègres. Par conséquent, au point de vue de la race, et malgré leur noblesse du côté paternel, ils sont, en réalité, tombés maintenant bien au-dessous des bédouins[1]. »

M. Palgrave donne des détails curieux et précis sur l'accroissement de l'élément noir dans l'Oman.

M. Botta a remarqué, comme Niebuhr, que, dans les montagnes du Yémen, la population qui a été peu mélangée, reste complétement blanche et remarquable par la beauté des traits, les cheveux longs, le nez droit, les yeux grands et ouverts. Dans le Téhama, au contraire, la population est devenue presque noire. Les Arabes du Sud ont laissé dans ces mélanges leur physionomie propre.

---

1. *Meine Wallfahrt nach Mekka*, t. 1er, p. 275.

Leur langue en a été altérée au point de devenir difficilement intelligible.

Si la population de la Péninsule continue à s'imprégner de sang noir, elle y perdra ce qu'elle peut avoir conservé de vigueur, de distinction et de noblesse.

Il est remarquable que les familles princières ne montrent pas le moindre souci de conserver la pureté de leur sang. Les récits des voyageurs en fournissent de nombreux exemples. Le grand Saoud entretenait des esclaves abyssiniennes. L'émir Kaled, ce prétendant au trône de Nedjd, qui est mort à Djeddah, en 1857, était appelé le prince noir, à cause de sa couleur. Le grand-chérif Yahia était presque noir, Moutaleb aussi et sans barbe. Le fils du cheik Hassan, qui ne voulait pas permettre à M. Botta de lui rembourser un prêt en disant, par métaphore, que sa figure deviendrait noire, était le fils d'une négresse. En 1763, l'iman régnant à Saana, El-Mahadi-Abbas, avait le teint noirâtre ; sa mère était négresse. Il avait une vingtaine de frères dont quelques-uns, dit Niebuhr, noirs comme de l'ébène, avec le nez épaté et de grosses lèvres comme les Cafres d'Afrique. Lorsque lord Valentia visita Saana en 1805, l'aîné des fils de l'iman était l'enfant d'une Abyssinienne. L'iman Al-Mansour avait aussi la même origine.

D'où proviennent les noirs qui sont répandus et qui se répandent encore tous les jours en Arabie ? De l'immigration libre et de la traite. Un assez grand nombre d'Abyssins et de Saumalis y sont attirés par la facilité de se procurer des moyens d'existence. Mais c'est la traite qui est le grand pourvoyeur de sang noir, surtout de femmes. Or, on sait que c'est par les femmes que les mélanges ont lieu le plus facilement entre races inégales, les hommes noirs trouvant rarement à s'unir avec des femmes blanches.

La traite s'opère sur une si grande échelle, avec tant de régularité et de liberté que la marchandise est tenue à un prix très-bas. Ainsi, suivant le témoignage de Palgrave, un esclave coûte dans le Nedjd de 7 à 10 livres sterling, et de 13 à 14 dans le Djébel-Shammar. D'après la relation de Maltzan[1], on voit que la traite s'exerçait aussi librement en 1860, que lors du voyage de Burckhardt[2] en 1815, et de celui de Burton en 1854.

Ce qui menace la race arabe, ce n'est ni la domination turque ni l'influence européenne, c'est le sang noir. Le danger pour la descendance de Sem est l'enfant de Cham. L'ennemi bien malheureux et bien innocent du mal qu'il va faire, c'est la petite fille ou la jeune mère africaine que le chasseur d'esclaves arrache à sa famille, pour alimenter les marchés du Yémen, du Hedjaz ou de l'Oman : elle fera payer un jour à l'acheteur, par la dégradation de sa descendance, le crime commis en Afrique contre la famille. Le sang blanc de l'Arabie n'a aucun moyen de se renouveler; il finira par s'épuiser; mais ce qui ne s'épuisera jamais, c'est la population de l'immense Afrique. La lutte

---

1. Tome Ier, p. 258.
2. Tome Ier, p. 159 et *passim*.

est inégale. Cependant, nous avons même vu la population s'insurger quand le Sultan, sous l'impulsion de l'Europe, a voulu prendre des mesures contre la traite. C'est que les Arabes n'ont pas la prévision du danger qui les menace comme ils n'ont pas le sentiment que la traite est un crime. L'un d'eux, à qui M. Tamisier reprochait l'enlèvement des enfants africains, répondit : « Il y a deux races mises par Dieu sur la terre, l'une blanche et l'autre noire ; la première libre, la seconde esclave. Les noirs doivent s'estimer très-heureux que les blancs veuillent les acheter et les élever dans leurs maisons où ils sont mille fois mieux que dans leur pays natal. »

Il y a, dans cet aveuglement, un châtiment providentiel. Il semble qu'une race perde l'instinct d'un de ses intérêts vitaux, là précisément où le sens moral vient à lui manquer.

L'ARABIE

CONTEMPORAINE

TROISIÈME PARTIE

L'ARABIE
CONTEMPORAINE

TROISIÈME PARTIE

I

LE PRÉCEPTE DU PÈLERINAGE

Les prescriptions du Coran qui se rapportent plus spécialement à la Kaaba et au pèlerinage[1] sont éparses dans les chapitres intitulés : La Vache, — la Famille d'Imran, — la Table, — le Pèlerinage de la Mecque[2]. Voici ces versets dans l'ordre où ils ont été proférés par Mahomet, c'est-à-dire sans ordre. C'est Dieu qui parle :

CHAPITRE DE LA VACHE.

« V. 153. *Safa* et *Merwa* (deux collines sur le territoire de la Mecque) sont des monuments de Dieu ; celui qui fait le pèlerinage de la Mecque ou visite en détail les

---

[1]. J'emprunte la traduction de M. Kasimirski, la première qui a pu faire comprendre complétement le livre de Mahomet.
[2]. Chaque chapitre porte le nom d'un objet qui y est nommé.

Lieux-Saints, ne commet aucun péché, s'il fait le tour de ces deux collines.....

« V. 185. Ils t'interrogeront sur les nouvelles lunes. Dis-leur : Ce sont les époques fixées pour l'utilité de tous les hommes et pour marquer le pèlerinage de la Mecque. La piété ne consiste pas en ce que vous rentriez dans vos maisons par une ouverture pratiquée par derrière[1]; elle consiste dans la crainte de Dieu. Entrez donc dans vos maisons par les portes d'entrée et craignez Dieu. Vous serez heureux.

« V. 192. Accomplissez le pèlerinage de la Mecque et la visite des *Saints-Lieux*. Si vous en êtes empêchés, étant cernés par les ennemis, envoyez-y quelque offrande. Ne rasez pas vos têtes que l'offrande ne soit parvenue à l'endroit où l'on doit l'immoler. Celui qui serait malade ou que quelque indisposition obligerait à se raser, sera tenu de satisfaire par le jeûne, par l'aumône ou par quelque offrande. Lorsque vous n'avez rien à craindre de vos ennemis, celui qui se contente d'accomplir la visite des *Lieux-Saints* et remet le pèlerinage à une autre époque, fera une offrande; s'il n'en a pas les moyens, trois jours de jeûne en seront une expiation pendant le pèlerinage même et sept après le retour : dix jours en tout. Cette

---

1. Lorsque les Arabes idolâtres revenaient du pèlerinage, ils se croyaient sanctifiés, et regardant comme profane la porte par laquelle ils entraient d'habitude dans leurs maisons, ils en faisaient ouvrir une du côté opposé. Mahomet condamne cet usage. (*Note du traducteur du Coran.*)

expiation est imposée à celui dont la famille ne sera pas présente à l'oratoire sacré. Priez Dieu et sachez qu'il est terrible dans ses châtiments.

« V. 193. Le pèlerinage se fera dans les mois que vous connaissez (les trois mois de chewal, dhoul-kadeh, dhoul-hidjdjeh). Celui qui l'entreprendra devra s'abstenir des femmes, de transgression des préceptes et de rixes. Le bien que vous ferez sera connu de Dieu. Prenez des provisions pour le voyage. La meilleure provision, cependant, est la piété. Craignez-moi donc, ô hommes doués de sens.

« V. 194. Ce n'est point un crime de demander des faveurs à votre Seigneur. Lorsque vous revenez en foule du mont Ararat, souvenez-vous du Seigneur près du monument sacré; souvenez-vous de lui parce qu'il vous a dirigés dans la droite voie, vous qui étiez naguère dans l'égarement.

« V. 195. Faites ensuite des processions dans les lieux où les autres les font. Implorez le pardon de Dieu, car il est indulgent et miséricordieux.

« V. 196. Lorsque vous aurez terminé vos cérémonies, gardez le souvenir de Dieu comme vous gardez celui de vos pères et même plus vif encore.....

« V. 199. Rappelez le nom de Dieu pendant ces jours comptés. Celui qui aura hâté le départ de la vallée de Muna ne sera point coupable; celui qui l'aura retardé ne le sera pas non plus, si toutefois il craint Dieu.....

CHAPITRE DE LA FAMILLE D'IMRAN.

« V. 90. Le premier temple qui ait été fondé parmi les hommes est celui de Becca (la Mecque). Il a été fondé pour être béni et pour servir de direction aux humains.

« V. 91. Vous y verrez des traces de miracles évidents. Là est la station d'Abraham. Quiconque entre dans son enceinte est à l'abri de tout danger. En faire le pèlerinage est un devoir envers Dieu pour quiconque est en état de le faire.

« V. 92. Quant aux infidèles, qu'importe? Dieu peut se passer de l'univers entier.

CHAPITRE DE LA TABLE.

« V. 1. Il vous est permis de vous nourrir de la chair des bestiaux qui composent vos troupeaux ; mais ne mangez pas des choses au sujet desquelles on vous a fait une défense, ni du gibier qu'il ne vous est pas permis de tuer à la chasse pendant que vous êtes revêtus du vêtement du pèlerinage (ihram). Dieu décide comme il lui plaît.

« V. 2. O croyants! gardez-vous de violer le mois sacré ; respectez les offrandes et les ornements qu'on suspend aux victimes. Respectez ceux qui se pressent à la maison de Dieu pour y chercher la grâce et la satisfaction de leur Seigneur.

« V. 3. Quand vous êtes rendus à l'état profane, vous pouvez vous livrer à la chasse. Que le ressentiment contre ceux qui cherchaient à vous repousser de l'oratoire sacré ne vous porte pas à des actions injustes.

« V. 95. O vous qui croyez, Dieu cherchera à vous éprouver quand il vous offrira, durant vos pèlerinages à la Mecque, quelque gibier que peuvent vous procurer vos bras et vos lances. Il fait cela pour savoir qui est celui qui le craint au fond de son cœur. Dorénavant quiconque transgressera ses lois sera livré au châtiment douloureux.

« V. 96. O vous qui croyez, ne vous livrez pas à la chasse pendant que vous êtes dans la tenue sacrée du pèlerinage. Quiconque tuera un animal à la chasse avec préméditation, sera tenu de le compenser par un animal domestique d'égale valeur ; deux hommes consciencieux prononceront là-dessus, et l'animal donné comme compensation sera offert en offrande à la Kaaba, ou bien l'expiation aura lieu par la nourriture donnée aux pauvres, ou bien par le jeûne, pour que le coupable éprouve les mauvaises suites de son action.....

« V. 97. Il vous est permis de vous livrer à la pêche pour vous en nourrir et pour les voyageurs ; mais la chasse vous est interdite tout le temps de la tenue sacrée du pèlerinage. Craignez Dieu ; un jour vous serez rassemblés autour de lui.

« V. 98. Dieu a fait de la Kaaba une maison sacrée destinée à être une station pour les hommes ; il a établi un mois sacré (dhoul-hidjdjeh) et l'offrande de la brebis et les ornements suspendus aux victimes, afin que vous sachiez qu'il connaît tout ce qui se passe dans les cieux et sur la terre, qu'il connaît toutes choses.

CHAPITRE DU PÈLERINAGE DE LA MECQUE.

« V. 25. Les infidèles sont ceux qui éloignent les autres du chemin de Dieu et de l'oratoire sacré que nous avons établi pour tous les hommes ; ceux qui y résident, comme les externes, ont un droit égal à le visiter.

« V. 26. Et ceux qui voudraient le profaner par méchanceté éprouveront un châtiment douloureux.

« V. 27. Souviens-toi que nous avons indiqué à Abraham l'emplacement de la maison sainte (Kaaba), en lui disant : « Ne nous associe aucun autre Dieu dans ton adoration ; conserve cette maison pure pour ceux qui viendront y faire des tours de dévotion (touaf), qui s'y acquitteront des œuvres de piété, debout, agenouillés ou prosternés.

« V. 28. Annonce aux peuples le pèlerinage de la maison sainte ; qu'ils y arrivent à pied ou montés sur des chameaux prompts à la course, venant des contrées éloignées.

« V. 29. Mettez un terme à la négligence par rapport à votre extérieur. Accomplissez les vœux que vous aviez formés et faites les tours de la maison antique (Kaaba). »

Ces prescriptions ne sont ni complètes ni très-claires ; elles trouveront leur explication quand nous parlerons des cérémonies. Contentons-nous de faire observer ici que, par la manière dont s'exprime le Koran, Mahomet ne parle pas d'une institution nouvelle : il réglemente, il consacre, si l'on veut, ce qui existait déjà, même sous le rapport des cérémonies. Il faut aussi remarquer avec quel soin le législateur arabe s'appuie sur le souvenir d'Abraham et s'attache à faire ressortir que, longtemps avant sa prédication, la Kaaba était un sanctuaire pour l'adoration du Dieu unique, et même pour l'islamisme. C'est pourquoi il dit, par exemple, au chapitre de la Vache[1], que, lorsque Abraham et Ismaïl eurent jeté les fondements de la Kaaba, ils s'écrièrent : « Agréela, ô notre Seigneur, car tu entends et connais tout. Fais, ô notre Seigneur, que nous soyons résignés à ta volonté (littéralement *musulmans*), que notre postérité soit un peuple résigné à ta volonté (*musulman*). »

Mais il est temps d'aller chercher les pèlerins dans les divers pays où l'islamisme est répandu et de les amener autour de la maison carrée, après leur avoir fait traverser quelqu'une des contrées de la Péninsule arabique. Nous avons déjà exposé les conditions politiques où se trouve l'Arabie depuis l'explosion du wahabitisme. Nous savons quelles sont les parties de ce pays qui vivent d'une manière indépendante, celles où l'autorité de la Porte est reconnue et dans quelle mesure assez restreinte ou intermittente cette autorité y est exercée.

---

1. Versets 121 et 122.

II

LES ROUTES DU PÈLERINAGE

Les pèlerins se rendent à la Mecque de tous les points du monde musulman. Rien ne les oblige à faire le voyage en commun; s'ils se réunissent ordinairement en caravane, c'est parce que c'est la manière de voyager dans ces parties du monde la plus sûre et la moins coûteuse. Il y a même des trajets qu'un voyageur ne pourrait faire isolé. Du reste, on ne doit pas dire la caravane, mais les caravanes de la Mecque, attendu qu'il y en a tous les ans plusieurs partant de points divers et parcourant des routes très-différentes. Actuellement il y a cinq routes principales : celles de Damas, du Djébel-Shammar, du Nedjd, du Yémen et de Djeddah. La première et la dernière sont les plus importantes.

La caravane qui se réunit à Damas est en quelque sorte la caravane officielle depuis le commencement du seizième siècle, c'est-à-dire depuis que le sultan des Turcs est devenu le commandeur des croyants, le successeur des califes. Tous les ans, le sultan envoie des présents aux

Lieux-Saints de l'islamisme. Ces présents y sont apportés par la caravane des pèlerins qui partent de Constantinople et qui traversent d'abord l'Asie Mineure. Là arrivent les gens de l'Anatolie et un nombre assez considérable de Persans. Cette caravane est commandée par un haut fonctionnaire que nomme le sultan. Il porte avec lui l'étendard d'Abou-Becker. Les détails et l'aspect de cette organisation ont déjà été exposés, notamment par M. de Ségur-Dupeyron et par M. de Valbezen; nous n'y reviendrons pas. Indiquons seulement qu'aux portes de Damas commence le désert, dont la traversée dure plus de quarante jours. Les stations consistent en de petits châteaux, échelonnés sur la route, où l'on trouve de l'eau et où l'on dépose des provisions pour le retour : une escorte d'environ 500 hommes protége les voyageurs. La caravane s'arrête dans la ville de Maan située au sud-est de la mer Morte, traverse les localités de Madaïne-Saleh et de Heleyah et marche à peu près parallèlement à l'axe longitudinal de la mer Rouge jusqu'à Médine et de là à la Mecque.

Pendant ce trajet[1], la défense et la conduite de la caravane sont confiées à quatre grandes tribus du désert, qui, moyennant une subvention du gouvernement ottoman, assument sur elles la charge et la responsabilité d'amener les

---

1. Les informations suivantes sont extraites textuellement d'une correspondance adressée de Damas au *Moniteur universel*, le 5 juillet 1867.

pèlerins de Damas à Médine d'abord, de Médine à la Mecque ensuite, puis de les ramener au point de départ. Les deux tribus chargées de l'escorte jusqu'à Madaïne-Saleh, les *Oulad-Ali* et les *Nouala*, fournissent les chameaux destinés à porter le *hamlé* ou redevance religieuse que le gouvernement envoie annuellement au tombeau du prophète, et ceux nécessaires aux troupes d'infanterie ainsi qu'au transport de deux pièces de montagne qui accompagnent constamment la caravane. Le *hamlé*, dont je viens de parler, se compose de dix-huit quintaux de bougies de cire destinées à l'éclairage du tombeau de Mahomet à Médine, et de plusieurs flacons d'eau de rose. En échange de leur concours, les *Oulad-Ali* et les *Nouala* reçoivent du gouvernement ottoman une somme de 80,000 piastres chacune.

Deux autres tribus accompagnent la caravane depuis Madaïne-Saleh jusqu'à Médine et à la Mecque; elles touchent une subvention annuelle de 25,000 piastres.

Les pèlerins sont également escortés, pendant tout leur voyage, par un détachement d'Arabes appelés *Egueils*, originaires de la province de Bagdad. Cette troupe de 80 à 100 hommes montés sur des dromadaires, est spécialement chargée d'éclairer la route.

On estime à plus de 2 millions et demi de piastres les dépenses que le sultan s'impose chaque année pour assurer le pèlerinage de la Mecque par la voie de Damas et du désert.

La caravane met sept semaines environ pour arriver

de Damas à la Mecque, en comprenant dans ce laps de temps les journées passées dans les diverses stations échelonnées le long de la route.

M. Burton a vu arriver cette caravane à Médine en 1854[1]. Il en fait une peinture des plus animées et des plus pittoresques. « En une seule nuit s'était élevée une ville entière de tentes de toutes formes et de toutes couleurs, depuis le magnifique pavillon du pacha avec un croissant doré et sa tenture de châles précieux jusqu'à l'humble abri en toile verte du marchand de tabac. Ces tentes étaient rangées dans un ordre admirable, tantôt formant de longues allées là où un passage était nécessaire, tantôt serrées en groupes épais. Mais comment décrire l'agitation qui règne dans cette foule et les bruits multipliés qui s'en échappent? Ici les grands dromadaires blancs de la Syrie font retentir leurs grosses clochettes : les hautes litières dont ils sont chargés paraissent autant de pavillons qui se balancent au-dessus de la foule mobile. Là des bédouins s'avancent sur leurs chamelles en se tenant accrochés aux bosses velues du pesant animal. Plus loin ce sont des cavaliers albanais, turcs ou kurdes qui dans leur gaieté brutale, semblent féroces..... Des vendeurs ambulants de sorbet ou de tabac crient leurs marchandises. Des Arabes de la campagne guident avec grand'peine, avec des clameurs incessantes, leurs troupeaux de moutons et de chèvres à

---

[1]. *A pilgrimage to el Medinah and la Mecqua.* — La *Revue britannique* en a publié de longs extraits; nous citerons souvent cette traduction, qui est excellente.

travers les chevaux qui piaffent et qui hennissent. Des pèlerins luttent entre eux d'empressement pour visiter le sanctuaire, se glissent à travers les jambes des chameaux et dans leur précipitation, sont renversés par les cordes qui soutiennent les tentes. Le fort de la ville salue de ses canons l'arrivée de la caravane. Les petits garçons poursuivent de leurs injures les Persans hérétiques. Une troupe de beaux vieux chefs arabes arrivent majestueusement, précédés par leurs valets qui exécutent une danse de guerre. On décharge les fusils, on brûle de la poudre aux oreilles des passants; on brandit des sabres; on accomplit des sauts frénétiques qui font flotter au gré du vent des haillons aux couleurs brillantes. De grands personnages montés sur des mules ou marchant à pied, sont précédés de leurs coureurs armés de cannes qui, à grands cris, s'efforcent de leur faire place. Des plaintes aiguës qui s'échappent de bouches de femmes et d'enfants, annoncent que deux litières se sont violemment accrochées. Enfin les gémissements désespérés de quelque misérable indiquent trop clairement qu'il ne cherche qu'un endroit écarté pour y mourir en paix. Ajoutez à ce spectacle une atmosphère d'épaisse poussière sous un soleil resplendissant qui çà et là tire une étincelle des armes d'acier que portent les cavaliers ou des ornements de cuivre qui surmontent les tentes et les litières. »

On aura peut-être remarqué, dans le récit de Burton, que les gamins de Médine exercent leur malice contre les Persans. Il y a deux causes qui attirent aux sujets du schah l'animadversion des gamins; aussi redoutable que celle des chiens, ce qui n'est pas peu dire en Orient. D'abord, aux yeux des Turcs et des Arabes, les musulmans persans sont des hérétiques. Les chiites, en effet, ne reconnaissent pas la légitimité des quatre premiers successeurs de Mahomet. En second lieu, ils portent de grands bonnets pointus et je crois que c'est là surtout ce qui appelle sur eux la malveillante attention de la foule *turbanisée*, comme on disait au dix-septième siècle. Les adultes ne se font pas plus faute que les enfants d'adresser à ces chiites les qualifications les plus injurieuses : ainsi ils interrompront quelque prière par des éjaculations de ce genre : « Dérange-toi maudit, fils de maudit ! pourceau ! frère d'une truie ! » Les Persans, qui ne sont pas en nombre, ne peuvent rien répondre. On exige d'eux des taxes doubles et un regard rudement inquisiteur les suit quand ils s'approchent des tombes des premiers califes. « Salue, Omar, pourceau, » leur crie-t-on quelquefois.

« A la Mecque, dit M. de Maltzan, les Persans sont obligés de faire abnégation de leur dignité personnelle. On les accable d'injures, on leur jette de la boue, on leur crache au visage ou l'on les foule aux pieds. Sous le règne de Murad IV, on leur avait interdit complétement de visiter la Mecque. Dans les anciens temps, on a souvent tué ceux qui refusaient d'abjurer le chiisme [1]. »

---

[1]. Tome II, p. 140 à 145.

Au nom de la politesse française, nous protesterons, avec le baron de Maltzan, contre les traitements grossiers que les musulmans sunnites, infligent ainsi aux Persans qui sont les plus sociables, les plus aimables des Orientaux et les plus désireux de s'instruire. Il n'est pas étonnant, du reste, que ce peuple blanc, d'origine indo-européenne comme nous, ne s'accorde pas avec la tourbe des pèlerins sémites, touraniens et chamites, qui exhibent autour des *villes saintes* toutes les variétés et les combinaisons de l'arc-en-ciel, comme dans une exposition universelle pour la couleur de la peau humaine. Nous verrons bientôt que dans la caravane du Nedjd, les malheureux Persans sont exposés à d'autres tribulations.

La deuxième et la troisième route sont, en effet, spécialement fréquentées par les Persans. La deuxième route est celle des pèlerins qui partent du lieu appelé Meshed-Ali, ou le tombeau d'Ali, très-vénéré par les chiites. Le cheik du Djébel-Shammar leur fournit une escorte pour l'aller et le retour à un prix convenu. Cette caravane traverse Haïl, capitale des Shammar. Ordinairement c'est à El-Sufayna qu'elle rejoint la grande caravane de Syrie.

Bien que le cheik de ce djébel et son peuple soient de la secte des wahabites, ils se montrent pleins de soins pour les pèlerins sunnites ou chiites et ne leur témoignent ni haine ni mépris. Les Shammar attachent le plus grand prix à conserver un transit qui leur est extrêmement avantageux. La fourniture de l'escorte qui va chercher les chiites à leurs *villes saintes*, de Kerbélah et de Meshed-Ali pour les conduire aux sanctuaires communs à tous les musulmans, est un des principaux revenus du cheik Talal et procure de gros bénéfices à ceux de ses sujets qui en font partie. Les localités traversées par la caravane profitent des dépenses qu'elle y fait. C'est aussi un moyen d'attirer dans le Djébel-Shammar le commerce de l'Irak arabe. Aussi, le cheik a-t-il employé tous ses soins à attirer dans ses États cette caravane qui pourrait prendre la route de Ryad dont nous parlerons tout à l'heure. Des négociations ont été suivies à cet effet avec les délégués persans de Bagdad et de Meshed-Ali, même avec la cour de Téhéran. Les Persans qui ont suivi la route du Djébel-Shammar se louent beaucoup des égards dont ils sont l'objet et de la loyauté avec laquelle les conventions sont exécutées.

Il n'en est pas de même sur la troisième route, celle qui traverse le Nedjd. Les pèlerins y sont exposés à toutes sortes d'inconvénients et de dangers, à cause du fanatisme, de la rapacité et de la mauvaise foi des habitants. C'est dans le Nedjd, on le sait, qu'est le foyer du wahabitisme. Les sectaires ne peuvent cacher la haine et le mépris que leur inspirent les autres musulmans auxquels ils appliquent la qualification d'infidèles ou d'ennemis de Dieu tout aussi bien qu'aux chrétiens et aux israélites. Il n'y a pas d'avanies et de vexations auxquelles les Persans en particulier ne soient exposés.

En 1856, raconte M. Palgrave, une nombreuse caravane de Persans chargée d'objets de grande valeur, s'arrêta, en traversant le Nedjd, dans la ville de Bereydah, alors administrée par un gouverneur nommé Mohanna. Ce personnage s'appliqua à inspirer à ses hôtes des inquiétudes sur les dangers auxquels leurs richesses les exposaient : ils allaient être infailliblement pillés, probablement massacrés par les bédouins s'ils ne laissaient tous leurs bagages à Bereydah où ils les trouveraient au retour. Mohanna leur offrait, d'ailleurs, son propre fils pour les escorter. Les Persans consentirent, et tout ce qui n'était pas strictement nécessaire pour le voyage fut laissé. Le jeune wahabite, digne élève de son père, ne conduisit pas les Persans par la route ordinaire qui est sûre et pourvue d'eau, mais par le désert sablonneux et aride qui s'étend du côté du nord. Des marches forcées, la rareté de l'eau et des autres objets nécessaires à la vie épuisèrent bientôt les malheureux pèlerins. Une nuit, pendant que, accablés de fatigue et démoralisés, ils reposaient, le fils de Mohanna et les hommes à son service s'échappèrent par des voies à eux seuls connues, abandonnant les Persans sans eau, sans provisions et sans guide dans le labyrinthe de sable. Presque tous périrent et Mohanna ne voulut pas reconnaître les quelques-uns d'entre eux qui réussirent à rejoindre Bereydah.

Pendant deux années, les Persans n'osèrent plus s'aventurer dans le Nedjd, mais, comme cette route est plus courte d'une huitaine de jours et que l'émir Fayssal fit beaucoup de promesses et d'excuses à Téhéran, le courant se rétablit bientôt. Voici à quelles conditions les chiites sont admis dans le Nedjd. Chaque pèlerin donne 40 tomans d'or [1] pour son passage par la capitale et 40 autres pour un sauf-conduit dans le reste du pays. De son côté, l'émir s'engage à leur fournir un chef investi de pleins pouvoirs, pour les conduire et les ramener. En tenant compte des autres exigences illégales auxquelles ils sont en butte, M. Palgrave estime que chaque Persan laisse environ 150 tomans dans le Nedjd pour son passage. Ces pèlerins se donnent rendez-vous soit à Meshed-Ali, soit à Bender-Boushire. Ils traversent le golfe Persique pour aborder au port d'Ojeyr, d'où ils gagnent Hofhoof dans l'el-Haça et Ryad, capitale du Nedjd. La caravane, en quittant Ryad, traverse les localités de Dorama et de Kowey et suit une ligne presque droite parsemée de villages et de puits parallèlement au Djébel-Toweyk jusqu'à Moghasil et la Mecque. Le retour a lieu de Médine par un autre chemin situé naturellement un peu plus au nord, qui traverse Meshka et Ashka, et, entrant dans la province appelée Cassim, aboutit à Bereydah où M. Palgrave a vu la caravane de retour en 1863. Elle était composée d'environ deux cents personnes. C'était en partie des Persans proprement dits, natifs de Chiraz, d'Ispahan ou d'autres villes de l'Irak-Adjemi, en partie des habitants de Meshed-Ali, de Kerbélah ou de Bagdad, tous de la secte des chiites

---

[1]. Le toman, pièce d'or de Perse, vaut environ 12 francs de notre monnaie.

bien qu'appartenant à diverses races. Le principal personnage de cette caravane était une dame indienne de haut parage, Taï-Djehan, avec une suite nombreuse de gens de Lucknow et de Delhi. Le chef, l'Émir-Hadji, comme on dit, était un fonctionnaire persan natif de Chiraz, délégué spécialement par le gouvernement de Téhéran. Il avait eu beaucoup à se plaindre du conducteur nedjli et se rendit à Ryad où l'on lui fit un accueil très-froid. C'est à peine s'il réussit à entrevoir le vieux tyran du Nedjd, Fayssal. Dans la relation du spirituel écrivain dont le voyage a jeté tant de jour sur l'état actuel du Nedjd [1], les aventures et les tribulations de ce Persan sont un des récits les plus amusants et les plus caractéristiques des différents types nationaux de l'Orient.

Tous les ans un fonctionnaire persan est désigné pour cette fonction. Aussi peut-on considérer la caravane passant par le Nedjd comme la caravane officielle de la Perse, comme celle de Syrie qui se réunit à Damas est la caravane officielle de la Turquie. Mais il ne faudrait pas croire qu'il n'y ait que des sujets du schah dans le convoi de Ryad et des sujets du sultan dans celui de Damas. Ainsi la

---

1. M. William Gifford Palgrave est d'origine israélite, et a été officier dans l'armée de Bombay. Devenu catholique et jésuite, il a habité longtemps la Syrie, où il était connu sous le nom de Père Michel Cohen et où il s'est familiarisé plus que personne avec la langue et les mœurs arabes. C'est à la générosité de l'empereur des Français qu'il a dû de faire son voyage dans le Nedjd. De retour en Europe, il a quitté la règle des Jésuites et est redevenu protestant.

caravane qui partit de cette dernière ville en 1851 comptait 2,000 pèlerins dont 300 Ottomans et 1,700 Persans; celle de 1854 amenait à Damas 1,200 Persans sur 7,000 pèlerins[1]. Les caravanes ne sont pas plus homogènes sous le rapport de l'orthodoxie. Ainsi la caravane patronée et payée par le souverain sunnite de Constantinople était, en 1851, composée en majorité de chiites et il en est de même à peu près tous les ans.

La quatrième caravane est appelée Hadj-el-Kesbi. Le point de départ est à Saana, où viennent probablement se réunir des pèlerins venant de l'Oman et de l'Hadramout. La route des pèlerins kesbi suit la chaîne des montagnes du Yémen et du Hedjaz, parallèlement à la mer Rouge laissant à sa gauche la côte basse, appelée Téhama. Il y a bien quelques cols difficiles à traverser, mais le pays est sain et habité : on ne rencontre aucun des déserts de sable dont l'Arabie est semée. A chaque station il y a des puits et des villages. C'est la route la plus facile et la moins dangereuse. L'organisation définitive de la caravane a lieu à Sada. Cette ville est célèbre et respectée dans le Yémen pour avoir donné naissance au fondateur de la secte des zeïdites, dont le souverain de Saana est le chef. Le Hadj-el-Kesbi traverse ensuite une partie du pays des Acyres et aboutit à la Mecque par Taïf, sans avoir rencontré les autres convois. Cette caravane comprend beaucoup de zeï-

---

1. Voir la *Revue des Deux-Mondes* du 15 avril 1855, article de M. de Ségur-Dupeyron.

dites ; mais il doit y avoir aussi beaucoup d'autres musulmans. Elle a été conduite quelquefois par des imans de Saana. Elle a un chameau sacré comme les caravanes d'Egypte et de Syrie. Nous manquons du reste de renseignements récents sur la marche de ces pèlerins. Les informations qui précèdent datent du voyage de Burckhardt. Le récit de Niebuhr est encore moins détaillé. « Beit-el-Kibsi, dit-il au tome II, page 67 de son voyage, est un village uniquement habité par des chérifs, dont l'un doit être le chef de la caravane qui va chaque année de Saana à la Mecque. Cette caravane composée de deux à trois mille personnes reste quarante-cinq jours en chemin. »

Depuis 1803, dit encore Burckhardt, on ne voit plus arriver une autre caravane qui venait par la côte même, et qui était principalement composée de Persans et d'Indiens.

La cinquième route est celle de Djeddah, port de la mer Rouge, situé à environ dix heures de la Mecque. C'est aujourd'hui la plus fréquentée à cause des facilités que présente la navigation. Mahomet a dit : « Qu'ils arrivent à la maison sainte *à pied* ou *montés sur des chameaux* prompts à la course. » Cette prescription n'a pas été prise à la lettre comme tant d'autres versets du Coran : les musulmans ne se font aucun scrupule d'arriver par mer.

D'où viennent les nombreux pèlerins qui débarquent à Djeddah? D'abord des différents ports situés au sud de cette ville sur la côte orientale de l'Arabie, puis de Mascate et des autres points du golfe Persique, de Bombay, des ports de l'Inde, de l'Afghanistan, de l'Indo-Chine, de la Malaisie. La côte occidentale d'Afrique fournit aussi son contingent débarquant de Zanzibar, de Zeïlah, de Massouah, de Souakim. A ces divers points sont venus s'embarquer les pèlerins de l'intérieur de l'Afrique, non-seulement ceux du Danakil, du Saumali, de la Nubie, du Darfour et du Kordofan, mais ceux qui habitent autour du lac Tchad et sur le cours du Niger jusqu'à Tombouctou, où la peuplade dominante des Peulh, ou Fellata est musulmane. Mais c'est de Suez et des autres ports de l'Égypte proprement dite qu'il en arrive le plus grand nombre. L'Égypte est un grand rendez-vous. On y vient du Sénégal, du Maroc, de l'Algérie, de Tripoli et du Fezzan. De ces deux dernières contrées quelques pèlerins font aussi le voyage par terre. On donne le nom de *Mogrébins*, c'est-à-dire d'Occidentaux à tous les habitants de l'Afrique septentrionale; c'est le mot dont nous avons fait *Maroc*. La caravane était conduite autrefois par un parent du sultan de ce pays. Les Occidentaux se font généralement remarquer pendant le pèlerinage par leur décence et leur bonne tenue. Aussi les wahabites, quand ils étaient maîtres des *villes saintes* et qu'ils interdirent le pèlerinage aux pèlerins turcs, laissèrent-ils passer en 1811 ceux du Mogreb, encore qu'ils n'eussent point adopté la réforme d'Abd-ul-Wahab. Les Takrouris ou noirs de l'Afrique jouirent aussi alors de ce privilége et pour la même raison.

Cependant Burton, qui a fait le pèlerinage sous le déguisement d'un Afghan, trace le portrait suivant des Africains occidentaux : « Nos Mogrébins, dit-il, étaient de beaux animaux sauvages originaires du désert entre Tunis et Tripoli. La plupart d'entre eux étaient de jeunes et vigoureux gaillards à la taille haute, aux larges épaules, aux membres épais, avec un regard féroce et une voix toujours montée au diapason du rugissement. Leurs manières étaient rudes; leurs visages exprimaient tour à tour un mépris brutal ou une insolente familiarité. Quelques vieillards montraient une physionomie particulièrement endurcie; les femmes étaient aussi grossières et aussi insultantes que les hommes; enfin quelques jeunes beaux garçons exerçaient leur voix perçante et portaient à chaque instant la main sur leurs couteaux. Les femmes étaient couvertes de haillons dont la saleté avait fait disparaître la blancheur primitive. Les hommes portaient des burnous à capuchon, en étoffe de laine brune ou rayée. Ils avaient la tête nue, comptant sans doute pour se défendre contre les effets du soleil sur l'épaisseur de leur chevelure bouclée et sur la prodigieuse dureté de leurs crânes. Tous étaient armés, mais l'arme la plus redoutable dont ils fussent pourvus était un couteau pointu à double tranchant dont la longueur n'excédait pas dix pouces. Les Mogrébins voyagent en horde sous la conduite d'un chef qui porte le titre temporaire de muley ou maître, et qui ayant généralement accompli un ou deux pèlerinages, possède une expérience capable de lui assurer le respect de sa troupe, sans le préserver cependant du mépris des guides officiels qu'on trouve à la Mecque ou à Médine. Durant le voyage des *villes saintes*, nul peuple n'endure plus de privations et de souffrances que ces Africains qui se mettent en route comptant uniquement sur les aumônes et sur les autres secours que leur enverra la Providence. On ne doit donc pas s'étonner en apprenant qu'ils volent chaque fois que l'occasion se présente. »

Les sujets musulmans de l'empereur des Français en Algérie entreprennent le pèlerinage de la Mecque en assez grand nombre chaque année. Ils sont plus respectés que les autres ou traités plus mal, suivant les dispositions des autorités et des habitants du Hedjaz. Lorsque ces Algériens ont besoin d'une protection, ils se font reconnaître comme sujets de la France. Dans d'autres cas, ils semblent renier, par une sorte de respect humain, la domination *infidèle*. Voici ce qui arriva à un voyageur de haute distinction dont nous aurons plus tard à invoquer l'autorité. Le 1er octobre 1846, il se trouvait dans le petit port égyptien de Tor sur une barque frétée à Suez. Près de la sienne se tenait à l'ancre une grosse barque chargée d'environ 200 pèlerins de la Mecque, dont une bonne partie étaient des Algériens, munis d'un passe-port français et que notre voyageur avait vus pour la plupart à Alexandrie venir au consulat de France en toute humilité pour recevoir des subsides. Entouré d'une foule fanatique et insolente qui aurait pu lui faire quelque insulte, le voyageur crut devoir élever le drapeau français pour se réfugier sous sa protection. A peine virent-ils ce pavillon que, « possédés plus que les autres de l'esprit de Mahomet, » les Algériens commencèrent à blasphémer. Le voyageur fut obligé d'abaisser le drapeau qu'il avait arboré pour ne pas s'exposer à une scène douloureuse dans un lieu où il n'aurait trouvé aucun appui pour défendre l'honneur de la France [1].

Depuis que les paquebots sillonnent la Méditerranée, la vapeur transporte à Alexandrie un grand nombre de pèlerins venant de toutes les provinces de la Turquie d'Europe, de la mer Noire, de l'Anatolie et de la côte de Syrie. Tous se réunissent au Caire : le rendez-vous général est à quatre marches de cette ville sur les bords du lac de Birket. Autrefois le trajet avait lieu par terre. La caravane passait au nord de la presqu'île du mont Sinaï, allait à Akabat, au fond du golfe de ce nom, suivait ensuite les côtes de la mer Rouge en s'arrêtant à Moïlah, Jambo, Rabegh et joignait la Mecque sans toucher à Djeddah. Ce voyage durait 37 jours dont 30 jours de marche et 7 de repos. Déjà, à la fin du dernier siècle, des pèlerins allaient de préférence s'embarquer à Suez ou à Cosseïr. Le voyage par mer n'avait pas lieu dans de bonnes conditions de confort et d'hygiène si l'on en juge par la relation de Niebuhr, qui a fait ce trajet avec des pèlerins et par les plaintes d'un certain Mahmoud dans le récit d'*Anastase :* « Nous étions tellement serrés, dit-il, que nous n'avions pas de place pour nous coucher. Nos bâtiments étaient si mauvais que nous nous attendions à les voir se briser

---

1. *De la propagande musulmane en Afrique et dans les Indes.* Paris, 1851.

contre chaque récif de corail que nos ignorants matelots ne savaient comment éviter. En mettant pied sur le rivage, je jurai de ne plus exposer ma personne sur la mer. » Aussi Hadji-Mahmoud prit-il le parti de revenir par terre; mais il ne s'en trouva guère mieux. Après trois semaines passées dans les sables brûlants de l'Arabie, la fatigue et la maladie avaient fait périr le quart de la caravane. Maigri au point d'être devenu presque transparent, il fit alors serment qu'il s'exposerait plus volontiers au danger d'être englouti sous les vagues de la mer qu'à celui de se voir « réduit pouce à pouce à l'état de momie. »

Aujourd'hui le trajet jusqu'à Suez se fait commodément par le chemin de fer. Le voyage par mer s'opère rapidement. Cependant les conditions ne sont guère plus favorables à la santé; mais nous reviendrons sur ce sujet.

De toutes les contrées où l'islamisme est établi, nous avons amené les caravanes sur le *territoire sacré*. Il est temps d'expliquer quels sont les pèlerins, quelles cérémonies ils accomplissent et dans quelles dispositions. Nous essayerons ensuite d'indiquer les conséquences du pèlerinage, d'abord au point de vue moral, ensuite sous le côté matériel.

III

LES PÈLERINS

Dans la ferveur qui suivit la première expansion de l'islamisme, le nombre des pèlerins paraît avoir été beaucoup plus considérable qu'il n'est aujourd'hui. A cette époque, les califes s'acquittaient souvent du précepte et les historiens arabes ne tarissent pas sur les splendeurs comme sur la charité déployées en ces circonstances par les successeurs de Mahomet. Lorsque Soliman-ibn-Abd-el-Malek vint à la Mecque en l'an 97 de l'hégyre, neuf cents chameaux furent employés seulement pour le transport de sa garde-robe. Le calife El-Mohdi-Abou-Abd-Allah-Mohammed, en l'an 160 de l'hégyre, dépensa 30 millions de dirhem[1]. Il fut le premier qui transporta de la glace; il traînait à sa suite des charges immenses de robes destinées à des présents. Il bâtit des maisons et établit des bornes tout le long de la route de Bagdad à la

---

1. Le dirhem vaut de 65 à 70 centimes.

Mecque. Le célèbre Haroun-al-Raschid avait juré, s'il arrivait seul au califat, de faire à pied le pèlerinage des *villes saintes*. Lorsque ce désir fut réalisé, il partit à pied de Bagdad l'an 179 de l'hégyre et alla ainsi jusqu'à la Mecque. On raconte qu'il fit huit pèlerinages, dont un avec sa femme Zobéïde. Dans un de ces voyages, il dépensa en cadeaux et en charités un million de dinars[1]. Lorsque le sultan Moktédar fit le pèlerinage en 350, il immola à Muna quarante mille vaches et cinquante mille brebis. En 631, la mère du calife Motassem-Blillah avait un train de cent vingt mille chameaux. En 719, le soudan d'Égypte, El-Melek-Naser-Eddin, menait sept cent quatre-vingts chevaux rien que pour porter les provisions en confitures et en fruits. Lorsque le calife, le commandeur des croyants, se rendait ainsi aux *villes saintes*, c'était lui-même qui faisait à l'Arafat le sermon auquel il faut assister pour mériter le titre de *hadji*. Il y avait dans toutes ces circonstances de quoi frapper vivement l'imagination du peuple. Aussi un écrivain arabe, Abd-el-Rahman-Djélal-Eddin-Esseyouthy, a-t-il composé un traité spécial sur les califes qui ont fait le pèlerinage.

Il est remarquable que, même après avoir acquis le titre de commandeur des croyants, aucun sultan de Constantinople n'ait accompli ce voyage. C'était seulement à l'époque où les Égyptiens conquirent le Hedjaz sur les wahabites que le *territoire sacré* revit, sinon un com-

---

[1]. Le dinar vaut 10 fr.

mandeur des croyants, du moins des hôtes presque royaux. Le célèbre Méhémet-Ali accomplit en 1814 toutes les cérémonies du *hadj*, au lendemain de ses premiers triomphes sur les sectaires et à la veille d'en remporter encore de plus éclatants. Son vêtement sacré, l'ihram, était composé de deux cachemires entièrement blancs : il avait la tête nue comme les autres pèlerins ; mais, dans les rues, un officier portait un parasol devant lui. Dans sa suite, se trouvait une de ses femmes, la mère d'Ibrahim-pacha, d'Ismaïl et de Toussoun, le vainqueur des wahabites. Le train de la princesse égalait la splendeur du temps des califes : cinq cents chameaux avaient été employés pour porter son bagage. Sa tente était comme un camp divisé en compartiments et entouré d'une clôture en toile de lin de huit cents pas de circuit. Des eunuques noirs, superbement vêtus, veillaient nuit et jour à l'entrée. La richesse de cette installation rappelait les *Contes des mille et une Nuits*. La famille de Méhémet-Ali fit alors de grandes charités aux pauvres ainsi qu'aux habitants de la Mecque et de Médine. Les libéralités de la princesse la firent regarder par le peuple comme un ange envoyé du ciel. Le vice-roi d'Égypte, Saïd, a fait aussi le pèlerinage en 1861.

Au pèlerinage accompli en 1807 par le voyageur Ali-Bey, il y avait 83,000 personnes. On sait que les wahabites, lorsqu'ils furent maîtres de la Mecque, tout en permettant le pèlerinage aux Mogrébins et aux noirs, ne permirent pas aux Turcs d'y venir, parce qu'ils se conduisaient mal. Après cette interruption, la première depuis l'invasion des Karmathes en l'an 319 de l'hégyre, et lorsque les Égyptiens eurent occupé le *territoire sacré*, il y eut, dans le monde musulman, un grand élan vers la Mecque. C'est en 1814 qu'eut lieu le premier pèlerinage, après la retraite des disciples d'Abd-ul-Wahab. Burckhardt estime le nombre des pèlerins à 70,000 hommes venus alors de tous les pays musulmans et qui parlaient plus de quarante langues. Lorsque Burton alla à la Mecque en 1854, il apprécia le nombre des pèlerins à 50,000.

Voici, pour les années suivantes, un tableau qui a été publié par M. Jules Duval; nous ne pouvons en garantir l'exactitude :

En 1854. . . . . 60,000 personnes
En 1855. 80,000
En 1856. 120,000
En 1857. 140,000
En 1858. 160,000

Nous avons quelques renseignements pour Damas. Un excellent observateur, M. de Segur Dupeyron, a évalué à 2,000 le nombre de ceux qui ont composé, en 1851, ce qu'on appelle encore la grande caravane de Syrie. En 1854, M. Burton estime à 7,000 le nombre des pèlerins que la caravane de Damas amena à Médine, après s'être grossie sur la route. Le baron de Maltzan, qui a fait le pèlerinage en 1860, estime que, en arrivant à la Mecque, la caravane de Syrie comprenait moins de 4,000 personnes, et celle de Bagdad environ 500. L'année 1865 a été remarquable par une affluence extraordinaire. A Damas, un témoin oculaire indique le chiffre de 3,000 pèlerins et il ajoute que, depuis dix ans, il n'y avait pas eu une telle affluence.

Comment donc apprécier le nombre des pèlerins de 1865 ? Il y a d'abord les 3,000 hommes partis de Damas, dont nous venons de parler, et qui ont pu en recueillir encore 1,000 sur leur passage. Si l'on double le nombre de ceux qui, d'après le récit de Palgrave, ont passé par le Nedjd en 1863, et si l'on suppose qu'il en est venu autant par le Djébel-Shammar et autant du Yémen, on atteint, pour ces trois dernières routes, un chiffre de 1,200. On estime au plus à 15,000 le nombre des pèlerins fournis par les Indes néerlandaises et anglaises en 1865. L'Égypte a apporté un contingent de 6,000 hommes par la voie de terre et de 20,000 par la voie de mer. On ne peut guère admettre que, des divers ports de l'Afrique orientale, il soit venu plus de 20,000 pèlerins. Avec ces évaluations, on n'arrive qu'au chiffre de 66,200, ce qui nous fait croire que M. Fauvel est bien près de la vérité quand il évalue en moyenne le nombre des pèlerins à 70,000, et celui de 1865 à 90,000 au plus.

Nous avons entendu souvent attribuer aux pèlerins de se livrer au commerce et considérer ce fait comme incompatible avec la piété que l'on peut attendre de gens qui viennent de si loin pour accomplir un précepte religieux. Nous croyons que ce reproche est injuste. Les peuples de l'Orient, chrétiens, musulmans ou idolâtres, sont essentiellement trafiquants. Peu d'Orientaux, à quelque classe qu'ils appartiennent, qui ne fassent à l'occasion quelque opération de commerce ou de commandite. Parmi les gens à qui leurs ressources permettent de se procurer ainsi un bénéfice, il n'y a peut-être en Turquie que le sultan qui ne soit pas négociant à un titre quelconque.

Si l'on se reporte aux temps bibliques, on voit que le temple de Jérusalem était, à l'exception du sanctuaire, un grand bazar[1]. Avant l'islamisme, les pèlerinages des Arabes à la Kaaba et leurs autres réunions nationales étaient de grandes foires. Mahomet n'a rien changé à cet usage ; au contraire, il l'a spécialement consacré. On a, du moins, interprété ainsi les passages suivants de son livre : « Prenez

---

1. « Le temple était à la fois la tête et le cœur de la nation..... Là se rencontraient la vie religieuse et civile, le mouvement des affaires et des idées, la politique et l'école, la liturgie et le commerce. Le temple était loin d'avoir cette physionomie recueillie que nous sommes habitués à associer à l'idée de prière et aux actes religieux ; en cela, il ressemblait plus au haram musulman qu'à une église chrétienne..... Le saint des saints était le seul point tranquille et mystérieux : un silence absolu régnait derrière le voile qui le dérobait aux regards..... Partout ailleurs régnaient le tumulte et le bruit..... Sous les larges portiques du parvis extérieur, dans la basilique d'Hérode, une foule bigarrée se pressait autour du rabbin en renom. Les marchands de colombes, de gâteaux dressaient leurs boutiques. Les prêtres trafiquaient des peaux des victimes. Les changeurs offraient des sicles nationaux ou de petits bronzes..... Tout ce tumulte de négociations, de discussions, de prières était dominé par l'éclat des trompettes sacrées, etc., etc. » (Comte de Vogüé, dans le *Bulletin des Pèlerinages en Terre Sainte*, t. V, p. 138.)

des provisions pour le voyage. Ce n'est pas un crime de demander des faveurs à votre Seigneur. »

Il est positif qu'un certain nombre de musulmans entreprend le pèlerinage dans des intentions purement mercantiles, comme, par exemple, le pelletier de Bokkara, dont parle le baron de Maltzan[1]; mais il ne doit pas y en avoir beaucoup. Pénétrons dans la composition d'une grande caravane et nous verrons si tous ceux qui la composent peuvent être accusés de mercantilisme. Il y a d'abord les grands personnages qui ne font pas de commerce, qui dépensent même des sommes considérables pour mener leur propre train et pour venir en aide aux indigents. A l'autre extrémité de l'échelle sociale, il y a ceux qui vivent d'aumône. Entre ces deux extrêmes, plaçons les pèlerins qui ne sont ni riches ni pauvres, et qui trouvent, dans le débit d'une petite cargaison qu'ils renouvellent, les moyens d'accomplir leur devoir religieux : il n'y a rien là que de convenable.

Mais les plus dignes d'intérêt sont ceux qui, n'ayant aucune ressource pour faire le pèlerinage à leurs frais, ni le plus petit capital à exploiter, louent leurs bras pendant le voyage et à leur arrivée sur le *territoire sacré*. Quelques Syriens se livrent ainsi au travail; mais ce sont surtout les noirs (*takrouri*). Aussitôt arrivés à Djeddah, à la Mecque, ou à Médine, les uns s'emploient pour transporter

---

1. Tome II, p. 139.

les bagages et les marchandises des pèlerins riches ; d'autres nettoient les cours ou portent du bois. Il y en a qui fabriquent de petits fourneaux portatifs, des paniers, des nattes ; d'autres se font porteurs d'eau. Toutes les fois qu'on a besoin d'un travail manuel, il faut recourir à un noir, les bédouins étant trop fiers pour se louer à ce service, et les citoyens des villes arabes préférant faire le commerce, affermer leurs maisons ou mendier. Burckhardt a remarqué que très-peu de noirs demandent l'aumône, et encore n'est-ce que dans les tout premiers moments de leur arrivée et alors qu'ils ne peuvent pas encore se procurer du travail. A la fin du pèlerinage, les moins chanceux ou les moins adroits ont réussi seulement à vivre et retournent aussi misérablement qu'ils sont venus. D'autres sont arrivés à réunir un petit pécule, à l'aide duquel ils font le voyage de retour avec moins de fatigue et de danger. Les plus heureux ont pu acheter une petite pacotille qu'ils débitent sur la route ou à leur arrivée dans leur misérable demeure. Je n'ai pas le courage de le leur reprocher.

Il ne faut pas manquer non plus de faire remarquer en terminant que le goût du négoce n'est pas un obstacle à l'esprit religieux. Saint Paul n'a-t-il pas été commerçant ? Mahomet n'a-t-il pas été commis voyageur ? L'esprit religieux a-t-il jamais manqué aux Juifs, malgré leur aptitude aux affaires ?

Nous avons dû aussi rechercher si le pèlerinage a lieu dans les conditions extérieures de décence si naturelles en une circonstance de ce genre, si difficiles en même temps à obtenir dans une réunion nombreuse d'hommes et de femmes. Nous avons déjà touché cette question en indiquant pour quels motifs les wahabites avaient empêché les Turcs de venir à la Mecque : les fougueux sectaires ne reprochaient pas seulement aux Turcs des actes d'idolâtrie, mais une conduite immorale. Nous sommes forcé d'entrer ici dans quelques détails, en laissant, cependant, de côté les traits de mœurs plus particuliers aux Orientaux.

Les femmes hadji sont peu nombreuses, peut-être dans la proportion de 1 à 20. La qualité laisse à désirer. Assurément un grand nombre des pèlerines, soit isolées soit venant en famille, n'ont d'autre occupation que d'accomplir le précepte de la loi religieuse ; mais elles ne sont pas toutes dans le même cas. Il y en a plus d'une dont la présence permet aux pèlerins de manquer, dans les conditions les moins excusables, au grave précepte édicté au 193e verset du chapitre de la Vache. Lorsque Niebuhr s'embarqua à Suez pour Djeddah, avec une troupe de futurs hadjis, il y avait dans les chaloupes des passagères suspectes. Mais, dira-t-on, c'était la faute de ce dix-huitième siècle qui a une aussi mauvaise réputation en Arabie qu'à Paris ou à Milan. Hélas ! il n'en est rien. Au pèlerinage qui eut lieu après la retraite des wahabites en 1814, la caravane qui se rendit du Caire à la Mecque par terre, comprenait des troupes de femmes qui n'étaient pas même suspectes et dont les tentes figuraient parmi les plus magnifiques. Des pèlerines de cette espèce, dit Burckhardt, témoin oculaire, accompagnent aussi la caravane de Syrie.

Les convois auraient été irréprochables sous ce rapport que nous ne serions pas encore sans inquiétudes pour la moralité des pèlerins. En effet, les poëtes arabes font de fréquentes allusions à un quartier de la Mecque. « Le Schab-Aamer, dit Ibn-el-Faredh, qui vivait au sixième siècle de l'hégyre, est-il encore habité depuis que nous l'avons quitté? est-il encore aujourd'hui le rendez-vous des amants? » Un auteur turc, Fazyl-Bey, dans le *Livre des Belles*, rend cependant aux femmes originaires de la Mecque un témoignage que nous nous faisons un devoir de rapporter. « O toi, dont le signe est la pierre noire inscrustée dans la Kaaba de la Beauté... les femmes du Hedjaz ont un laid visage, corps maigre, face noire. Pire est la taille! pire la voix! Exceptons la Mecque où elles sont belles, et ont un corps pur comme de l'argent. Ce sont des femmes honnêtes et chastes. Seulement, dès qu'en Égypte une fille se signale par ses déportements, on la dirige vers la frontière du *territoire sacré*. Aussi toutes les créatures qui souillent ce territoire viennent-elles de l'Égypte. »

Quoi qu'il en soit, le grand-chérif Ghaleb avait établi un impôt régulier sur ces personnes sans distinction de provenance. Le Vespasien en burnous percevait une taxe supplémentaire sur celles qui suivaient les pèlerins pendant leur excursion à l'Arafat. On doit supposer que c'était dans l'intention d'en diminuer le nombre. Les wahabites essayèrent-ils d'extirper cette plaie en même temps que l'idolâtrie des saints, pendant qu'ils étaient maîtres du *territoire sacré*? Je l'ignore, mais, en tout cas, ils n'y réussirent pas, car, en 1814, le nombre des courtisanes était très-grand à la Mecque tant de la provenance indigène que des apports de la caravane. Dans le temple même des femmes vendaient de la graine destinée aux pigeons : ce n'était pour plusieurs qu'un prétexte à lier conversation avec les pèlerins. Enfin le temple, dit Burckhardt, « est le théâtre d'actions si criminelles que ce serait outrager la délicatesse que de les décrire avec détail. Elles sont commises non-seulement avec impunité, mais on peut dire presque publiquement. Mon indignation a été souvent excitée en voyant des abominations qui ne provoquaient de la part des passants qu'un sourire ou une légère réprimande. »

Nous voudrions pouvoir ajouter que, dans l'ère de réformes inaugurée depuis quelque temps en Turquie, cet état de choses a changé. Mais le voyage récent de Maltzan témoigne que, tant dans le temple que dans le quartier de Schab-Aamer, les choses sont restées ce qu'elles étaient du temps de Burckhardt [1].

---

1. *Meine Wallfahrt nach Mekka*, t. II, p. 179 et 249. Tamisier, *Voyage en Arabie*, t. 1, 102.

IV

LES CÉRÉMONIES DU PÈLERINAGE

La première cérémonie consiste à se vêtir du costume sacré appelé *ihram*. Les versets 1, 96 et 97 du chapitre de la Table en font mention. Ici, comme pour la prescription même du pèlerinage, il ne semble pas qu'il s'agisse dans le Coran d'une institution nouvelle : il est donc permis de supposer que les Arabes d'avant l'islamisme s'en revêtaient aussi. L'ihram est un linge blanc ou à raies dont on s'enveloppe les reins : le pèlerin jette un autre linge sur ses épaules en forme d'écharpe : il ne porte aux pieds que des sandales. Les femmes prennent aussi ce vêtement consacré, mais elles restent voilées, à l'exception de celles des wahabites. Tous les pèlerins se font, à cette occasion, laver, parfumer, raser et couper les ongles : on récite quelques prières. L'usage est de ne revêtir l'ihram que lorsqu'on fait le pèlerinage pour la première fois, mais, par dévotion, d'anciens hadjis le prennent à chaque voyage, tandis que, sous prétexte d'indisposition, d'autres pèlerins gardent leurs vêtements ordinaires. Les voyageurs qui se rendent de Suez à Djeddah par mer revêtent ordinairement l'ihram lorsqu'ils ont doublé le cap Wardar, situé au sud de Jambo et au nord de Rabegh [1]. Les pèlerins de Syrie mettent l'ihram après avoir dépassé Médine, à Asfan ou Osfan, à deux stations de la *ville sainte*. Cependant, dans *le Livre des Routes et des Provinces*, cette cérémonie est indiquée à Djohfah plus près de Médine [2]. En 1854, Burton et ses co-pèlerins ont pris l'ihram à un endroit appelé Zaribah. Les habitants de la Mecque le revêtent aussi au moment où les cérémonies vont commencer. Sur la route de Bagdad à la Mecque, on prend l'ihram à Kyrn-el-Ménazil, où l'on rencontre les pèlerins du Yémen.

La première cérémonie a lieu au mont Arafat, à six lieues de la Mecque. Ce lieu est célèbre par le souvenir de la rencontre d'Adam et d'Ève après une longue séparation. On s'y rend en masse et processionnellement. L'étendard du sultan est déployé; la plupart des pèlerins récitent des prières ou lisent le Coran. Les bédouins du voisinage galopent aux flancs de la caravane sur de rapides dromadaires. Ils sont accompagnés de leurs femmes qui rivalisent de hardiesse avec les plus intrépides cavaliers. On traverse la vallée de Muna, où a eu lieu le sacrifice d'Abraham. On doit s'y trouver pour la première prière et y rester jusqu'au lendemain matin, mais cette prescription

---

1. Tamisier, *Voyage en Arabie*, t. I, p. 58.
2. Traduction de M. Barbier de Meynard, p. 250, 252 et 259.

est négligée. Arrivés dans la plaine et en approchant de la montagne d'Arafat, les pèlerins se dispersent pour chercher le lieu de leur campement. Les dévots passent la nuit en prières. A l'aube, deux coups de canon appellent les fidèles à la prière du matin. L'Arafat a plus d'un mille de circuit ; il s'élève à environ deux cents pieds au-dessus du niveau de la plaine. On aperçoit à l'horizon les pics bleuâtres des montagnes de Taïf, où, suivant la tradition, la glace est éternelle. Après midi, on doit se purifier par l'ablution complète. A trois heures de l'après-dîner a lieu un sermon auquel on est tenu d'assister, sinon de l'entendre, pour avoir droit au titre de pèlerin (*hadji*). C'est en souvenir du sermon que Mahomet, monté sur sa chamelle, prêcha de ce lieu, deux mois avant sa mort.

Le prédicateur est ordinairement le cadi de la Mecque. Il est monté sur un chameau à l'imitation de Mahomet. Quelquefois, le prédicateur lit son discours. Il est d'usage qu'il pleure. Le sermon est interrompu et suivi du cri : « Fais de nous ce que tu voudras, ô Dieu, fais de nous ce que tu voudras! » Les tentes ont été levées et les pèlerins qui ont commencé à se mettre en marche avant la fin du sermon, partent sans ordre quand le soleil se couche, au milieu des décharges de l'artillerie et de la mousqueterie, à la lueur des torches. Au bout de deux heures, on s'arrête à Mezdéfilé pour y passer la nuit.

Le lendemain, qui est le troisième jour, les pèlerins sont encore éveillés avant l'aurore au son du canon, et le cadi fait un nouveau sermon devant la mosquée de Mezdéfilé. Ce sermon est moins long que celui de la veille, et aux premiers rayons du soleil les pèlerins se dirigent vers la vallée de Muna, où l'on arrive une heure après. C'est là que le diable apparut à Adam, qui lui jeta des pierres. Tous les pèlerins font de même suivant un usage consacré par Mahomet, mais déjà pratiqué par les Arabes avant l'islamisme. Ce sont de petits cailloux de la grosseur d'une fève, qui doivent avoir été ramassés dans la vallée de Muna. Ensuite a lieu l'égorgement des victimes qui est obligatoire et destiné à rappeler le sacrifice d'Abraham que la tradition place en ce lieu. La tête de l'animal doit être tournée du côté de la Kaaba et le sacrificateur dit, en lui coupant la gorge : « Au nom de Dieu très-miséricordieux, ô Dieu suprême! » Ce sont des brebis, des vaches ou des chameaux, dont le nombre varie suivant la fortune ou la dévotion de chacun. Les pèlerins restent encore deux jours à Muna, où ils répètent la cérémonie de jeter des pierres au lieu où le diable a apparu à notre premier père. Ils retournent ensuite à la Mecque.

C'est alors qu'ils doivent faire la visite solennelle à la Kaaba. La *maison sainte* est un petit édifice quadrangulaire, de 18 pieds de long sur 14 de large, avec une hauteur de 40 pieds. Elle est couverte d'une étoffe qui se renouvelle tous les ans au moment du pèlerinage, suivant un usage antérieur à l'islamisme. La Kaaba se trouve au milieu d'une vaste cour de même forme, de 250 pas de long sur 200 de large, close de murs et garnie à l'intérieur de grands cloîtres à plusieurs rangs de colonnes. En entrant sous ces galeries et dès qu'on peut apercevoir la Kaaba, on se prosterne quatre fois pour remercier Dieu et saluer l'édifice. On s'avance ensuite vers la Kaaba en passant sous la *porte du salut*, et en se dirigeant vers la *pierre noire* qui est située à l'un des angles et à l'extérieur. Après quatre prosternations, on baise la pierre, et, s'il y a trop de foule, on se contente de la toucher de la main droite. Les musulmans n'adorent pas la pierre noire comme on le dit vulgairement. Voici, d'après le code Moultéka[1], la cause de la vénération de cet objet : « L'Etre suprême ayant demandé à toute la légion des êtres spirituels : *Ne suis-je pas votre Dieu ?* tous répondirent : *Oui, vous l'êtes*. Ces paroles furent déposées dans le sein de la pierre noire par l'Éternel lui-même. »

Après le baisement de la pierre commence la cérémonie appelée *Touaf*, déjà pratiquée par les Arabes avant l'islamisme. Elle consiste à faire sept fois le tour de la Kaaba, le côté gauche tourné vers l'édifice. A chaque tour, on baise de nouveau la pierre ou l'on la touche.

Le pèlerin s'approche ensuite du mur même de la Kaaba, entre la pierre noire et la porte. Il étend les bras, appuie la poitrine contre l'édifice, et, dans cette posture, debout, il demande pardon à Dieu de ses péchés.

La Kaaba même s'ouvre trois fois par an, une heure après le lever du soleil : on y pénètre par un escalier

---

1. Cité par Chauvin-Beillard, p. 49.

mobile, car la porte est située au-dessus du sol. Dans l'intérieur, le pèlerin se prosterne quatre fois à chacun des coins et récite des prières ; lorsqu'il a fini, il doit appuyer contre la muraille ses bras étendus, y appliquer aussi la figure et réciter plusieurs prières dans cette position. L'intérieur de la *maison de Dieu* ne présente aucune particularité remarquable.

Le pèlerin va ensuite au puits Zem-Zem qui est dans l'intérieur de la colonnade et isolé : il y prie et en boit l'eau autant qu'il le peut. Il se fait aussi un sermon devant la Kaaba.

Après être sorti de l'enceinte consacrée, le musulman se rend aux deux élévations appelées *Safa* et *Merwa* dont il est fait mention au 153ᵉ verset du chapitre de la Vache, et où, suivant la tradition, erra Agar de l'une à l'autre jusqu'à ce que l'ange Gabriel eût fait jaillir la source de Zem-Zem pour désaltérer Ismaïl. Là, les bardes des Arabes idolâtres célébraient les actions de leurs ancêtres. Mahomet leur ordonna d'y substituer les louanges de Dieu. Le pèlerin y prie en se tournant vers la Kaaba et va sept fois de l'une à l'autre. Cette cérémonie s'appelle le *Saï*.

La dernière cérémonie est la visite à l'*Omra*, qui est situé à une demi-heure de la Mecque. C'est un lieu où Mahomet allait faire souvent sa prière du soir. On s'y prosterne quatre fois, on récite des prières et l'on revient à la ville en chantant à haute voix : « Fais de moi ce que tu voudras, ô mon Dieu, fais de moi ce que tu voudras. » Le pèlerin doit s'acquitter encore une fois du *Touaf* et du

Saï, se faire raser la tête, après quoi il se dépouille définitivement de l'ihram.

Le pèlerinage est terminé. Le pèlerin a dû donner de nombreux pourboires exigés impérieusement, quelquefois à l'aide du bâton, et dont la valeur varie suivant la fortune apparente du pieux taillable. Il y a encore d'autres cérémonies, des prescriptions minutieuses, qui sont plus ou moins observées : peu de pèlerins les connaissent toutes. C'est peut-être le lieu de faire remarquer que l'islamisme est une des religions les plus supertitieuses et les plus formalistes, une de celles qui attachent le plus d'importance à ce que tel rite déterminé soit accompli dans tel lieu et de telle manière, où l'on honore le plus les endroits consacrés, les tombeaux, où il y a le plus de prescriptions relatives à la toilette, à la nourriture, etc. Aussi est-ce à tort que, se prévalant du principe du monothéisme qui est, en effet, essentiellement philosophique, mais dont les musulmans ne peuvent revendiquer ni la découverte, ni le privilége, on considère l'islamisme comme plus *rationnel* que les autres religions. Pour en revenir aux minuties du pèlerinage, ajoutons que chacun est libre de faire ce qu'il veut et comme il le veut, sans être exposé à une remontrance et sans exciter de scandale.

On peut en résumé réduire à huit les cérémonies obligatoires : 1° revêtir l'irham ; 2° assister au sermon à l'Arafat; 3° assister au sermon de Mezdéfilé; 4° jeter soixante-trois pierres au diable à Muna ; 5° exécuter le sacrifice sanglant dans le même lieu ; 6° faire la visite dans l'intérieur du temple; 7° exécuter la promenade entre le Safa et le Merwa; 8° visiter l'Omra.

Après le retour du mont Arafat, le séjour à la Mecque est de dix jours. Puis on se rend à Médine. Ce n'est pas obligatoire pour mériter le titre de *hadji;* mais par suite du sentiment qui porte les Arabes et les autres musulmans à honorer même indiscrètement les saints, la visite de Médine est aussi appréciée que celle de la Mecque. Les Mogrébins, en particulier, sont très-attachés à cette dévotion : ils y sont aussi attirés par le tombeau de l'iman Malek, fondateur de celui des quatre rites orthodoxes auquel ils appartiennent. Les nègres, peu monothéistes de leur nature, ont un vrai culte pour Mahomet.

A la Mecque, les pèlerins ont vénéré, comme leurs ancêtres idolâtres, le temple d'Abraham et subsidiairement le lieu où Mahomet est né et a fait ses premières prédications. A Médine, les musulmans visitent la ville où leur prophète s'est retiré quand il a été obligé de fuir la Mecque et où son corps est enterré. Le tombeau est dans un édicule qui se trouve au centre d'une grande mosquée. Les tombes d'Abou-Becker et d'Omar sont auprès. On dit qu'un cénotaphe y attend Jésus, fils de Marie, après une nouvelle apparition sur la terre. Les cérémonies sont très-simples. Purifié par une ablution complète, après avoir fait plusieurs prosternations et récité certaines prières, le pèlerin se place à une lucarne ouverte sur le tombeau, étend les bras et adresse à Mahomet cette invocation : « Salut à toi, Mahomet ; salut à toi, prophète de Dieu. » Il récite quelques-uns des surnoms du prophète et chacun est précédé du « salut à toi ! » Il demande ensuite son intercession dans le ciel en mentionnant ses parents et amis. Il ajoute : « Détruis nos ennemis ; que les tourments soient leur partage ! » Les mêmes cérémonies se répètent devant d'autres lucarnes qui laissent voir les tombeaux d'Omar et d'Abou-Becker. Inutile de dire que ces deux lucarnes ne sont pas visitées, à moins de contrainte, par les Persans et par les autres musulmans de la secte des chiites, qui ne reconnaissent pas la légitimité des premiers successeurs de Mahomet.

La dernière station est au tombeau de la fille du prophète, où le pèlerin adresse une prière à Fatime l'Éclatante.

Comme à la Mecque, la grande mosquée est gardée par des eunuques. Leur chef est un très-grand personnage : il porte le titre d'altesse (sadet kous). Toussoun pacha, le fils de Méhémet-Ali et le premier vainqueur des wahabites, lui baisait la main toutes les fois qu'il le rencontrait.

V

LES SENTIMENTS DES PÈLERINS

Lorsque le voyage a lieu par mer, les pèlerins dit M. Tamisier, contemplent à un mille de distance le *territoire sacré*, but de leur longue et dangereuse pérégrination. Plusieurs ne peuvent détourner leurs regards de cette terre qu'ils ont appelée de leurs vœux les plus ardents, et leurs yeux se baignent de larmes [1].

L'émotion est encore plus vive en approchant des *villes saintes*. La caravane dont Burton faisait partie était sortie d'Iambo. Tout d'un coup, après une marche pénible, Médine apparaît à leurs yeux, Médine où a été élevé le troisième temple de l'islam (les premiers étant ceux de la Mecque et de Jérusalem), Médine où est le tombeau du prophète, Médine qui, pour les pèlerins de l'occident, est peut-être plus vénérée encore que la Mecque! A la vue de la *cité sainte*, et comme obéissant à un commandement, les

---

1. *Voyage en Arabie*, t. I, p. 62.

pèlerins, quoique affamés et harassés, mettent spontanément pied à terre et poussent de pieuses exclamations, presque toutes en l'honneur de Mahomet. « O Dieu, voici le sanctuaire du prophète; fais que ce saint lieu soit pour nous une protection contre les flammes de l'enfer! — O Dieu, comble le dernier des prophètes de bénédictions aussi nombreuses que les étoiles du ciel, que les vagues de la mer, que les grains de sables du désert! — Bénis Mahomet, ô Dieu de puissance et de majesté, aussi longtemps que le champ couvert de blé, où le palmier chargé de dattes, continueront à nourrir les hommes! — Vis à jamais, ô le plus excellent des prophètes; vis dans l'ombre du bonheur durant les heures de la nuit et les instants du jour, tandis que l'oiseau du tamarisque[1] gémit comme la mère privée de son enfant, tandis que le vent d'occident souffle doucement sur les collines du Nedj, tandis que l'éclair brillant sillonne le firmament du Hedjaz! » En entendant ces poétiques exclamations que trouve l'Arabe quand il est sous l'empire d'un sentiment ou d'une passion, le jeune officier de l'armée des Indes déclare qu'il s'est lui-même laissé entraîner à l'émotion générale.

Si l'on se rappelle ce que nous avons dit des dangers et des avanies auxquels les Persans sont exposés, on reconnaîtra que leur présence seule témoigne de la sincérité de leur foi. Là où ils se montrent le plus passionnés et tou-

---

1. La colombe.

chés, ce n'est ni devant la maison de Dieu à la Mecque, ni devant la tombe du prophète ; mais devant les objets qui se rattachent au côté spécialement persan de la religion musulmane. Après nous être référé à ce que nous avons dit plus haut de la vénération des chiites pour Ali et pour sa famille, voyons, avec la relation de Burton, dans quels sentiments les Persans visitent la mosquée de Médine. L'un d'eux lisait l'histoire déchirante de Fatime et les poitrines étaient gonflées de soupirs, les joues inondées de larmes. L'auditoire était comme suspendu aux lèvres du lecteur avec une attention que l'émotion seule interrompait de temps en temps par ces cris : « Ah ! Fatime ! on t'a fait injure, hélas ! hélas ! » Et cependant les coups, les blessures, la mort ont appris bien souvent à leurs compatriotes à quel prix ils pouvaient exprimer ce sentiment ou montrer l'indignation satanique qu'ils éprouvent lorsqu'ils passent devant les tombes d'Abou-Becker et d'Omar [1]. Les sentiments particuliers des Persans donnent un caractère étrange et lugubre à cette partie du pèlerinage. Un peintre pourrait tirer grand parti de la physionomie de ces chiites. On ne peut nier que ce soit là de la passion religieuse dans sa plus énergique expression.

Mais nous nous sommes assez arrêtés à Médine. Les pèlerins ont hâte d'arriver au terme de leur voyage. On s'est remis en marche. Soudain un cri retentit de toutes les

---

[1]. Voir aussi Maltzan, *Meine Wallfahrt nach Mekka*, t. II, p. 140 à 145.

bouches : « La Mecque ! la Mecque ! le sanctuaire ! le sanctuaire ! » Tout le monde entonne : « Fais de moi ce que tu voudras, ô mon Dieu, fais de moi ce que tu voudras ! » Mais les sanglots interrompent à chaque instant la prière ; les pèlerins sont prosternés et couvrent le sable de baisers brûlants. M. de Maltzan dit qu'il n'a jamais été témoin d'un tel enthousiasme.

Voyons maintenant, en comparant quelquefois ses impressions avec celles de Burton, ce que l'impartial Burckhardt a observé depuis le moment où la foule, déjà réunie à la Mecque, accueillait avec des transports d'enthousiasme l'heureux messager qui, devançant tous ses émules, venait le 21 novembre 1814 annoncer l'approche de la caravane de Syrie, et dont le cheval surmené était tombé raide mort. Nous suivrons d'abord les pèlerins à l'Arafat.

Le sermon a commencé. « Les pèlerins qui se tenaient près de moi, dit Burckhardt, offraient un spectacle très-remarquable par sa diversité. Quelques-uns, presque tous étrangers, criaient et pleuraient, se frappaient la poitrine et confessaient qu'ils étaient de grands pécheurs devant le Seigneur. D'autres, en petit nombre, dans l'attitude de la réflexion et de l'adoration, gardaient le silence et avaient les yeux baignés de larmes. Beaucoup d'Arabes du Hedjaz et de soldats causaient et plaisantaient. Quand les autres pèlerins agitaient leurs ihrams, ceux-là gesticulaient avec frénésie, comme pour tourner la cérémonie en ridicule. Je remarquai, en arrière sur la montagne, plusieurs bandes d'Arabes et de soldats fumant tranquillement leurs narghilés. Dans une caverne voisine, une femme du commun vendait du café; ses chalands, par leurs éclats de rire et leur conduite turbulente, interrompaient souvent la dévotion fervente des pèlerins qui étaient auprès d'eux. Beaucoup de gens n'avaient pas même revêtu l'ihram. Vers la fin de la cérémonie, les spectateurs avaient, pour la plupart, l'air fatigué, et beaucoup descendaient de la montagne avant que le prédicateur eût fini. La foule assemblée sur la montagne appartenait presque toute à la classe inférieure : les pèlerins de considération étaient restés à cheval dans la plaine ou montés sur leurs chameaux. »

Mais c'est dans la visite à la Kaaba que les pèlerins montrent le plus d'émotion. Lorsqu'ils aperçoivent, pour la première fois, la maison de Dieu, ils baignent le voile de leurs larmes et pressent contre les murailles leurs cœurs palpitant d'une émotion à laquelle aucun ne paraît échapper ni chercher à se soustraire. L'intérieur de la maison carrée retentit de sanglots et de lamentations. Les visages sont baignés de larmes. Au milieu de marques non équivoques de contrition et de repentir, on entend fréquemment : « O Dieu de la maison, pardonne-moi! pardonne à mes parents! pardonne à mes enfants! O Dieu, délivre nos corps du feu de l'enfer; admets-moi dans ton pardon, ô toi, Dieu de l'antique maison! »

Les portes de la grande mosquée sont constamment ouvertes, et, à toutes les heures du jour et de la nuit, il y a des gens qui y prient ou s'y promènent. Au coucher du soleil, les pèlerins s'y réunissent en plus grand nombre à l'occasion de la prière du soir. Sous les arcades et dans les environs, des oisifs causent ou font leurs affaires; d'autres lisent le Coran; les enfants courent et jouent : on dirait un lieu de divertissement public. Mais autour de la Kaaba, il se forme des groupes de pèlerins pieux. L'iman se tient auprès de la porte et fait des génuflexions qui sont répétées par le peuple. Cette foule présente un aspect aussi animé que pittoresque. Pour en donner une idée, nous emprunterons encore quelques traits au brillant pinceau de l'Anglais Burton.

« Les uns marchaient d'un pas grave et les autres couraient avec agitation, tandis que le plus grand nombre stationnait et priait. Ici s'avançait avec fierté la femme du désert, couverte d'une longue robe noire, semblable à celle d'une religieuse, et de son voile rouge, dont les deux trous laissaient apercevoir des yeux flamboyants. Là, une vieille Indienne, avec ses traits à demi tartares, ses formes hideuses, ses jambes de squelette, marchait à pas précipités autour du sanctuaire. Des Turcs se promenaient silencieusement en affectant l'air froid et répulsif qui les distingue. Plus loin, c'était un Indien affamé de Calcutta, avec son turban disgracieux, ses bras difformes, sa marche incertaine. Enfin, collé contre la muraille du sanctuaire, qu'il pressait de tout son corps, un pèlerin pauvre s'accrochait convulsivement à la draperie noire de la Kaaba et poussait des soupirs si profonds qu'on aurait cru que son cœur allait se briser. »

Il paraît qu'il est impossible de ne pas éprouver, avec

Burckhardt et Burton, une impression de respect religieux quand on se représente l'éloignement et la diversité des pays d'où sont venus les hommes rassemblés en ce lieu.

A la nuit, on allume des lampes à la lueur desquelles les pèlerins font leur procession autour de la Kaaba. Aux jours ordinaires, la foule s'écoule vers neuf heures ; la mosquée devient alors silencieuse. Ce n'est plus qu'un lieu de méditation et de prières pour les pèlerins pieux qui y restent en petit nombre.

Mais, au dernier jour du Ramadan, la fête dure toute la nuit. Des milliers de lampes suspendues aux arcades et les lanternes de chaque pèlerin donnent à la mosquée un aspect éblouissant, de nature à produire une grande impression. Un habitant du Darfour arriva à la Mecque cette dernière nuit du Ramadan, après un long voyage à travers des déserts stériles. En entrant dans l'enceinte illuminée, et à la vue de la Kaaba couverte de son voile noir, le pèlerin fut saisi d'une telle crainte religieuse qu'il tomba la face contre terre et resta longtemps en adoration. Enfin il se releva, répandit d'abondantes larmes, et, dans son émotion, au lieu de réciter les prières du rituel, il cria à haute voix : « O Dieu, prends mon âme, car ceci est vraiment ton paradis ! »

Les pèlerins meurent en grand nombre à la Mecque. Lorsqu'ils se sentent gravement atteints, ils se font transporter à la grande mosquée et s'établissent sous la colonnade pour que la vue de la Kaaba les guérisse, ou pour avoir la consolation de mourir en contemplant la maison de Dieu. Un Grec, que le hasard avait amené là, aida Burckhardt à assister un pauvre pèlerin qui s'était traîné dans le voisinage de la Kaaba, afin, disait-il, de rendre le dernier soupir dans les bras du prophète et des anges. Il fit entendre, par signes, qu'il désirait être aspergé de l'eau du puits Zem-Zem. Pendant que les deux Européens lui rendaient ce service, le pauvre Mogrébin expira tranquillement.

Un mot, en terminant, sur la famille Méhémet-Ali, dont nous avons déjà signalé la présence au pèlerinage de 1814. La femme du vice-roi d'Égypte, après avoir accompli les cérémonies de la Mecque, se rendit à Médine pour visiter le tombeau du prophète et pour voir son fils Toussoun qui y commandait. A son arrivée, elle passa la plus grande partie de la nuit dans la mosquée à faire ses dévotions : elle se retira ensuite dans la maison qu'elle devait habiter et qu'elle avait choisie dans le voisinage du temple. Toussoun-pacha lui fit alors une courte visite; mais en se retirant afin de la laisser reposer, il ordonna qu'on étendît un tapis dans la rue. Pour témoigner de son humilité et de son respect, il dormit tout le reste de la nuit sur ce tapis, à la porte du temple et devant le seuil de sa mère.

Que faut-il conclure de ce qui précède sur les sentiments intimes des pèlerins? Si l'on tient compte des difficultés de la route et des dangers auxquels les musulmans se sont exposés, on reconnaîtra que, pour le plus grand nombre d'entre eux, le pèlerinage est réellement un acte de courage et de foi. Il nous reste à étudier quels en sont les résultats moraux et matériels.

VI

INFLUENCE MORALE DU PÈLERINAGE

Je demande la permission de ne pas me servir du mot *fanatisme*, qui n'a pas, par lui-même, un sens bien net et qui, en ce qui concerne les Orientaux, s'emploie pour exprimer des sentiments très-complexes et très-variés. Je ne dis pas que le fanatisme n'existe pas en Orient, mais seulement qu'il ne faut pas le voir où il n'est pas. Ce que nous voudrions faire remarquer, c'est qu'en certaines circonstances, on a appliqué ce nom odieux à un sentiment qui recevrait ailleurs une qualification tout autre et quelquefois favorable. Tel est, par exemple, le sentiment qui porte souvent les Orientaux à résister à la prépotence des Européens considérés plutôt comme des dominateurs étrangers, comme des rivaux, comme des hôtes incommodes que comme des chrétiens. Il faut être juste avant tout : faisons donc la part des griefs plus ou moins intelligents et avouables, qui prennent souvent l'expression même du fanatisme, mais qui n'ont pas véritablement leur source dans le sentiment religieux.

D'où provient cette confusion? Évidemment de ce que la loi civile, comme la loi religieuse, dans les pays musulmans, émane ou est censée émaner du Coran. Menacer l'organisation existante dans une société composée de musulmans, c'est, aux yeux de cette société, attaquer l'islamisme, commettre un sacrilège. Un conservateur dans l'ordre politique et social est un croyant. L'amateur du changement, le progressiste est regardé comme un libre penseur, *un libertin*, ainsi qu'on disait au siècle de Louis XIV, et même comme un impie. Mais il n'est pas nécessaire d'être chrétien pour tomber sous cette accusation.

Aux yeux des janissaires, le sultan Mahmoud, le commandeur des croyants était un ghiaour, un destructeur de l'islam. La même qualification était appliquée par les nobles beys de la Bosnie au sultan Abd-ul-Mejid quand on a tenté d'appliquer le tanzimat dans cette province. Pourtant on ne doit donner ni à ces janissaires ni à ces beys l'épithète de fanatiques, mais reconnaître que c'étaient simplement des gens qui, dans l'ordre terrestre, défendaient ce qu'à tort ou à raison ils considéraient comme leur droit et comme la justice absolue. De même, si les Arabes traitaient quelque part les chrétiens comme nous avons vu qu'ils traitent les Persans à Médine à cause de leurs chapeaux pointus et de leur haine contre les premiers califes, on ne manquerait pas de crier au fanatisme, à la haine des musulmans contre les chrétiens qui portent des chapeaux ronds. Remarquons aussi en passant que les Arabes de la

Péninsule ne montrent pas plus de goût pour l'autorité du commandeur des croyants dont le nom est rappelé dans le prône du vendredi que ceux de l'Algérie pour la domination de l'empereur très-chrétien. Je dirai plus : le fonctionnaire de Constantinople est plus foncièrement antipathique à un Arabe que l'officier français. Assurément ce dernier, soit par la nature de ses fonctions et par son origine, soit par ses propre fautes ou son insuffisance, choquera quelquefois les bédouins. Mais, Dieu merci! il a au fond du cœur un sentiment de justice, un instinct de générosité, un vieux levain chevaleresque ; il est *bon enfant*. Il pourra inspirer la colère, le désir de la vengeance, mais pas la répulsion. Il n'est pas glaçant comme le Turc l'est pour les Arabes.

Il n'est donc pas exact d'appliquer toujours l'expression de fanatisme quand les Orientaux se déchaînent contre les Européens. Évitons les idées erronées auxquelles donnerait lieu l'emploi de ce mot, et essayons, sans nous en servir, de voir l'influence du pèlerinage sur les sentiments et les passions religieuses proprement dites chez les musulmans.

Une autre explication ou du moins une distinction est ici nécessaire. Encore que le pèlerinage puisse développer les mêmes sentiments chez tous les hadjis, l'expression en sera bien différente suivant qu'il s'agira d'un habitant de l'Inde ou du Turkestan, d'un Persan, d'un Turc, d'un Bosniaque, d'un Arabe ou d'un marchand de Tombouctou.

Il y a des pèlerins chez lesquels la vue des *lieux saints* produit une certaine désillusion, que les désordres de la route ou du séjour rendent moins bons musulmans qu'au départ : il circule même à ce sujet des dictons facétieux. M. de Gobineau nous apprend que le chef de la secte des Babys a perdu son orthodoxie à la Mecque. Je ne crois pas que le plus grand nombre soit dans ce cas. La majorité des pèlerins revient avec un accroissement du sentiment religieux. Mais chez eux, ce qui s'est le plus développé, ce n'est ni la piété, ni la foi, c'est un sentiment bien différent. On comprend que nous voulons parler de l'orgueil, qui est le péché capital de l'islamisme. Or, l'orgueil religieux engendre le mépris et la haine des infidèles ; il gâte jusqu'à la piété en la transformant en pharisaïsme.

Nous sortirions des limites de ce travail si nous essayions de suivre le pèlerin dans le fond de l'Asie ou au centre de l'Afrique. Pour parler des peuples plus rapprochés de nous, constatons que, chez le Turc, l'orgueil religieux se traduit surtout par l'idée de la supériorité et d'un droit imprescriptible à la domination, idée entretenue souvent par l'ignorance la plus complète sur l'état réel des choses. Quand vous essayez, par exemple, d'expliquer à un Turc le Hatti-Humayoun de 1856, il y a une chose qu'il ne comprend jamais, c'est que le sultan puisse faire que l'infidèle soit l'égal du croyant. Cette idée lui paraît surtout ridicule. C'est comme si l'on lui disait qu'on a décrété que les nègres seront blancs. On remarquera que ce sentiment d'orgueil persiste chez le Turc libre penseur. L'orgueil de l'Arabe a un autre caractère. C'est moins une idée de domination qu'un sentiment fier et farouche de l'indépendance. Chez l'un comme chez l'autre, l'orgueil se marie à la résignation sur l'état actuel, mais à une résignation temporaire et qui n'implique jamais en rien l'abandon du droit soit à la domination, soit à l'indépendance. Ajoutons que l'influence du pèlerin est considérable : il est souvent reçu à son retour avec des réjouissances publiques et conserve un prestige de sainteté.

Il nous faut parler maintenant d'une autre conséquence attribuée généralement au pèlerinage : les conspirations musulmanes. Si nous avons dû contester l'unité absolue du monde musulman, nous ne pouvons prétendre que la religion prêchée par Mahomet ne soit un lien spirituel et qu'il n'y ait une sorte d'opinion publique de l'islamisme, une communion morale entre ces êtres si différents d'ailleurs, comme il y avait, au moyen-âge, malgré les diversités extérieures, l'unité morale de la chrétienté. Cette communion musulmane va-t-elle jusqu'à créer une entente pour la propagande et pour l'action? Si cette entente existe, a-t-elle son centre à la Mecque comme la chrétienté l'avait à Rome? Je n'en parlerai pas longuement. Ce n'est pas que le sujet manque d'intérêt, mais parce que faute d'un nombre respectable de faits concluants, on est obligé de rester dans le vague. Je renverrai seulement le lecteur à un tout petit livre qui a paru, il y a déjà assez longtemps, mais qui n'est pas assez connu, bien que l'autorité en ait été invoquée au sénat à l'occasion des affaires du Liban[1].

C'est l'œuvre d'un homme qui a longtemps résidé dans l'Afrique orientale. Il était convaincu, en 1851, et quinze autres années de séjour ont augmenté chez lui cette conviction, que la Mecque est le foyer d'une propagande religieuse très-active qui s'exerce à l'aide du pèlerinage et dont l'action s'étend dans tout le monde musulman. Ses renseignements sur les Indes, la Perse, la Turquie lui viennent de seconde main, mais il a lui-même observé le fait dans les pays des Gallas, des Saumali, des Danakils et en Abyssinie. Les effets de cette propagande sont particulièrement sensibles dans l'Afrique centrale où la race des Pullo, Peulh ou Fellata, est en train de reproduire sur les nègres idolâtres le phénomène de la première expansion de l'islamisme. L'influence de l'exaltation religieuse au Sénégal est trop connue pour que nous ayons besoin de nous y arrêter.

Nous n'avons encore parlé que de la propagande proprement dite. Existe-t-il des complots tramés à la Mecque par un pouvoir occulte? Part-il de là des mots d'ordre qui, répandus dans tout le monde musulman, organisent un accord secret et préparent une action qui éclatera sur un point donné pour avoir son contre-coup ailleurs? Les derviches, les santons qui parcourent incessamment l'Orient et dont la folie feinte ou réelle inspire un respect

---

[1]. *De la Propagande musulmane en Afrique et dans les Indes*, traduit et publié en 1851, par M. Faugère.

religieux, apportent-ils aux populations autre chose que le spectacle de contorsions souvent indécentes? On le croit généralement. Quant à nous, déclarons nettement que nous ne sommes pas en mesure de l'affirmer ou de le contredire. Le seul fait qui soit parvenu à notre connaissance est qu'une cour d'Asie a été informée mystérieusement de la dernière révolution des Indes avant l'explosion et sollicitée de s'y associer : or, on sait que cette insurrection a commencé par les musulmans. Il y a aussi des personnes qui pensent que le signal des derniers mouvements de l'Algérie est parti de la Mecque[1].

L'auteur du travail que nous venons de citer attribue la direction morale qui viendrait de la Mecque à une catégorie de personnages qu'on pourrait appeler « les émigrés de la religion. » Selon lui, l'aristocratie de la Mecque comprendrait, outre la famille du grand-chérif, issue de Mahomet, un grand nombre de pèlerins venus de tous les pays et qui y sont restés par esprit d'attachement au *lieu saint*, enfin un certain nombre de personnes du monde politique, dégoûtées de leurs gouvernements et qui se sont établies là pour être libres. Cette troisième catégorie, quoique la moins nombreuse, est à la tête du parti et guide les autres. Il est assez curieux de trouver à la Mecque le Coblentz de l'islamisme. Le fait ne nous paraît pas improbable et il ne manquerait pas de gravité.

---

[1]. Entre autres, M. Barthélemy Saint-Hilaire. Voir *Mahomet et le Coran*, p. 215.

Abbas pacha, vice-roi d'Égypte, se trouvait à la Mecque au moment de son avénement. Il a été considéré comme un agent de la propagande[1]. Nous avons parlé ailleurs de ses relations compromettantes avec le grand-chérif Ibn-Aoun.

Quant aux ressources qui serviraient à entretenir la propagande ou à susciter des agitations, on est aussi réduit aux conjectures. Assurément il y a des ressources à la Mecque, puisque, sur certains points de la côte d'Afrique, notamment à Zeïlah, des écoles musulmanes sont entretenues par des allocations venant de la *ville sainte*. Des legs ont lieu souvent. L'auteur que nous venons de citer parle d'un Persan qui aurait laissé par testament un demi-million de francs, dont une moitié pour le trésor de la Mecque, le reste pour des édifices religieux. C'est avec cet argent qu'il a été construit une grande mosquée à Aden.

---

[1]. Le voyage de M. Palgrave contient des indications fort intéressantes sur les relations de l'Égypte avec le Djébel-Shammar et le grand-chérifat de la Mecque.

VII

LES CONDITIONS SANITAIRES DU PÈLERINAGE

Il reste à étudier les circonstances qui développent la mortalité parmi les pèlerins et les conditions d'insalubrité que les caravanes rencontrent, soit dans le trajet, soit durant le séjour du Hedjaz.

On peut dire qu'aucun pèlerin ne fait le voyage sans apporter un trouble violent dans ses habitudes. Le changement de nourriture est brusque, les aliments presque toujours mauvais, souvent en quantité insuffisante. Si le voyage a lieu pendant la chaleur, les pèlerins dévorés de soif, consomment beaucoup de fruits, de melons d'eau, de concombres, dont la qualité et la maturité laissent à désirer. Ordinairement privés d'eau pendant la marche, les voyageurs en trouvent aux stations; mais ils ne l'obtiennent au premier moment, sur beaucoup de points, qu'en donnant de l'argent aux gardiens. Quand la source n'est pas gardée, elle devient bientôt trouble et sale, de sorte que les uns boivent trop tandis que les autres ne peuvent se désaltérer suffisamment. D'ailleurs l'eau n'est pas toujours de bonne qualité. La suspension des ablutions produit des affections cutanées.

Le changement de climat doit aussi occasionner beaucoup de maladies. Les pèlerins viennent, nous l'avons vu, de tous les coins du monde. Ils parcourent successivement, quelquefois sans transition, des contrées hautes et basses, sèches et humides, chaudes et froides. Il est impossible de fixer l'influence de la saison, car chaque année l'époque du pèlerinage varie. Le calendrier des musulmans étant lunaire, il arrive que dans un intervalle de trente-trois ans le Courban-Beïram qu'ils vont célébrer à la Mecque, a passé par toutes les saisons de l'année [1]. L'extrême froid et l'extrême chaud sont également défavorables à la santé des pèlerins.

Lorsque ce voyage a lieu par mer, ce n'est pas dans des conditions favorables, surtout à cause de l'encombrement. M. Tamisier, qui s'embarqua à Suez au mois de décembre 1833, raconte ce qui suit : « En approchant, nous entendîmes un bourdonnement confus, et lorsque nous eûmes accosté le navire, j'aperçus, en mettant le nez au-dessus du bastingage, un guêpier de pèlerins, hommes, femmes et enfants, serrés les uns contre les autres comme des harengs dans un tonneau. » Sur le bâtiment qui transporta l'Anglais Burton de Suez à Djeddah, l'encombrement était tel qu'il en résulta des rixes sanglantes. En général dans

---

1. Voir le travail de M. de Ségur-Dupeyron, dans la *Revue des Deux-Mondes* du 15 avril 1865.

la Méditerranée comme sur la mer Rouge, il n'est pris aucune mesure pour que chaque bâtiment ne contienne que le nombre de voyageurs qui peuvent y être aménagés convenablement. Il en est de même au retour, dans des circonstances encore plus défavorables à cause de l'épuisement produit par le pèlerinage. Or, il est connu que l'agglomération insolite d'un grand nombre d'individus, même sains et dans un lieu sain, produit très-souvent des épidémies. A plus forte raison en doit-il être ainsi dans les conditions que nous allons continuer d'exposer.

Que le voyage se fasse par terre ou par mer, il y a aussi une absence à peu près complète de soins médicaux. Existe-t-il au moins une autorité suffisamment respectée et armée pour faire prendre les précautions indispensables et qui s'en préoccupe? La Turquie et la Perse placent leurs caravanes sous des chefs assez bien payés; celle du Yémen est dans le même cas. Un certain ordre est observé dans la marche, dans les signaux de départ et d'arrivée. Mais veille-t-on à ce que les *Emirs-Hadjis* fassent les dépenses nécessaires pour se pourvoir d'un état-major suffisant et pour faire observer la discipline sanitaire? Le contraire est si bien la règle générale en Orient que nous ne croyons pas être injuste en restant à cet égard dans le doute.

En admettant que les circonstances qui viennent d'être rappelées n'aient développé dans les caravanes aucune épidémie, il faut aussi s'enquérir des lieux d'où les pèlerins viennent. Ceux qui arrivent de l'Égypte et de la

Turquie n'apportent généralement avec eux, grâce aux quarantaines, aucun germe dangereux. En est-il de même de ceux qui viennent des bords du Gange, par exemple, d'où le choléra paraît originaire, ou simplement de Ceylan ou de Bombay, où il règne presque continuellement ? Le gouvernement britannique prend-il au départ les précautions nécessaires ?

Voici les pèlerins arrivés tant bien que mal dans le Hedjaz. Je suppose que les arrivants de Syrie n'ont vu se développer parmi eux aucune épidémie typhique ou cholérique ; que le choléra ne s'est pas montré sur les bâtiments indiens ou qu'il a seulement atteint quelques malheureux dont les corps, pendant la traversée, ont été jetés par-dessus le bord ; l'air pur de la mer a préservé les futurs hadjis. J'admets encore que le choléra ne régnât pas alors dans le Nedjd où il désole quelquefois les régions basses, pendant que les Persans traversent ce pays. Nous ne sommes pas quittes des influences pernicieuses.

Avant d'arriver au terme de leur course les pèlerins revêtent l'ihram. Ainsi que presque tous les usages religieux des musulmans, c'est une ancienne coutume des Arabes idolâtres. Comme il n'est pas supposable qu'un peuple s'impose à lui-même des usages contraires à son climat et inutilement préjudiciables à sa santé, nous croirons volontiers que les Arabes ne courent pas de grands dangers à accomplir le pèlerinage, couverts seulement de deux étoffes blanches de laine ou de coton, sans turbans ni burnous. Mais lorsque Mahomet maintint cet usage, prévoyait-il qu'il arriverait à la Mecque des pèlerins habitués, même sous des latitudes assez chaudes, à vivre continuellement dans les fourrures? Il est certain que pour un habitant de Bokkara ou d'Erzeroum, se dépouiller de ses vêtements chauds doit être fort pénible quand le pèlerinage a lieu en hiver, plus dangereux encore pendant l'été.

Les pèlerins sont revêtus de l'ihram. Ils approchent de la *ville sainte*. « Déjà, dit Burton, des cadavres d'ânes, de chevaux et de chameaux bordaient la route que nous avions à suivre. Ceux qu'on avait laissés mourir étaient la proie des vautours et des autres animaux carnassiers, tandis que ceux qu'on avait égorgés étaient entourés par des bandes de pèlerins mendiants. Ceux-ci, toujours affamés, découpaient dans la chair des animaux abattus, de longues tranches qu'ils suspendaient sur leurs épaules, en attendant que la halte du soir leur permît de les faire cuire. »

A la Mecque les hadjis vont-ils trouver la salubrité? Hélas, non! Quand il s'agit des populations orientales, il faut d'abord parler de l'eau. L'eau des puits est si saumâtre que les Mekkaouis ne s'en servent même pour les usages culinaires qu'après l'avoir fait bouillir; mais, pendant le pèlerinage, les pauvres sont obligés de la boire telle quelle. L'eau du puits Zem-Zem est intarissable, mais pesante et rendant la digestion difficile. D'ailleurs il faut payer assez cher pour s'en procurer en quantité. Il existe bien un aqueduc amené en ville par Zobéïde, femme du calife Haroun-al-Raschid; mais à l'époque du voyage de Burckhardt, il n'avait pas été nettoyé depuis cinquante ans et ne fournissait qu'une quantité insuffisante d'une eau d'ailleurs assez bonne[1]. Aussi les pauvres pèlerins demandaient-ils dans les rues un verre d'eau au nom d'Allah et entouraient-ils les boutiques où se débitait le précieux liquide, avec toute l'avidité du besoin, de ce besoin qui est une torture dont on ne saurait se faire une idée sous le climat tempéré de la France.

A la Mecque la nourriture est rare et de mauvaise qualité, les logements souvent insalubres. Les immondices, les ordures ne sont pas enlevées et restent dans les rues pour se convertir, suivant le temps, en poussière ou en boue.

L'excursion à l'Arafat est une nouvelle cause de pestilence. On se rappelle que dans la vallée de Muna, le pèlerin doit immoler une bête vivante. Les pauvres ne tuent aucune victime, mais les riches en offrent une grande quantité, quelquefois par milliers, comme nous l'avons déjà indiqué. Une partie de la viande est mangée sur place. Les Mekkaouis indigents en emportent le plus qu'ils peuvent pour le saler. Ce qu'il en reste, le grand-chérif

---

[1]. Au sujet de cet aqueduc, MM. Combes et Tamisier ont recueilli à Moka la tradition suivante : Les guerres continuelles avaient tellement épuisé les ressources d'Haraoun qu'il eût dû renoncer à son projet s'il ne se fût avisé d'un stratagème. Il avait avec lui quarante jeunes filles esclaves. Ayant loué quarante ouvriers, il leur donnait chaque soir une pièce de monnaie ; mais, chaque nuit, les jeunes filles, par ordre du commandeur des croyants, s'arrangeaient de manière à soutirer aux ouvriers cette pièce de monnaie pour la reporter fidèlement à leur maître.

doit payer des hommes pour le faire enterrer et couvrir de chaux; mais ce service est très-mal fait. Les Européens qui sont allés à Muna à quarante ans d'intervalle, l'ont constaté. Dès le point du jour qu'y passa Burckhardt, les moutons immolés commençaient à se corrompre et à répandre une infection épouvantable dans quelques parties de la vallée. « Plusieurs milliers d'animaux, dit aussi Burton, parmi lesquels on compte des chameaux et des bœufs, sont égorgés presque au même moment, et, à un signal donné, les Takrouris, réunis en masse pour profiter de cette boucherie, se précipitent au milieu des victimes et les dépècent sur place. Dès le lendemain, sous l'influence d'un soleil ardent, ce lieu devient pestilentiel. Jamais cependant aucune précaution n'est prise pour prévenir les conséquences du voisinage d'un pareil charnier. » Le baron de Maltzan éprouva une impression si pénible à la vue de cette boucherie qu'il ne put rester à Muna, et partit sur-le-champ au galop pour retourner à la Mecque.

Je relaterai aussi, comme une cause d'infection, le peu de soin avec lequel les morts sont enterrés. Le bois est rare dans le Hedjaz. Il n'y a guère que pour les pèlerins riches qu'on puisse fabriquer une bière. Les corps des pauvres sont déposés dans des trous à peine creusés et recouverts d'un peu de sable.

Enfin une autre condition défavorable aux pèlerins, est la rapidité de leurs mouvements. A peine de retour de l'Arafat, soit par économie, soit pour empêcher que l'impression produite par la vue des *lieux saints* ne s'émousse, le signal du départ est donné avant que les hadjis aient eu le temps de se reposer d'un voyage qui n'est réellement qu'une suite non interrompue de fatigues et de privations

Quelle différence dans l'aspect de la ville à l'arrivée et au départ des pèlerins. « La Mecque, dit Burckhardt, et c'est le dernier trait que nous emprunterons à cet excellent guide, la Mecque ressemblait à une ville abandonnée. Dans les rues où, quelques semaines auparavant, il fallait se frayer péniblement un passage à travers la foule, on n'apercevait plus un seul pèlerin, excepté quelques mendiants isolés qui élevaient leurs voix plaintives vers les maisons qu'ils supposaient encore habitées. Les gravats et les ordures couvraient toutes les rues, et personne ne paraissait disposé à les enlever. Les environs de la Mecque étaient jonchés de cadavres de chameaux dont l'odeur empestait l'air, même au centre de la ville et contribuait certainement aux nombreuses maladies qui régnaient. Plusieurs centaines de ces charognes étaient étendues près des réservoirs des pèlerins, et les Arabes qui habitaient ce quartier ne sortaient jamais sans se boucher les narines avec un morceau de coton qu'ils portaient suspendu à leur cou par un fil. »

VIII

LE CHOLÉRA

Il semblerait que l'on s'est appliqué à réunir dans ce long voyage toutes les conditions d'insalubrité. Le docteur Schnepp [1] estime qu'en temps ordinaire il périt environ un cinquième des pèlerins. Combien la perte doit être plus grande en temps d'épidémie ! C'est en 1831 qu'eut lieu la première apparition du choléra à la Mecque ; elle fut terrible. L'Émir-Hadji, les pachas de Djeddah et de Médine y succombèrent. Personne ne doutait que le fléau n'eût été apporté par les pèlerins venus de l'Inde [2]. Il faut ajouter du reste que la propagation des épidémies en Europe était moins à craindre lorsque le voyage de retour se faisait par terre pour l'immense majorité des hadjis. Ce long trajet était une sorte de quarantaine ambulante pendant la durée de

---

[1]. *Le Pèlerinage de la Mecque*, par le docteur Schnepp, ancien médecin sanitaire en Égypte. Paris, 1865.

[2]. *Le Hedjaz*, par le docteur Daguillon, médecin de colonisation en Algérie. Paris, 1866.

laquelle les maladies contagieuses épuisaient leur malignité sur les seuls pèlerins : tous ceux qui en avaient reçu le germe avaient guéri ou succombé avant l'arrivée de la caravane au Caire, à Damas et à Bagdad. Aujourd'hui que la grande masse des pèlerins revient par mer, l'Europe, en raison de la rapidité du voyage, est beaucoup plus exposée à la contagion.

Pendant le pèlerinage de 1865, le choléra fit de grands ravages à la Mecque, à Médine, à Djeddah. Non-seulement le choléra, mais le typhus et la dyssenterie faisaient périr dans cette dernière ville de 90 à 100 personnes par jour sur une population flottante d'environ 12,000 voyageurs. Tant sur le territoire de l'Hedjaz que dans le trajet, on estime qu'il périt environ la moitié des pèlerins [1]. Quel désastre! quel déchirement dans les familles! On ne peut y penser sans éprouver une commisération dont nous ne cherchons pas à nous défendre. Mais ce n'est pas tout. Sous les pas des pèlerins, le choléra éclata en Égypte, en Syrie, dans la Turquie d'Europe, en France, en Italie, en Espagne. A Alexandrie, à Constantinople, à Marseille, le fléau a égalé, s'il n'a dépassé la fureur de ses plus sinistres apparitions. L'émotion a été générale et profonde : elle était légitime. Il faudrait avoir perdu tout sentiment humain pour ne pas la ressentir ; il faudrait n'avoir pleuré

---

1. Pour les conditions sanitaires du pèlerinage, consultez, dans la *Revue de l'Orient*, t. XVI, p. 196, un article du docteur Rique.

aucune victime ou n'avoir pas tremblé pour une personne aimée.

Lorsque le fléau suit une marche aveugle ou providentielle, lorsqu'il paraît, comme un automate, porter en soi le principe de son mouvement, il est accueilli comme l'ouragan ou la grêle. Tel n'était pas le cas en 1865. On savait, sinon où le choléra avait commencé, du moins où il s'était développé et par qui il avait été apporté. Il en est résulté une explosion de colère bien facile à comprendre contre la cause patente du désastre. L'expression en a été souvent plus vive que réfléchie. Le choix des remèdes indiqués n'était pas toujours dicté par la raison, par l'humanité, encore moins par la connaissance des conditions dans lesquelles s'accomplissent les fait incriminés. Il n'en pouvait pas être autrement. Mais l'homme d'État, le publiciste, le diplomate doit envisager avec calme, je ne veux pas dire froidement, les circonstances les plus critiques, les accidents les plus émouvants. En conseillant aux autres puissances de se réunir dans une conférence pour arriver aux moyens de prévenir le retour du fléau par des mesures internationales, le gouvernement de la France donnait une juste satisfaction au sentiment public.

A la suite de cet appel, la Sublime Porte invita les gouvernements d'Autriche, de Belgique, de Danemark, d'Espagne, des États Pontificaux, des États-Unis d'Amérique, de France, de la Grande-Bretagne, de Grèce, d'Italie, des Pays-Bas, de Perse, de Portugal, de Prusse, de Russie, de Suède et Norvége, à se faire représenter dans une réunion sanitaire internationale. La conférence fut ouverte à Constantinople, au palais de Galata-Séraï, le 13 février 1866, et installée par S. A. Aali-Pacha, alors ministre des affaires étrangères du sultan.

Au moment où la conférence était réunie, le pèlerinage de 1866 avait lieu. Dans sa séance du 28 mai, la conférence reçut communication des mesures qui avaient été prises par les autorités locales. On lui annonça qu'une surveillance active était exercée à Suez par les soins du gouvernement égyptien et qu'aucun cas de maladie suspecte n'avait été observé. L'état sanitaire était satisfaisant en Égypte. Une commission médicale ottomane avait été envoyée d'avance dans le Hedjaz. « Par les soins de cette commission, dit le docteur Bartoletti, l'un des délégués ottomans, les citernes ont été nettoyées à la Mecque et il en a été de même des égouts. L'eau de certaines fontaines a été réservée pour la boisson, et, contrairement à ce qui se passait auparavant, la même eau n'a plus servi pour cet usage ainsi que pour les ablutions et pour l'abreuvage des animaux. Dans la vallée de Muna, quarante-cinq puits ont été creusés pour y enterrer les débris des animaux. On y a aussi préparé cinq cents fosses d'aisances. Des emplacements ont été choisis à une certaine distance des campements pour y ouvrir des tranchées destinées à l'abatage des victimes, d'autres affectées au parcage des animaux, d'autres enfin spécialement réservées aux marchands de comestibles. Les navires ont été soigneusement visités à l'arrivée et l'on n'a eu à constater aucun cas de choléra.

On a de même veillé au départ à ce qu'aucun bâtiment ne prît, comme par le passé, un trop grand nombre de pèlerins à la fois. » M. le délégué de Turquie faisait connaître, en outre, « que son gouvernement avait envoyé à la Mecque un commissaire spécial chargé, pour le gouverneur du Hedjaz et pour le grand-chérif, d'instructions leur prescrivant d'appliquer dans la limite du possible les décisions de la conférence. »

Toutes les mesures susdites ont pu être prises non-seulement sans résistance, mais même avec le concours des autorités de la Mecque.

Ces dispositions préventives n'étaient pas de nature à rassurer définitivement et complétement la conférence. Le choléra pouvait encore éclater dans le Hedjaz et se répandre en Europe pendant que les délégués délibéraient sur les moyens de l'arrêter. Cette préoccupation inspira aux représentants de la France la proposition suivante, qui fut adoptée par dix-sept voix sur vingt-six votants :

Mesures adoptées par la conférence sanitaire internationale, dans les séances des 1er et 3 mars 1866, pour le cas où le choléra se manifesterait cette année parmi les pèlerins réunis à la Mecque.

1° DISPOSITION FONDAMENTALE.

« La conférence est d'avis que, en cas de choléra cette année *parmi les pèlerins*, il y aurait lieu d'interrompre momentanément, c'est-à-dire pendant la durée de l'épidémie, *toute communication maritime* entre les ports arabiques et le littoral égyptien, en laissant ouverte aux hadjis, pour leur retour en Égypte, la route de terre suivie par la caravane.

2° DISPOSITIONS SECONDAIRES CONCERNANT LA MISE A EXÉCUTION.

« La conférence est d'opinion que la mise à exécution de ladite mesure nécessiterait le concours :

« 1° De la commission sanitaire ottomane envoyée dans le Hedjaz, qui signalerait l'état sanitaire parmi les pèlerins ;

« 2° De quelques navires de guerre pour interrompre les communications maritimes ;

« Et 3° d'une surveillance organisée sur le littoral égyptien pour s'opposer au débarquement en cas d'infraction.

« Cela étant, la conférence estime qu'il pourrait être procédé à l'exécution de la manière suivante, sauf les modifications qui, *sans altérer le principe fondamental de la mesure*, seraient jugées propres à en faciliter l'application.

« Art. 1er. En cas de manifestation de choléra parmi les pèlerins, les membres de la commission ottomane assistés, au besoin, par d'autres médecins *commis ad hoc*, signaleraient le *fait* aux autorités locales ainsi qu'aux navires de guerre stationnés à Djeddah et à Jambo, et en expédieraient l'avis en Égypte.

« Art. 2. Sur la déclaration des médecins sus mentionnés, les autorités proclameraient l'interdiction, jusqu'à nouvel ordre, de tout embarquement, et inviteraient les pèlerins à destination de l'Égypte à prendre la voie de terre.

« Art. 3. En même temps, les navires de guerre feraient, au besoin, éloigner des ports d'embarquement tous les bâtiments à vapeur ou à voiles qui s'y trouveraient, et exerceraient une surveillance aussi exacte que possible à l'effet d'empêcher tout départ clandestin.

« Art. 4. Sur l'avis reçu de la présence du choléra parmi les pèlerins, les autorités égyptiennes interdiraient l'entrée à toutes les provenances de la côte arabique, à partir d'un point au sud de Djeddah qui serait déterminé; de plus elles assigneraient aux navires délinquants, après les avoir ravitaillés, s'il y avait lieu, une localité sur la côte arabique, Tor, par exemple, où ils feraient quarantaine.

« Cette quarantaine serait de quinze jours, les jours de traversée y compris, et dans le cas où le choléra viendrait à éclater à bord, le navire ne devrait entrer en libre pratique que quinze jours après le dernier cas constaté, et après une désinfection aussi complète que possible.

« Art. 5. Quant à la caravane, elle devrait, selon l'usage, être arrêtée à plusieurs journées de marche de Suez : elle y serait visitée par une commission médicale, et ne recevrait l'autorisation de pénétrer en Égypte que tout autant que son état sanitaire serait reconnu exempt de danger. Il serait à désirer que la caravane fût accompagnée par des médecins sanitaires *commissionnés ad hoc*.

« Art. 6. Relativement aux pèlerins à destination de l'Inde ou d'autres pays au delà de la mer Rouge, le mieux serait de leur assigner un point particulier d'embarquement, à plusieurs journées de marche au sud de Djeddah, à moins que les autorités ne jugent leur embarquement à Djeddah même exempt de péril.

« Art. 7. L'interdiction de l'embarquement cesserait quinze jours après le dernier cas de choléra signalé dans les ports du Hedjaz.

« Communication des vœux précédemment exprimés par la conférence sera donnée à qui de droit par les délégués de chaque puissance représentée.

« Péra de Constantinople, Galata-Séraï, le 3 mars 1866.

« *Le Président de la Commission,*

« SALIH.

« *Les Secrétaires,*

« Dr NARANZI.—B[on] DE COLLONGUE. »

Les délégués anglais s'étaient prononcés contre le principe même de la proposition et se sont abstenus de prendre part à la discussion.

Il n'a pas été nécessaire d'appliquer ces mesures. La mortalité a été très-faible pendant le pèlerinage de 1866, comme le constate un rapport adressé à la conférence au mois d'août. Ce n'a été que trois semaines après les cérémonies et après le départ du gros des pèlerins, que le choléra s'est montré parmi les retardataires et dans la caravane de Médine. Quelques cas ont été aussi constatés à Djeddah et en Égypte, mais à l'état sporadique. Le pèlerinage de 1866 paraît avoir été étranger à l'épidémie qui a sévi dans les Principautés danubiennes, en Russie et dans une partie de l'Europe centrale.

Les travaux de la commission ont été consignés dans la série des rapports suivants :

— Rapport sur les questions du programme relatives à l'origine, à l'endémicité, à la transmissibilité et à la propagation du choléra.

— Rapport sur la marche et le mode de propagation du choléra en 1865.

—Rapport sur les mesures d'hygiène à prendre pour la préservation contre le choléra asiatique. — Appendice sur la désinfection appliquée au choléra. —Note additionnelle au même rapport.

— Rapport sur les mesures à prendre en Orient pour prévenir de nouvelles invasions du choléra en Europe.

— Rapport sur le projet de tarif des droits sanitaires dans les ports ottomans.

— Rapport sur les mesures quarantenaires applicables aux provenances cholériques.

Nous ne nous arrêterons pas sur ceux de ces rapports qui ont un caractère purement technique ou temporaire ; mais il en est un qui présente un intérêt général et permanent : c'est celui qui est relatif aux mesures à prendre en Orient pour prévenir de nouvelles invasions du choléra en Europe. Ce remarquable travail est l'œuvre de M. le docteur Fauvel, c'est-à-dire de l'homme le plus expérimenté et le plus compétent en pareille matière. Nous allons, en y joignant nos appréciations, indiquer la marche et les conclusions de ce rapport qui contient l'étude du plus important des problèmes soumis aux plénipotentiaires.

La conférence est partie de ce principe que les voyageurs et les marchandises sont les plus dangereux, sinon les seuls véhicules du principe morbide ; par conséquent, l'isolement d'un point indemne à l'égard des points infectés ou simplement compromis, est un préservatif contre l'invasion du fléau. La question n'est pas de savoir si l'on peut obtenir partout cet isolement d'une manière absolue, et si l'épidémie ne peut pas se propager par quelque autre moyen que le voisinage d'une personne ou d'une chose venant d'un lieu contaminé. On doit seulement se demander si l'isolement est un moyen sérieux de combattre ou d'éviter la compromission. La majorité de la conférence ne l'a pas révoqué en doute, d'accord en cela avec l'opinion de la plupart des praticiens et avec l'expérience des dernières années.

L'efficacité de l'isolement admise, la conférence a dû se poser la question de savoir si des mesures restrictives de la circulation, connues d'avance et appliquées convenablement, sont moins préjudiciables pour le commerce et les relations internationales que la perturbation dont l'industrie et le commerce sont frappés à la suite d'une invasion du choléra. La réponse a été affirmative.

Subsidiairement la conférence a reconnu que plus les mesures de quarantaine et les autres moyens préservatifs seront appliqués près du foyer originel, moins ces mesures seront onéreuses et plus on peut compter sur l'efficacité des précautions prises au point de vue de la préservation de l'Europe.

Si l'on ajoute à ces principes l'idée fort juste qu'il faut chercher à arrêter le fléau là où il est enserré dans un étroit espace, c'est-à-dire à surprendre l'ennemi dans un défilé, il suffira d'étudier une carte de géographie pour déduire de ces prémisses toute l'économie du système proposé par la conférence. L'objectif est la préservation du Hedjaz.

Le choléra est endémique dans l'Inde et particulièrement dans la vallée du Gange, où l'on en attribue l'origine à la putréfaction des cadavres que les indigènes jettent dans ce fleuve. Il y a donc des mesures à prendre pour empêcher que la maladie ne devienne épidémique soit dans les grandes cités, soit pendant les agglomérations temporaires qui sont si fréquentes sur le territoire indien. En second lieu, il faut aviser à ce que les navires chargés de pèlerins musulmans pour la Mecque ne deviennent pas les véhicules de l'épidémie. Pourquoi la science ne s'attaquerait-elle pas à l'endémicité elle-même ? Lorsqu'on se sera bien rendu compte des conditions dans lesquelles le choléra prend naissance dans l'Inde, on ne sera pas éloigné de trouver des moyens pour l'empêcher de naître. Sous ce rapport, le gouvernement britannique a pris les devants : la conférence avait peu de chose à indiquer en dehors de ce qui a été tenté avec de louables efforts et avec quelque succès.

Voilà les pèlerins de l'Inde embarqués pour le Hedjaz. Avant de pénétrer dans la mer Rouge, ils doivent passer par le défilé maritime de Bab-el-Mandeb; c'est à cet étroit passage que la conférence les attend. Quel que soit leur état sanitaire, si les bâtiments ne peuvent pas arriver jusqu'à l'un des ports du Hedjaz, il n'y a pas à craindre que la caravane des pèlerins soit infestée de leur fait; le Hedjaz ne portera pas à son tour la maladie en Égypte, d'où elle se répand dans le bassin de la Méditerannée. Partant de ces vérités palpables, la conférence a émis l'avis de fermer l'accès de la mer Rouge aux navires suspects jusqu'à ce qu'ils aient purgé une quarantaine jugée suffisante par les hommes de l'art.

L'île de Périm (on ne le sait que trop) commande absolument l'entrée de la mer Rouge; elle est située à peu près au milieu du détroit de Bab-el-Mandeb. Ce point d'occupation anglaise serait le meilleur pour arrêter et interroger les arrivants; mais que ferait-on des navires qui devraient être retenus, car il ne paraît pas possible de les garder à Périm même, où il n'y a pas d'eau ?

Ici nous suppléerons à l'insuffisance du rapport en indiquant que, sur la côte d'Afrique, indépendamment du territoire français d'Obokh, il existe des localités habitées et pourvues de toutes les choses nécessaires à la vie. Nous voulons parler de Tadjourah, de Zeïlah et de Berberah.

A Tadjourah règne un cheik ou sultan indépendant, fort accessible aux Européens ; nous avons eu affaire avec lui et avec ses parents lors de l'acquisition d'Obokh. La ville de Zeïlah est ancienne : c'était la résidence du célèbre Achmed le Gaucher, qui a tant inquiété les Portugais pendant leur héroïque expédition d'Abyssinie. Cette place est aujourd'hui sous la suzeraineté de la Porte. Berberah est très-fréquentée pendant quelques mois ; c'est le siége d'une foire annuelle très-importante, et il est probable qu'on pourrait organiser pour les pèlerins les mêmes ressources qu'y trouvent les marchands de l'Arabie, du golfe Persique et de Bombay.

Ces diverses localités ont été visitées par Rochet d'Héricourt, par Burton et par d'autres voyageurs ; elles ont été l'objet de nombreux rapports adressés au département français de la marine et à celui des affaires étrangères. Au point de vue maritime, on pourra en étudier la valeur dans une publication spéciale de M. l'amiral Fleuriot de Langle, qui a rempli avec succès, il y a quelques années, une mission difficile dans ces parages à la suite de l'assassinat d'un vice-consul français par le cheik de Zeïlah.

Obokh, Tadjourah, Zeïlah et Berberah sont situés en dehors de la mer Rouge, et c'est dans cette condition seulement qu'on peut espérer un résultat satisfaisant des mesures qui seraient prises au détroit de Bab-el-Mandeb.

En effet, une fois les navires entrés dans la mer Rouge, il serait presque impossible d'éviter les communications et par conséquent la compromission du littoral. C'est donc en établissant un lazaret en dehors de la mer Rouge qu'on restera fidèle à l'un des principes énoncés par la conférence, à savoir qu'il faut arrêter le fléau précisément où sa route est la plus étroite, et avant qu'il ait franchi l'un des défilés que la nature a placés sur sa marche néfaste.

Une commission a été envoyée sur les lieux pour étudier la question de Bab-el-Mandeb. Son rapport n'est pas encore connu. Jusqu'à présent, on regarde comme difficilement surmontables les obstacles que présente l'établissement d'un lazaret à l'entrée et en dehors de la mer Rouge.

En supposant néanmoins qu'on arrive à obtenir la clôture sanitaire du Bab-el-Mandeb, tout ne sera pas dit. Il s'agit en effet de préserver le Hedjaz ; or ce pays peut recevoir le mal par une des caravanes de terre dont nous avons plus haut indiqué la marche. On peut admettre *à priori* l'innocuité de celle de Damas, qui traverse de longs déserts avant d'arriver sur le *territoire sacré ;* mais les convois qui passent par le Djébel-Shammar et par le Nedjd apportent au Hedjaz des arrivages directs de Bagdad et de Bombay, deux localités des plus justement suspectes. A première vue, la préservation nous paraît encore plus difficile de ces côtés que vers le Bab-el-Mandeb. On doit donc prévoir que le choléra pourra aussi être importé à la Mecque par l'une des caravanes. Le Hedjaz envahi, on ne saurait trop le répéter, car c'est le nœud de la question, il menace l'Égypte, qui menace elle-même l'Europe.

En vue de cette éventualité, la conférence n'a pas hésité à conseiller l'adoption à titre permanent de la mesure qui avait été ordonnée, comme nous l'avons vu, en 1866, à savoir l'interruption des communications maritimes entre la côte orientale d'Arabie et l'Égypte en cas d'épidémie dans le Hedjaz. Elle y ajoute l'idée de l'établissement de deux lazarets, l'un à El-Wesch pour les pèlerins, l'autre à Tor pour les autres arrivages.

Si toutes les mesures qui viennent d'être indiquées pouvaient être adoptées et mises en pratique avec le soin convenable, il y aurait beaucoup de chances pour que le choléra ne fût pas importé dans le Hedjaz, et, s'il y éclatait, pour que l'Égypte, c'est-à-dire l'Europe, ne fût pas atteinte. Ce ne sont là cependant que des probabilités, et malgré toutes les précautions, le choléra peut se montrer sur le territoire égyptien. Or ce pays est aussi une sorte de goulet où le flot envahissant doit encore se resserrer, et d'où il peut se répandre ensuite dans toute la Méditerranée. L'Égypte tomberait donc sous l'application de ce principe des défilés, qui est l'une des bases de la stratégie sanitaire.

La conférence n'a pas émis à ce sujet un avis formel; elle s'est contentée de poser la question que voici : « Dans le cas où une épidémie de choléra venant par la mer Rouge se manifesterait en Égypte, l'Europe et la Turquie étant d'ailleurs indemnes, ne conviendrait-il pas d'interrompre temporairement les communications maritimes de l'Égypte avec le bassin de la Méditerranée? »

La question de l'Égypte, au point de vue de l'opportunité, et celle de Bab-el-Mandeb, au point de vue de la possibilité, restent les deux problèmes dont il faudra chercher la solution[1]. Il y aura aussi à tenir compte de la répugnance de certaines puissances, notamment de l'Angleterre, contre toute mesure quarantenaire, et de la nécessité où l'on sera de donner un caractère international aux établissements sanitaires pour assurer la régularité du service.

Le rapport adressé à la conférence internationale sur la marche et le mode de propagation du choléra en 1865, contient, pour l'étude de ces questions, des renseignements détaillés et qui n'ont rien perdu de leur intérêt : nous donnons en *appendice* le texte complet de ce rapport.

Nous ferons, en effet, remarquer que la conférence n'a pris aucune résolution directement applicable, et que cette circonstance a été particulièrement accentuée dans le discours suivant par lequel Aali-Pacha a clos les séances de la réunion internationale au mois d'octobre 1866 :

« Messieurs, le jour où j'ai eu l'honneur d'assister à votre séance d'ouverture, je vous exprimais la conviction de mon auguste souverain et de son gouvernement que vous accompliriez avec succès la haute mission qui ve-

---

[1]. Ces questions ont été examinées par M. Jules Girette dans un ouvrage intitulé : *La Civilisation et le Choléra*; 1 vol. in-8°. — Paris, Hachette, 1867.

naît d'être confiée à vos lumières. Vous avez pleinement justifié, messieurs, cette conviction. Le fléau qui afflige depuis tant d'années l'humanité et les moyens de l'en préserver, n'ont jamais été l'objet d'une étude aussi approfondie et aussi consciencieuse que celle à laquelle vous vous êtes livrés. Vos travaux resteront comme un monument, et vous pouvez compter dès à présent sur les bénédictions et la reconnaissance du monde entier. Nos souhaits ne peuvent donc avoir désormais pour but que la réalisation des *idées* que vous avez émises, et je puis vous assurer que *la Sublime Porte, les prenant en sérieuse considération*, fera tout ce qui dépendra d'elle pour leur mise à exécution. Je saisis cette occasion pour vous répéter encore une fois que la Sublime Porte se réjouit de ce que la capitale de l'empire ait été choisie pour la réunion d'une conférence dont le résultat ne manquera pas, nous en avons la certitude, de diminuer, sinon de faire disparaître complétement la terrible maladie qui a exercé jusqu'aujourd'hui tant de cruels ravages. Il me reste à vous remercier de la part de S. M. le sultan des soins éclairés avec lesquels vous avez rempli la noble tâche qui vous a été dévolue. Je remercie particulièrement la conférence d'avoir témoigné beaucoup de bonne volonté pour une question sanitaire qui intéresse le gouvernement impérial, et qui se réfère à une réforme du tarif des droits sanitaires dans les ports ottomans. *J'espère qu'une entente va bientôt s'établir entre les différents gouvernements* pour arrêter à ce sujet une mesure juste et une répartition équitable. »

Le pèlerinage de 1867 s'est accompli dans de bonnes conditions. Voici en effet ce qu'on écrivait de Suez au *Moniteur universel*, le 12 juin 1867 :

« Le retour par Suez des pèlerins de la Mecque s'est presque entièrement effectué. Du 27 avril au 6 juin les bateaux de la compagnie égyptienne (Azizieh) en ont transporté 6,887 ; 890 sont arrivés à Suez, après avoir suivi la voie de terre, et l'on attend ces jours-ci la grande caravane du *tapis*, composée de 3,500 pèlerins, qui viennent également par étapes. La mortalité a été insignifiante malgré l'encombrement des navires et l'épuisement des passagers ; la compagnie Azizieh n'accuse aucun décès pendant la traversée de Djeddah à Suez. Les coups de soleil, la dyssenterie et les fatigues ont fait quelques victimes parmi les pèlerins de la caravane ; mais on n'a pas lieu de s'en étonner quand on songe à la longueur de la route et à l'état de misère de ces voyageurs fatalistes, traversant dans cette saison des déserts brûlants, sans tente et sans abri, presque sans eau et sans pain. A leur arrivée, les pèlerins venant par mer ont été soumis à une quarantaine d'observation de cinq jours à quelques milles de Suez. Malgré les ordres qui avaient été donnés pour leur approvisionnement, l'affluence était si grande et les moyens de transport de la ville à la quarantaine si insuffisants que l'eau leur a manqué pendant deux jours ; des tentes avaient été expédiées pour les garantir des rayons meurtriers du soleil ; mais, outre la difficulté de loger une aussi nombreuse colonie au milieu du désert, plusieurs d'entre eux négligeaient de prendre les précautions que nécessite le climat de ce pays, auquel les Circassiens et les Anatoliotes n'étaient point habitués. Dix ont succombé parmi eux. En ce qui concerne le chiffre de la mortalité parmi les pèlerins des caravanes, on s'accorde cependant à dire qu'il a été très-inférieur à celui des années précédentes. Les précautions prises à la Mecque, à Djeddah et à Suez ont été pour beaucoup dans ce résultat satisfaisant. »

Le 22 juin 1867, la grande caravane de Syrie faisait son retour à Damas. Les 4,000 pèlerins qui la composaient se trouvaient dans le meilleur état sanitaire.

L'acte le plus récent relatif à cette affaire, est un rapport adressé à l'empereur des Français, le 16 août 1867, par les ministres des affaires étrangères et du commerce. Ce rapport se termine ainsi : «Si l'on doit se féliciter de ce que, cette année, le pèlerinage de la Mecque n'a pas créé un danger pour l'Europe, il serait, toutefois, imprudent de se livrer à une sécurité que l'avenir pourrait troubler tant que l'œuvre de salut commun, entreprise au nom de la civilisation, n'aura pas été poursuivie et achevée. »

APPENDICE

APPENDICE[1]

CONFÉRENCE SANITAIRE INTERNATIONALE

RAPPORT

A LA COMMISSION SANITAIRE INTERNATIONALE SUR LA MARCHE
ET LE MODE DE PROPAGATION DU CHOLÉRA EN 1865

Présenté par la sous-commission (6ᵉ section) composée
de MM. les D⁻ˢ Goodeve, *président*, Bikow, Salvatori et Bartoletti,
secrétaire-rapporteur.

Messieurs,

Nous avons l'honneur de vous présenter notre rapport sur l'article du programme que vous nous avez chargés de développer et qui est ainsi conçu : *Aperçu général de la marche et du mode de propagation du choléra pendant l'épidémie de* 1865.

Ce sujet important paraît, à première vue, devoir comporter un récit historique complet de la marche qu'a suivie la dernière épidémie, partout où elle a pénétré, depuis le jour où elle a fait son apparition à la Mecque jusqu'au dernier point où elle a étendu ses ravages. S'il en était ainsi, la commission aurait eu besoin, pour en rendre compte, d'une foule de documents statistiques, d'un grand nombre

---

1. Voir p. 246.

de renseignements précis qui existent peut-être épars dans des archives, mais qui ne sont pas encore recueillis, ni publiés nulle part que nous sachions. Aussi, le but du programme, en proposant l'étude dont il s'agit, nous le comprenons dans un sens plus restreint, qui n'est pas moins intéressant pour cela, à savoir : démontrer par la marche du choléra le mode de sa propagation dans les différents pays qu'il a successivement ou simultanément envahis; en d'autres termes, il s'agit, suivant nous, non pas de faire l'histoire du choléra dans un but abstrait de statistique, mais de réunir les faits les plus saillants qui se rattachent à sa marche afin d'en tirer la preuve de son importation, par des hommes, d'un lieu malade à un lieu sain, ou bien, dans le cas contraire, d'établir le principe de la diffusion de l'épidémie par l'air et sans le concours de malades ou d'objets contaminés.

La question étant posée dans ces limites, nous nous sommes tracé, pour l'exposition des faits que nous allons rapporter, une méthode qui nous a paru aussi simple que rationnelle. Nous prenons le choléra à son point de départ le plus rapproché que nous connaissions, c'est-à-dire au Hedjaz, et nous le suivons dans sa violente pérégrination à travers l'Égypte, la Méditerranée et jusque par delà l'Océan, en ayant soin d'indiquer les dates de son apparition dans les localités où il a sévi avec plus ou moins d'intensité ainsi que les sources principales où nous avons puisé nos renseignements. Nous signalons ensuite par ordre chronologique l'explosion des foyers secondaires et leur rayonnement jusqu'aux localités qui ont été atteintes les dernières, et nous faisons suivre notre aperçu de quelques remarques qui en sont comme le corollaire et la conclusion.

Nul document n'est en notre possession qui puisse donner la certitude que le choléra n'existait pas dans le Hedjaz, ne fût-ce qu'à l'état sporadique, avant l'arrivée des pèlerins de l'an 1865; mais ce que nous pouvons affirmer, c'est qu'il n'en a pas été question dans les correspondances de Djeddah avant l'arrivée dans ce port, entre la fin du mois de février et le commencement de mars, du *Persia* et du *North-Wind*. C'est à la suite de ces deux arrivages que le choléra se serait donc manifesté dans le Hedjaz. En effet, M. Bimsenstein, médecin sanitaire du gouvernement ottoman en Égypte, annonçait, en date du 20 février 1866, avoir appris de M. Calvert, consul britannique qui se trouvait à Djeddah à l'époque du pèlerinage, que le choléra avait éclaté à bord de ces deux navires provenant de Singapore et qui avaient relâché à Cotchin et à Mokhalla. M. le Dr Goodeve nous a communiqué un rapport de M. Calvert, daté de Djeddah le 10 mars 1865, et annonçant que ces deux voiliers, portant pavillon anglais, étaient arrivés à Djeddah avec 1,066 passagers, la plupart Javanais, et 96 hommes d'équipage, soit un total de 1,162 personnes ; que le choléra s'étant déclaré à leur bord, le *Persia* perdit, pendant la traversée, 85 passagers et 8 matelots, le *North-Wind* 43 passagers et 7 matelots, en tout 143 personnes ; que les deux capitaines, du *Persia* et du *North-Wind*, s'accordaient à dire que la maladie qui avait frappé leurs navires était le choléra, qui se déclara à bord après avoir touché à Mokhalla, où les passagers et l'équipage avaient fait un usage immodéré d'un poisson de mauvaise qualité et d'une eau saumâtre, la seule qu'on pût se procurer dans le pays.

Un rapport du délégué d'Autriche au Conseil de santé d'Alexandrie (*Communication de M. le Dr Sotto*) vient à l'appui de ces informations qu'il complète, sauf toutefois en un point, sur lequel il se trouve en désaccord avec les capitaines du *Persia* et du *North-Wind*. Il s'agit de Mokhalla. Mokhalla est un port situé dans l'Hadramouth, sur la côte sud-est de la Péninsule arabique. Un certain nombre de navires qui se rendent au Hedjaz, chargés de pèlerins javanais et indiens, y font escale pour se ravitailler. Ce sont la plupart des bâtiments anglais ou indigènes, ces derniers portant quelquefois le pavillon de la Grande-Bretagne. D'après le rapport du délégué d'Autriche, deux de ces navires, le *Persia* et le *North-Wind*, auraient apporté le choléra à Mokhalla, où il n'existait pas avant leur arrivée.

D'autres navires ayant relâché ensuite à Mokhalla en auraient été infectés, et auraient disséminé les germes de la maladie sur les côtes de l'Yémen et du Hedjaz avant même d'être arrivés à Djeddah. Quoi qu'il en soit de ces deux versions contradictoires, relativement à Mokhalla, il paraît certain que le choléra a été importé dans le Hedjaz par des navires provenant des Indes et chargés de pèlerins.

Ce fait résulte mieux encore des renseignements fournis par la commission ottomane du Hedjaz dans son rapport du 5 avril, dont nous extrayons les passages suivants : « Le
« capitaine Hadji Émin-Eddin, du navire sous pavillon an-
« glais *Meris Merchan*, a déclaré par écrit et signé de sa
« main, qu'en 1865 il a amené du Bengale à Djeddah
« 350 pèlerins, dont 29 sont morts de la diarrhée..... Le
« capitaine Abd-Méhémet, du navire portant pavillon anglais
« *le Boy-Meyr*, a fait la déclaration, à laquelle il a apposé
« sa signature, que le choléra existait au Bengale lorsqu'il
« quitta ce pays pour se rendre à Djeddah, et que sur 100 pè-
« lerins qu'il y avait pris 20 moururent pendant le trajet,
« dont 4 de choléra, caractérisé par la diarrhée, les vomis-
« sements, le refroidissement du corps, l'enfoncement des
« yeux, etc..... Le capitaine Choualsky a déclaré qu'ayant
« le commandement du *Ruby*, il partit de Singapore en 1865
« avec 500 pèlerins dont 90 moururent du choléra pendant
« le voyage; la mortalité avait commencé à Mokhalla et
« avait cessé deux jours avant l'arrivée à Djeddah. De plus,
« le capitaine du port de Djeddah signale cinquante et un
« navires venus de l'Inde, de Java, de Bassora, de Mascate,
« parmi lesquels deux de Java et un du Bengale avec des
« malades. »

D'un autre côté, nous trouvons dans une dépêche du consul général des Pays-Bas à Singapore, que nous devons à l'obligeance de M. le Dr Millengen, l'extrait suivant : « Il
« n'y a aucun doute que l'apparition du choléra en Arabie
« doit être attribuée en partie aux pèlerins qui s'y rendent
« de Singapore..... Ils ne sont pas tous des sujets des Indes
« néerlandaises, mais il y a des indigènes, des habitants de

« Malacca, de Sarawah, de Johou, de Pahans, de Mnar et
« de tous les petits États libres de la Péninsule malaise.....
« En 1864, y est-il dit encore, le choléra sévissait à Java et
« à Singapore, et il y a des preuves que des malades de cho-
« léra et convalescents se sont embarqués sur des navires
« faisant voiles pour le Hedjaz. »

En présence de ces témoignages officiels et méritant toute confiance, il paraît certain que le choléra a été importé, en 1865, dans le Hedjaz par des provenances infectées de l'Inde et de Java.

Vers la fin d'avril, on savait à Alexandrie que le choléra sévissait à la Mecque et à Médine parmi les pèlerins. Une commission composée de deux médecins musulmans fut envoyée au Hedjaz par l'Intendance sanitaire d'Égypte, avec mission d'étudier l'épidémie. Dans son rapport, daté du 10 mai 1865, la commission dit en substance que la mortalité parmi les pèlerins avait été très-forte, principalement à l'*Arafat*, pendant les trois jours des fêtes, et que la cause de cette mortalité était la *cholérine*.

La commission a constaté plusieurs cas de cette maladie parmi les pèlerins, les militaires et les habitants de la ville. Elle a rencontré des cadavres gisant dans les rues et un grand nombre de morts dans les mosquées.

Le troisième jour des fêtes, la mortalité a dû être, dans la montagne, plus considérable que les jours précédents, à n'en juger que par les cris habituels dans les cérémonies funèbres chez les Arabes.

A la Mecque, le chiffre des personnes mortes du choléra, le même jour, avait été évalué à 200.

A Djeddah, la commission a vu, dans un hôpital d'une cinquantaine de lits, 12 malades de *cholérine*, dont 5 morts et 7 guéris. (*Rapport du D*^{r} *Bimsenstein.*) La commission ne semble pas, du reste, avoir donné un rapport complet de sa mission, ni au point de vue du diagnostic du choléra qu'elle appelle naïvement *cholérine*, ni à celui de sa marche et de ses ravages parmi les pèlerins. Elle n'a pas fait non plus mention des débuts de l'épidémie, question si importante à connaître à tant de titres. Fixer le nombre des victimes de l'épidémie sans une base certaine serait chose hasardée, mais nous savons que les colonies hollandaises, sur 10,000 Javanais qu'elles ont envoyés à la Mecque, ont fourni un contingent de 3,000 morts. (*Dr Millengen.*) Or le pèlerinage, d'après le consul d'Angleterre à Djeddah, ayant atteint, cette année, le chiffre de 90,000 âmes, on pourrait en déduire que le choléra a enlevé un total de 30,000 hadjis, c'est-à-dire le tiers du pèlerinage. Cette évaluation ne paraîtra pas exagérée, si l'on considère surtout que les Javanais ne sont pas les moins aisés parmi les pèlerins, et que les Indiens et les nègres, qui sont les plus pauvres, ont dû être frappés par la maladie avec une violence d'autant plus grande. Cependant, d'après les calculs approximatifs de la commission ottomane du Hedjaz, ce chiffre devrait être réduit de moitié ; car elle estime à 15,000 seulement le nombre des pèlerins victimes de l'épidémie.

Passons à l'Égypte, et voyons d'abord dans quelles conditions s'est opéré le transport des pèlerins de Djeddah à Suez. Du 19 mai au 10 juin, c'est-à-dire dans l'espace de vingt-trois jours, dix bateaux à vapeur, dont sept égyptiens et trois anglais, ont débarqué à Suez de 12 à 15,000 hadjis provenant d'un foyer cholérique aussi intense que celui que nous venons de quitter. Le nombre des pèlerins embarqués sur chaque bateau a varié entre 900 et 1,200, le *Sydney* excepté, qui en son premier voyage en emportait 2,000. (*Rapport de M. Arthur Roby, consul d'Angleterre à Djeddah, communiqué par MM. les délégués de la Grande-Bretagne.*)

Les déclarations officielles portent que la santé des passagers était parfaite et que les quelques décès survenus pendant la traversée (6 à 8 pour chaque bateau) provenaient de maladies ordinaires, *non contagieuses*. En conséquence, après une visite médicale, la pratique leur fut accordée à Suez. Malheureusement, les déclarations faites aux autorités sanitaires d'Égypte étaient en contradiction avec les faits, attendu qu'un grand nombre de pèlerins étaient morts en route du choléra ; le *Sidney*, vapeur anglais, en aurait perdu à lui seul plus de 100 sur 2,000[1]. (*Bimsenstein.*)

Le 19 mai, est arrivé de Djeddah à Suez le premier bateau à vapeur anglais avec des pèlerins et ayant jeté des morts à la mer. Le 21, quelques cas de choléra se sont déclarés à Suez, et dans le nombre était le capitaine du bateau à vapeur et sa femme. Le 23 mai, un cas a été observé, par un médecin de la compagnie du canal, à Damanhour, dans un convoi de pèlerins se rendant de Suez à Alexandrie. (*Rapport du Dr Aubert Roche à M. de Lesseps.*)

C'est ainsi que vers la fin du mois de mai, 12 à 15 mille pèlerins traversèrent l'Égypte en chemin de fer et allèrent camper près du canal Mahmoudié, à Alexandrie. Des Arabes d'un quartier voisin, qui s'étaient empressés de fraterniser, comme c'est la coutume des musulmans, avec les hadjis nouvellement arrivés, furent les premiers atteints par le choléra. Le 2 juin, eut lieu le premier cas parmi les habitants d'Alexandrie, qui vivaient en communication avec les pèlerins. Le 5 juin, se déclarèrent deux autres cas dans les mêmes conditions. Du 5 au 11, les cas augmentèrent. Mais les médecins de l'intendance sanitaire ne voyaient dans ces premiers accidents que des cas de fièvre pernicieuse algide, de cholérine ou de choléra sporadique. (*Bimsenstein.*)

Ce n'est que le 11 juin que l'autorité sanitaire fut convaincue et fit mention, sur les patentes des navires en partance, de l'apparition de l'épidémie qui allait décimer la population d'Alexandrie et y faire 4 mille victimes dans l'espace de deux mois. Du 11 juin au 23 juillet, le choléra envahit successivement toute l'Égypte, donnant la mort, en moins de trois mois, à plus de 60.000 de ses habitants. (*Colucci Bey. Réponse à douze questions.*)

La panique, s'emparant surtout des étrangers, donna lieu

---

[1]. *N. B.* — Nous devons faire remarquer ici qu'il doit y avoir erreur de chiffre; le *Sidney* n'aurait eu que 8 à 10 décès de choléra pendant sa traversée.

à une émigration de 30 à 35,000 personnes qui, la navigation à vapeur aidant, se portèrent, d'un coup, sur les principales villes commerciales de la Méditerranée, à Beyrouth, à Chypres, à Malte, à Smyrne, à Constantinople, à Trieste, à Ancône, à Marseille, etc. Nous allons voir le choléra se manifester sur la plupart de ces points en suivant la trace des fuyards et la route suivie par la navigation à vapeur.

Nous suivrons, nous aussi, dans cet aperçu, le même chemin, et, autant que possible, par ordre géographique; nous ferons ensuite nos remarques sur les faits rapportés et les accidents qui s'y rattachent pour en faire ressortir le mode de propagation. Il en résultera, croyons-nous, des données profitables au point de vue de la prophylaxie.

C'est le 28 juin, dans un temps où ni le choléra ni rien de ce qui ressemble à ce qu'on appelle les signes précurseurs de cette maladie n'existaient à Constantinople, qu'arriva dans le port la frégate ottomane *Mouhbiri-Surur*, ayant quitté Alexandrie le 21. L'officier et le médecin du bord n'ayant déclaré ni décès ni malades, la frégate fut admise en libre pratique, d'après l'article du règlement qui l'accordait à tout navire ayant un médecin à bord et ayant passé cinq jours en mer sans accident cholérique. Le soir, elle fit évacuer à l'hôpital de la Marine impériale 12 matelots plus ou moins gravement atteints de choléra, et dont un mourut la nuit même. Il fut ensuite constaté que des cas de diarrhée avaient été observés parmi l'équipage depuis Alexandrie, et que, circonstance bien plus grave, deux matelots avaient succombé au choléra entre les Dardanelles et Constantinople. Le lendemain, 30 juin, neuf autres malades furent débarqués du même navire, parmi lesquels deux de choléra confirmé. (*Gazette médicale d'Orient et Archives de l'Intendance sanitaire.*) Et voilà le point de départ d'une affreuse épidémie qui se propagea tantôt de proche en proche, tantôt en sautant d'un point à l'autre et en se croisant entre les différents quartiers, mais toujours avec une filiation, dans les premiers accidents, et un enchaînement de faits des plus remarquables et tel qu'on en trouve peu d'exemples dans les fastes lugubres du fléau indien. Ce serait excéder les limites de notre mandat que de transcrire ici tous les précieux renseignements que nous a donnés M. le Dr Mühlig sur les débuts de l'épidémie dans l'arsenal de la Marine impériale et sur ses progrès aux environs de cet établissement; mais nous dirons sommairement que, du 5 au 15 juillet, les navires amarrés à proximité de l'arsenal, les casernes et les ateliers des ouvriers compris dans son enceinte fournirent 71 attaques et 26 décès. En même temps, du 9 au 15 juillet, le choléra se propagea d'abord dans le quartier de Kassim-Pacha, attenant à l'arsenal, et de là aux quartiers limitrophes d'Émin-Djami, de Yéni-Chéir, et ainsi de suite dans toute la ville, ses faubourgs et les villages du Bosphore. L'épidémie atteignit son summum d'intensité et de violence pendant les premiers jours du mois d'août et déclina ensuite progressivement. Les derniers cas furent observés pendant le mois de septembre. Le chiffre des décès est évalué, estimation la plus modérée, à 12 ou 15,000, sur une population de 900,000 âmes. (*Voir le travail intéressant de M. le Dr Mangeri, sur l'épidémie de choléra qui a régné à Constantinople en* 1865.)

DARDANELLES. — Le nombre des voyageurs provenant d'Alexandrie et qui ont fait quarantaine aux Dardanelles, du 29 juin jusqu'aux premiers jours du mois d'août, a été de 2,268. Le maximum des personnes enfermées ensemble dans le lazaret et ses succursales a atteint une fois le chiffre de 900. Il y eut alors encombrement, et il devint difficile de bien séparer les différentes catégories de quarantenaires.

La contumace fut d'abord de cinq jours, puis de dix jours, sur l'ordre exprès du gouvernement. Pendant la durée de l'épidémie, il n'y eut dans le lazaret que 22 cas de choléra (dont 16 sur des personnes atteintes avant le débarquement), 15 décès, 7 guérisons. Les deux premiers cas, dont un suivi de mort rapide, eurent lieu le 1er juillet sur des passagers débarqués par le *Tantah*, bateau égyptien arrivé d'Alexandrie le 29 juin. Successivement d'autres bateaux, de la même provenance, eurent des accidents à bord et débarquèrent des cholériques. Le 12 juillet, eut lieu le deuxième cas de mort dans le lazaret. Le 9 août, on constata le dernier. Parmi les personnes ayant des relations de service avec le lazaret, plusieurs ont contracté la maladie : 1° Ahmet, batelier qui conduisait tous les jours le médecin à la visite du lazaret et qui mourut en ville; 2° Hadji-Méhémet, sous-chef gardien, attaqué après avoir fait pendant longtemps le service à la sortie des quarantenaires du lazaret après le terme de la contumace; il fut sauvé; 3° deux gardes de santé de service dans l'intérieur du lazaret, dont l'un est mort; 4° un garde qui avait fait dix jours de quarantaine tomba malade deux jours après la pratique. Il mourut en ville.

Du 29 juin au 15 septembre, 33 bateaux à vapeur et 112 bâtiments à voiles, comprenant ensemble 3,058 personnes d'équipage, ont fait quarantaine aux Dardanelles. Le vapeur autrichien *Archiduc Maximilien*, arrivé le 30 juin, eut deux attaques de choléra, un décès. Le brick italien *Mirra*, arrivé le 2 juillet, eut un matelot mort. Le *Charkié*, vapeur égyptien arrivé le 7 juillet, débarqua un malade. Le *Minia*, égyptien venu le 8 juillet, eut deux morts de choléra quelques heures après son arrivée aux Dardanelles. Le *Djafferieh*, égyptien arrivé le 9 juillet, eut cinq malades qu'il débarqua au lazaret. L'*Eiling*, bâtiment norwégien arrivé le 22 juillet, perdit en route un de ses matelots. Tous ces navires provenaient d'Alexandrie. La *Tamise*, bateau à vapeur français parti de Constantinople, débarqua le 22 juillet au lazaret des Dardanelles deux cholériques qui y moururent rapidement.

Nous venons de voir le premier cas du lazaret le 30 juin. Le 12 juillet, un soldat qui montait la garde à la porte du lazaret est attaqué. Il est transporté à l'hôpital militaire et couché dans la même salle que les autres malades, sans aucune précaution. Du 12 au 14, on signale trois cas de choléra en ville, sur différents points et tous mortels : l'un est le batelier Ahmet dont il a été question plus haut; l'autre, un vendeur de comestibles fréquentant les abords du lazaret pour son industrie; le troisième est le gardien, également cité plus haut, qui tomba malade deux jours après sa sortie du lazaret où il avait fait quarantaine. Depuis ces premiers accidents, le choléra se propagea en ville et parmi la troupe, surtout au fort de Nagara, qui tient au lazaret, et dont la petite garnison de vingt-cinq hommes était en relations suivies avec le corps-de-garde du lazaret. Il y mourut en trois jours 5 hommes sur 7 malades. En ville, la maladie oscilla entre deux et trois cas par jour jusqu'au 24 juillet. A partir de ce moment, elle augmente progressivement jusqu'à vingt-deux cas, s'y maintient du 1er août jusqu'au 12, va ensuite en décroissant jusqu'au 30, et enfin disparaît. Sur une population de 8 mille âmes, dont il faut déduire 2 mille fuyards, on compte 369 décès, y compris 27 militaires. Les attaques montent approximativement à 550. Il ressort évidemment de tout ce qui précède que le choléra, importé d'Alexandrie dans le lazaret, s'est propagé de là dans la ville.

Énos. — Le nombre des navires qui ont purgé la quarantaine dans la rade d'Énos pendant la durée de l'épidémie, c'est-à-dire du 4 juillet au 8 décembre, monte à 79 : équipages 579, passagers 63, gardes de santé 34, parmi lesquels il n'y a pas eu un seul cas de choléra, ni même aucune indisposition ou diarrhée cholériforme. Cependant, le 26 octobre, fut signalé un premier cas de choléra sur un habitant d'Énos, le nommé Stamati Aïvaliotis, âgé de cinquante ans, marin de profession, et qui depuis treize jours était arrivé de Chio, Métélin et Tchechmé, sur un navire en patente nette. Il mourut dans la soirée. Le 30, tomba malade sa fille, âgée de seize ans, qui succomba après quelques heures de maladie. Le 27, une jeune fille de quatorze ans fut attaquée dans la matinée et mourut à sept heures du soir. Le même jour, fut atteint le nommé Maccaradji, charpentier, qui mourut également le soir. La femme de Maccaradji succomba le 29. Enfin, le 31, mourut de choléra le nommé Schinas, après une courte maladie. En tout il y eut, dans l'espace de vingt-trois jours et sur une population de 4,000 âmes, quinze cas de choléra suivis de mort, tous sur des habitants de la ville, sauf le nommé Jovani, qui était venu de

Gumurdjina depuis un mois. Le médecin sanitaire d'Énos, qui rapporte ce fait, se demande quelle peut être l'origine de cette petite épidémie? Sans pouvoir résoudre la question, il fait la remarque que le sujet du premier cas avait eu, deux jours après son arrivée à Énos, un accès de fièvre intermittente qu'il guérit lui-même en prenant un purgatif et du sulfate de quinine. Il fait observer, en outre, que deux fois il y a eu contravention avec des navires en quarantaine, ancrés à la distance d'une heure de la ville, mais aucun accident cholérique n'avait eu lieu à bord de ces navires non plus que sur les radeaux qui descendent la Maritza provenant d'Andrinople.

La Cavalle. — Un bateau à vapeur autrichien commandé par le capitaine Inchiostri, provenant de Constantinople le 31 juillet, et qui venait de jeter cinq cadavres à la mer, débarqua au lazaret de la Cavalle 103 passagers, parmi lesquels deux atteints de choléra. Un troisième tomba malade le soir. Le lendemain, les deux premiers étaient morts, le troisième guérit. La quarantaine des passagers sains a été purgée dans un vaste local situé à une heure de marche de la ville. Les cholériques ont été séquestrés sur un îlot strictement surveillé et l'on y a observé plusieurs cas de cholérine.

Le nombre des navires qui ont fait quarantaine, du 3 juillet au 6 novembre, est de 28, dont 11 à vapeur, portant 635 hommes d'équipage et 396 passagers. Un vapeur ottoman eut deux décès de choléra à bord. Personne parmi les hommes de service n'en a rien souffert, et la ville a été exempte de l'épidémie. Il n'a pas été de même d'une localité sise à une distance de six heures de la Cavalle, et voici un fait à noter d'importation par terre signalé par le médecin sanitaire de cette ville. Une femme partit de *Zihna*, circonscription de Sérès, où régnait le choléra, et vint en deux jours à Tchataldja, son pays natal. Deux jours après, elle était frappée de choléra foudroyant qui l'emporta en deux heures. Après cet accident, le 17 août, l'épidémie se déclara à Tchataldja et s'y maintint jusqu'au 25 septembre. Dans cet intervalle, il y eut 56 attaques, sans compter les cas légers, et 52 morts, sur une population de 2,500 habitants.

Salonique. — Pendant la période de l'épidémie cholérique, il est arrivé à Salonique 78 navires, dont 45 à vapeur, venant d'Égypte, de Constantinople, des Dardanelles, de Smyrne, et portant 4,257 passagers. Les mesures quarantenaires ont consisté dans la séquestration des passagers, d'abord pendant cinq jours, puis pendant dix jours, sans morts ni malades dans la traversée, et pendant vingt jours s'il y avait eu des accidents à bord ou dans le lazaret. On a compté dans le lazaret, parmi les passagers, 265 cas de choléra dont 112 suivis de mort, et parmi les morts, 9 gardes de santé. Ceux qui tombaient malades étaient de suite séparés des sains. Le lazaret était d'abord à une heure de distance de la ville. Parfois il y eut encombrement, on y a compté jusqu'à 1,300 personnes à la fois. On a ensuite construit des baraques à une distance de trois heures de la ville, mais alors le choléra avait cessé de sévir parmi les quarantenaires. La ville n'a pas été atteinte, sauf trois cas de choléra dont deux mortels sur des individus sortis du lazaret. Plusieurs villages, et nommément Galatzita, par lesquels ont passé des personnes qui venaient de purger quarantaine et qui s'y sont arrêtés, ont été fort maltraités par l'épidémie. Le choléra s'est propagé jusqu'aux environs de Sérès et s'y est longtemps maintenu.

A Volo, le nombre de navires arrivés en patente brute de choléra a été de 25, ayant à bord 526 hommes d'équipage et 2,265 passagers. Parmi ces navires, le *Pertev-Piale* venant de Salonique, où le choléra existait dans le lazaret, eut deux décès en route et débarqua deux malades, morts tous deux le lendemain. Le paquebot français *la Clyde*, arrivé le même jour que le précédent, envoya au lazaret trois cholériques, morts deux jours après. Ces deux vapeurs amenèrent ensemble 1,649 passagers qui purgèrent leur quarantaine sous des tentes dans un îlot désert du golfe de Volo. Du 26 juillet au 10 août, 62 cas de choléra, dont 23 suivis de mort, furent successivement observés parmi les quarantenaires. Parmi ces cas, 5 s'étaient déclarés avant le débarquement et 57 après l'entrée au lazaret. En outre, le personnel du service, gardes de santé et gendarmes, a fourni 4 décès et 9 attaques. De ce nombre ont été l'écrivain de l'office et le médecin du lazaret. Ce dernier a guéri. Les autres 23 navires n'ont eu ni attaques ni décès. Une contravention a eu lieu : le médecin de service au lazaret, M. Diomèdes, atteint de choléra, s'est sauvé en ville le 30 août; mais cet accident n'eut pas de suites. D'ailleurs, quoique la ville eût été préservée du choléra, la maladie s'était déjà manifestée, à une distance de 5 à 10 milles de Volo, dans des villages qui avaient été en rapport avec des localités infectées. Sur 1,051 habitants, il y eut 32 décès. En ville il n'a été observé qu'un seul cas sur un individu qui, le 19 septembre, c'est-à-dire quarante-deux jours après le dernier cas du lazaret, était venu d'un des villages susmentionnés.

Larisse, ainsi que toute la Thessalie, avait joui d'une santé parfaite jusqu'à la fin de novembre. Alors arrivèrent de la province de Monastir, et nommément de *Florina* (trente-deux heures de distance), où existait le choléra, 3 à 400 Bulgares venant pour exercer différents métiers pendant l'hiver, comme ils le font d'habitude chaque année. C'est alors aussi que le choléra se manifesta à Larisse. Du 5 au 15 décembre, il y eut 18 cas, dont 7 suivis de mort. Les Bulgares venaient d'un pays infecté; le plus grand nombre des cas leur appartiennent; les autres ont été observés sur des individus habitant le même quartier et des maisons voisines des logements des Bulgares. La maladie a cessé avec le départ de ces étrangers qui ont pris la fuite. Les lieux contaminés ont été désinfectés.

Smyrne. — Du 23 juin au 24 octobre, il a été reçu dans le lazaret de Smyrne 1,701 quarantenaires de provenances cholériques et de très-mauvaises conditions hygiéniques, parmi lesquels il y eut 14 attaques dont 9 suivies de mort. Le 23 juin, le bateau à vapeur autrichien *Archiduchesse Charlotte*, venant d'Alexandrie, débarqua au lazaret 293 passagers, dont un jeune Turc atteint de choléra qui succomba le 29 juin. Ce fut le premier cas. Parmi ces passagers, un tomba malade le 24 et mourut le soir; deux enfants et leur mère, malades du 24 au 26, guérirent. Le 28, arriva le bateau égyptien *Gallioub*; il débarqua au lazaret 119 passagers, parmi lesquels 3 cholériques dont 1 mourut le 4 août. Le 29, le bateau autrichien *Archiduc Maximilien* amena 130 passagers, 5 malades dont 3 morts. Du 7 au 8 juillet, neuvième jour de l'arrivée, un de ces passagers fut pris subitement du choléra et mourut dans l'espace de cinq heures. Le 6 juillet, le bateau égyptien *Minia* débarqua au lazaret 213 passagers dont 3 cholériques; 2 succombèrent. Le 8 juillet, le bateau autrichien *Stamboul*, 187 passagers; 2 cholériques morts au lazaret du 11 au 12 juillet. Tous ces navires arrivaient d'Alexandrie où le choléra faisait des ravages, tandis que Smyrne jouissait auparavant d'une santé parfaite sans aucune apparence de prodromes cholériques.

Le premier cas de choléra en ville eut lieu le 24 juin sur une femme arménienne. Son mari en fut atteint ensuite et mourut le 4 juillet. Le 29 juin, eut lieu un second cas rapidement mortel sur une femme grecque qui avait frictionné la précédente et habitait dans un autre quartier. Depuis le 24 juin, il y eut en ville des cas foudroyants, mais la marche de l'épidémie fut lente jusqu'au 11 juillet. A cette époque, elle se déclara dans le quartier juif et envahit ensuite successivement toute la ville; la mortalité s'est élevée alors à 80 décès par jour. Du 30 juillet au 7 août, elle atteignit son maximum de violence, puis déclina et enfin s'éteignit au commencement de septembre. Sur une population de 100,000 âmes, sans tenir compte d'une émigration de 30 à 40,000, il y eut de 2,100 à 2,500 morts; et l'on estime le chiffre des attaques à 5,500, soit environ une attaque sur 20 habitants. Au mois de septembre, le choléra s'était propagé à Sokia, Thira, Kassaba et autres localités environnantes et successivement parmi les tribus d'Adala, où il fit plus ou moins de ravages.

L'ÎLE DE MÉTELIN a échappé au choléra, bien que, pendant le temps de l'épidémie, elle ait reçu dans son port principal 235 navires en contumace, montés par 1420 marins. Ont fait escale, en outre, dans ce port, 70 bateaux à vapeur qui ont débarqué au lazaret 775 passagers. Le nombre total des voyageurs qui ont fait quarantaine a été de 2655. Ils l'ont purgée dans des campements espacés, sous des tentes et dans des barraques. Deux cas de choléra ont seulement été constatés, l'un à bord du vapeur de guerre ottoman le *Zuave* venant de Constantinople; l'autre sur la personne du patron d'une bombarde hellénique provenant de Smyrne. Mais ces deux accidents survenus à bord sont restés isolés.

RHODES. — Parmi les îles de l'archipel ottoman, Rhodes, la plus exposée par sa position intermédiaire entre Alexandrie, Smyrne et Constantinople, a reçu un grand nombre de provenances cholériques : navires à voiles 222; bateaux à vapeur 66; équipages 2501; passagers 2618 : total 5119 personnes, dans l'espace de deux mois. Le 19 juin, le bateau à vapeur égyptien *Niguilah*, provenant d'Alexandrie, débarqua au lazaret 87 passagers en très-bonne santé. Aucun accident n'avait eu lieu pendant le voyage de ce navire, d'après l'arraisonnement. Cependant, le 20 juin, le nommé Antonio tomba malade du choléra et expira le même jour. Les autres passagers de ce convoi furent de suite transférés ailleurs sous des tentes, et après une quarantaine de dix jours, sans accidents cholériques, ils reçurent la libre pratique. Pas un cas de choléra n'a été observé à bord des navires faisant quarantaine; mais on ne peut pas en dire autant des bateaux à vapeur qui ne s'arrêtaient à Rhodes que quelques heures pour faire leurs opérations : ils ont pu avoir des accidents après avoir quitté l'île. Quoi qu'il en soit, la population de cette île qui compte 33,000 âmes n'a pas été atteinte.

CRÈTE. — La Crète a reçu 103 navires en patente brute de choléra, provenant d'Égypte, de Smyrne, de Constantinople. Ils étaient montés par 843 hommes d'équipage et 972 passagers, dont 184 ont fait quarantaine à bord et 788 sur trois îlots où l'on avait disposé des campements et des barraques. La surveillance a été sévère, sans communication entre les différents îlots qui sont à une certaine distance les uns des autres. La durée de la quarantaine était de dix jours ; en cas de choléra, elle était prolongée de dix jours après l'accident.

Deux navires partis d'Alexandrie, ont apporté des cholériques : le vapeur *Missiri*, avec 250 passagers, eut deux décès dans le port ; un brick ottoman, 58 passagers dont 4 atteints de choléra. C'est parmi les passagers de ces deux navires que le choléra s'est développé durant la quarantaine. Trois autres navires eurent des accidents pendant leur traversée, mais sans suites ultérieures. Le *Missiri* avait débarqué ses passagers le 28 juin ; la nuit du 29, tomba malade le nommé Cavourachi qui avait assisté *Molla Hassan*, mort avant le débarquement ; le 1er juillet, un boulanger et son fils furent atteints. Tous les trois guérirent après une pénible convalescence. Le 9 juillet, tomba malade le nommé Nicolas qui succomba en douze heures ; il avait soigné son propre fils, mort à bord du *Missiri*, et souffrait lui-même de diarrhée depuis quelques jours. Le 5 juillet, tombèrent malades deux passagers et un garde de santé. L'un des passagers meurt, l'autre guérit péniblement. Le 6 juillet, est attaqué le nommé Sava, qui meurt en treize heures de maladie ; il demeurait sous la tente de Nicolas, mort précédemment et qu'il avait soigné. Le 10 juillet, fut atteint le nommé Antonio, frère du pharmacien qui assistait les cholériques et avec lequel il était en rapport. Parmi les personnes de service, le garde de santé Moustafa fut atteint le 5 juillet, sept jours après son entrée près des quarantenaires ; il succomba le 8. Il avait assisté le nommé Nicolas, mort dans le lazaret. Ainsi, les passagers du *Missiri* ont fourni 8 attaques et 4 décès, plus un décès sur un garde de santé, dans l'espace de dix-neuf jours, du 28 juin au 16 juillet.

Le brick ottoman, capitaine Ali Moustafa, était arrivé le 27 juillet d'Alexandrie, à un mois de distance du *Missiri*: parmi ses 58 passagers, la plupart ouvriers venant de Suez, il y avait 5 malades de choléra, dont 1 qui entra au lazaret ; les 4 autres restèrent à bord. Le 7 août, succomba dans le lazaret le passager Gavala ; le 14, Caspard Gavala ; le même jour, tomba malade le nommé Michel Grecia, qui mourut le 21 ; le 28 août, succomba Athanase Russo, qui souffrait de diarrhée depuis son entrée au lazaret. Le même jour, tomba malade le nommé George, qui cohabitait avec le précédent et qui mourut le 3 septembre ; en tout 5 décès, l'épidémie ayant traîné dans ce groupe vingt-sept jours.

Ce qui mérite ici une mention spéciale, c'est que non-seulement le choléra n'a pas pénétré dans l'île de Crète, mais qu'aucun accident n'est arrivé dans les groupes des passagers autres que ceux des deux navires qui avaient apporté des cholériques ; la raison en est que les deux convois avaient fait quarantaine séparément dans deux îlots du golfe de la Sude très-distants l'un de l'autre, et n'ayant aucune communication ni entre eux ni avec la grande île. Les Crétois ont su profiter de l'expérience qui avait sauvé leur pays dans les épidémies précédentes.

Benghasi n'ayant qu'un lazaret en ruines et rapproché des habitations, a isolé les quarantenaires sous des tentes dans des lieux éloignés de la ville et bien aérés. Sur 812 personnes, il n'y eut qu'un seul cas mortel de choléra sur un individu débarqué le 18 juillet du bateau à vapeur *Trablous-Gharb* provenant d'Alexandrie. Ce même bateau avait eu deux décès cholériques avant son arrivée à Benghasi. Le cas du lazaret n'eut aucune suite ni pour la ville ni pour les personnes en quarantaine dont le nombre, pendant toute la durée de l'épidémie, a été de 812, amenés par 50 ou 60 navires en patente brute de choléra.

Chypre. — Du 24 juin au 18 juillet, il est arrivé à Larnaca 42 navires de provenance cholérique, portant 573 hommes d'équipage et 1199 passagers qui ont purgé, dans le lazaret, une quarantaine de cinq à dix jours. Le lazaret, construit en maçonnerie et assez vaste, est situé tout près de la ville. Sont morts du choléra, à bord des navires, 3 matelots ainsi que la femme d'un capitaine autrichien dont le fils également atteint a guéri.

Du 26 juin au 13 juillet, il y eut dans le lazaret 22 cas de choléra, 7 décès. Le 6 juillet, un enfant tomba malade trois jours après son entrée au lazaret, et mourut le soir. La mère, atteinte le 7, guérit au bout de seize jours. Un jeune homme, entré le 28 juin, fut pris de choléra le neuvième jour de sa quarantaine et succomba en cinq heures de maladie. Le reste des cholériques, au nombre de 19, avaient été débarqués malades au lazaret. La première attaque en ville eut lieu le 7 juillet, onze jours après la manifestation du choléra dans le lazaret, sur la personne de Méhémet-Abdullah, cavedji, qui avait logé plusieurs personnes à leur sortie de la quarantaine. La maladie s'est immédiatement après propropagée à Larnaca, de là aux villages environnant et successivement à Nicosie et dans les autres parties de l'île. Le nombre des cas, à Larnaca, est évalué à 438, dont 363 et 79 guéris, sur une population de 12,000 habitants, réduite à 4,000 seulement par suite de l'émigration.

Mersine, sur 97 navires de différentes dimensions, tant à voiles qu'à vapeur, provenant de Smyrne, Constantinople et Alexandrie ou Beyrouth, en état de contumace et portant 1953 matelots, a reçu dans un lazaret improvisé et malsain par sa position, mais complétement isolé, 450 passagers. Aucun cas de choléra ne s'est produit ni à bord avant l'arrivée, du moins d'après les déclarations des capitaines, ni après dans les lazarets; aucune communication n'a eu lieu entre les quarantenaires et la population de la ville. Cependant, le 4 octobre, tombait malade le paysan Méhémet qui mourait de choléra; sa femme le suivit de près. Cet homme venait d'Adana où déjà l'épidémie avait pénétré par une autre voie. Le choléra se répandit alors en ville et y fit de nombreuses victimes, la plupart de pauvres cultivateurs fellahs, habitants d'un quartier malsain et dans des conditions hygiéniques très-défavorables.

A Alexandrette ont fait quarantaine, sous des tentes et dans des barraques parfaitement isolées, 469 personnes parmi lesquelles 2 décès de choléra survenus le 10 juillet sur des individus malades au moment du débarquement. Ces voyageurs ont été débarqués pour la plupart des paquebots-poste, venus de Constantinople ou d'Alexandrie, au nombre de 33. Aucune autre attaque n'a été observée ni parmi les quarantenaires ni en ville. La frégate ottomane *Medjidié*, que l'on avait fait ancrer à distance, eut 14 décès de choléra dans l'espace de sept jours. Du 10 juillet, époque des 2 décès survenus dans le lazaret, au 5 décembre, il n'y eut aucun cas de choléra dans Alexandrette; mais ensuite l'épidémie, qui avait enlevé à Karaghadch 750 personnes sur 1,000 habitants, se déclara aussi à Alexandrette, et y fit 20 victimes sur les 1,000 habitants dont se compose la population de cette ville. Karaghadch n'est qu'à une heure de marche d'Alexandrette sur la côte, et l'on suppose que le germe de la maladie lui a été apporté par la frégate *Medjidié* ou par quelque autre navire infecté.

BEYROUTH. — Le nombre des individus arrivés d'Alexandrie, du 17 juin au 25 juillet, a été de 3,600. Ils ont fait une quarantaine de cinq à dix jours, selon les cas. Plus de 400 étaient des pèlerins pauvres renvoyés chez eux aux frais du gouvernement égyptien. On a compté dans le lazaret 30 attaques de choléra, 15 décès. Le premier cas de mort dans le lazaret eut lieu le 29 juin sur une femme juive arrivée d'Alexandrie le 24 par le bateau à vapeur autrichien *Archiduc Maximilien*, qui avait eu trois cas de choléra, dont un mortel, pendant la traversée. Le gardien Hamoud, qui avait transporté sur son dos le cadavre de cette femme pour l'enterrer, fut atteint quelques heures après et mourut dans la nuit. L'abbé Viale, secrétaire de monseigneur Valerga, patriarche de Jérusalem, arrivé par le même paquebot et sorti du lazaret le 2 juillet, tomba malade le même jour et succomba pendant la nuit. Le gardien Pedros, qui avait travaillé à l'enterrement des cholériques, mourut également. Un autre gardien, Joseph Tarsouf, qui avait servi comme domestique une famille composée d'une fille et d'une mère, dont le mari était mort de choléra le 1er juillet dans le lazaret, est atteint le 3 et meurt deux jours après.

Le lazaret se trouve dans un lieu isolé et bien aéré, mais il y a eu encombrement et par suite communication entre les différentes catégories de quarantenaires. Le lazaret proprement dit, situé à l'est de Beyrouth, ne pouvant contenir que 300 personnes, on y a suppléé, sur la plage opposée à l'ouest de la ville, par quelques maisons isolées et un hôtel.

Le nombre des navires arrivés en contumace, depuis le début de l'épidémie jusqu'au 13 juillet, a été de 50, portant ensemble un équipage de 950 individus et 3,600 passagers. Du 22 juin au 8 juillet, 6 navires, dont deux à vapeur, ont eu des accidents cholériques pendant la traversée d'Alexandrie à Beyrouth, en tout 12 attaques et 4 décès ; le vapeur anglais *Tamanlipas*, 22 juin, 277 passagers, 1 mort ; le vapeur autrichien *Archiduc-Maximilien*, le 24 juin, 350 passagers, 3 attaques, 1 mort ; la corvette de guerre *Cosak*, pavillon anglais, le 25 juin, 3 attaques ; le brick ottoman *Fathalla*, le 29 juin, 41 passagers, 3 morts ; le navire ottoman *Saïda*, le 8 juillet, 51 passagers, 1 mort ; le vapeur égyptien *Dossouck*, le 8 juillet, 93 passagers, 1 mort.

Le premier cas de choléra dans la ville a été observé le 1ᵉʳ juillet sur la personne d'un jeune homme, *Matta Farroh*, qui n'avait aucune relation avec le lazaret. Mais déjà depuis le 22 juin des arrivages d'Alexandrie avaient amené dans le lazaret de Beyrouth une masse de voyageurs ainsi que des cholériques. Avant ces arrivages, l'état sanitaire de Beyrouth était satisfaisant. Il n'y avait que quelques cas de diarrhée, de dyssenterie et des fièvres bilieuses et gastriques ne présentant rien d'extraordinaire, car ces maladies sont habituelles au pays à pareille époque de l'année. Le nombre total des morts a été, pendant les trois mois qu'a duré l'épidémie, de 493 sur 1,500 attaques ; la population, qui est de 75,000 âmes, se trouvait réduite des deux tiers par suite de l'émigration.

ALEP. — Le premier cas de choléra a été constaté le 15 août. Jusqu'alors la santé publique avait été bonne et rien n'annonçait des troubles intestinaux pouvant faire prévoir l'imminence d'une épidémie. Mais le choléra était déjà aux portes d'Alep, car les pèlerins persans revenaient de La Mecque dans de très-mauvaises conditions de santé et rapportant avec eux les cadavres de leurs compagnons morts pendant le pèlerinage. Les démarches faites pour leur interdire l'entrée de la ville n'ayant pas abouti, le 26 août, de très-bon matin, la caravane faisait son entrée en ville. Le soir même, 2 cas de choléra foudroyant étaient constatés. A partir de ce jour, l'épidémie fit des progrès incessants; du 15 au 22 août, il y eut 28 décès; du 22 au 28, le nombre des victimes s'éleva à 1,200; du 28 août au 2 septembre, il y eut, en moyenne, 350 décès par jour, et l'épidémie atteignit ainsi son summum d'intensité. Du 2 septembre, la moyenne est de 200 par jour; le 12, la mortalité tombe à 50 et s'y maintient jusqu'au 28 septembre. Le 2 octobre, il y a recrudescence et les décès s'élèvent encore à 100 par jour, puis ils descendent progressivement à 60, à 15, à 12; l'épidémie s'éteint enfin le 15 novembre. Le chiffre général de la mortalité a été de 7,000, dans l'espace de trois mois, soit, sur une population de 90,000 âmes, près de 7 $^3/_4$ pour cent. La population ordinaire d'Alep est de 120,000 habitants, mais 30,000 personnes environ avaient émigré dès l'apparition de l'épidémie. Le nombre des attaques est inconnu.

JÉRUSALEM. — L'épidémie s'est déclarée dans la ville sainte le 21 septembre, et dans l'espace de 22 jours y a fait 601 victimes sur 1,258 attaques vérifiées; sa population est de 30,000 habitants. Les Israélites, vivant dans des conditions malsaines, ont plus souffert que les Musulmans, beaucoup plus nombreux; les premiers ont perdu 301 individus, les seconds 225 seulement. Jaffa, Hama, Homs, et presque toutes les villes de la Syrie, sauf Lataquié, qui en a été exempte, ont payé un large tribut à l'épidémie.

DAMAS. — Le choléra a commencé à Damas après l'arrivée des fuyards de Beyrouth, qui étaient venus y chercher un abri, et bien avant le retour de la caravane de La Mecque. « Le choléra, dit le médecin sanitaire de Damas, nous est venu cette année par les pèlerins qui avaient pris la voie de Suez et d'Alexandrie, et non par ceux qui sont rentrés par le désert. » Un grand nombre de pèlerins arrivés de Beyrouth allèrent se loger dans le quartier d'Éguébé, comme ils ont l'habitude de faire pendant le peu de jours qu'ils séjournent à Damas avant de regagner leurs foyers. C'est dans ce quartier que s'est montré le premier cas sur une femme turque enceinte de six mois et qui succomba en dix-huit heures de maladie. Ce serait une erreur, ajoute le médecin sanitaire, de croire que quelques cas de diarrhée et de dyssentèrie observés parmi les pèlerins de la caravane fussent de nature cholérique, car ces maladies existent toujours parmi les pèlerins et jamais elles ne se transmettent à la population. Le désert, dit-il, purifie la caravane, et elle arrive toujours à Damas sans propager le choléra.

MÉSOPOTAMIE. — Le choléra est arrivé de La Mecque à Bagdad, ou, pour parler plus exactement, à Imam-Ali et à Kerbellah, par deux courants distincts : 1° par la mer Rouge, Mascate, Bassora, le Tigre ou l'Euphrate ; 2° par Alexandrie Beyrouth, Alep et Diarbékir. Ainsi l'épidémie, partant de La Mecque avec le pèlerinage, suit deux routes différentes pour arriver à Kerbellah, autre lieu de pèlerinage. Dès le 17 juin on savait à Bagdad que les pèlerins persans, divisés en plusieurs colonnes, suivaient les deux routes que nous venons d'indiquer. Le 18 août, le télégraphe annonça, voie de Bassora, que le choléra avait éclaté à Mascate et à Bender-Abbas. Le 4 septembre, fut signalé le premier cas de choléra survenu à Bassora. C'était le début de l'épidémie qui a violemment sévi jusqu'aux derniers jours d'octobre, en faisant 471 victimes sur moins de 5,000 habitants, soit près de 10 pour cent.

Pour remonter de Bassora à Bagdad, le choléra avait deux voies à suivre, celle du Tigre et celle de l'Euphrate. La voie du Tigre est déserte. Les Bédouins, qui stationnent sur ses rivages, s'en écartent à de grandes distances aussitôt que le choléra se déclare, et l'épidémie s'éteint faute d'aliment. C'est ce qui arrive presque toujours dans ces parages. C'est ainsi qu'il y a quelques années, le choléra qui avait pénétré par Mohamara, chez les Abou-Mohammed du Sud, s'y éteignit. Le choléra a donc remonté l'Euphrate avec les colonnes des pèlerins persans. Il s'est successivement déclaré, en serpentant selon le cours du fleuve, à Kourna, Suk-el-Chuck, Samawat, Divanieh, Imam-Ali et Kerbellah, d'où il a passé à Hillah, puis à Bagdad. C'est là exactement la route des pèlerins. A Samawat, il fit de nombreuses victimes, mais on n'en sait pas le nombre ; à Divanieh, il enleva 22 soldats de la garnison et 125 habitants; à Imam-Ali, 3 soldats et 336 habitants ; à Kerbellah, 2 soldats et 1,478 habitants et pèlerins ; à Hillah, 4 soldats et 45 habitants ; à Bagdad, du 17 septembre au 5 décembre, 262 habitants. Le choléra s'est aussi déclaré à Imam-Mousa, lieu de pèlerinage des Persans, situé à une heure au sud de Bagdad. Les pèlerins, fuyant de Kerbellah, sont rentrés en Perse par Haneguine sans qu'on leur fît faire quarantaine.

Par la seconde route, celle de Syrie, la caravane des pèlerins persans, qui avait infecté Alep, s'est divisée en plusieurs colonnes, les unes longeant le cours de l'Euphrate, les autres celui du Tigre. Par ces deux voies les pèlerins sont arrivés au même point, c'est-à-dire à Imam-Ali et à Kerbellah, portant avec eux le choléra et le semant partout sur leur passage. L'épidémie fit ainsi des ravages à Biredjik et Anah-Hit, sur l'Euphrate, et d'autre part, avec plus de violence encore, le pays étant beaucoup plus habité, à Orfa, Diarbékir et Mossoul jusqu'à Bagdad et Kerbellah.

L'une des routes que suivent les pèlerins pour rentrer dans leurs foyers au nord de la Perse, après avoir fait leurs dévotions à Kerbellah et à Samara, est celle du Kurdistan, par Suléimanié. Le choléra a été ainsi importé dans cette ville, sans toutefois qu'on puisse en établir la filiation d'une manière précise. Le choléra, dit le rapport du médecin sanitaire de Suléimanié, régnait à Alep, puis à Diarbékir et à Mossoul; il était en octobre à Kerkouk, non loin de Samara et à vingt lieues de Suléimanié. Deux semaines après, il se manifestait dans cette dernière ville. Le premier décès, suivi de près d'un second, eut lieu le 31 octobre. Il faut aller après au 13 novembre pour trouver de nouveaux cas, et l'épidémie se maintient jusqu'au 13 février, date du rapport. La progression s'en est opérée par bouffées : première recrudescence, du 13 au 20 novembre; la deuxième, du 23 au 28; la troisième, du

1er décembre au 29; la quatrième, du 31 décembre au 22 janvier, puis il se passe neuf jours sans accidents; la cinquième recrudescence, le 1er février, continuant jusqu'au 13. La rapidité de la mort est extraordinaire surtout chez les étrangers venus de Perse. Le froid n'exerce aucune influence favorable : au contraire, il a paru que les recrudescences étaient plus fortes par le froid. Le chiffre des morts, estimation approximative, a été de 300 sur 600 attaques et sur une population de 10,000 âmes. La caserne a donné 34 attaques, 17 décès, sur un effectif de 900 militaires. Le choléra s'est propagé dans les villages voisins de Suléimanié.

Samsoun. — Sur 56 bateaux à vapeur arrivés à Samsoun en patente brute de choléra, tous provenant de Constantinople et portant 3,170 passagers et 1,960 hommes d'équipages, 8 ont débarqué des malades ou des morts. Le 31 juillet, le *Pilade*, russe, 82 passagers, 4 malades. Le 3 août, la *Tamise*, français, 120 passagers, 3 malades, 2 cadavres. Le 5 août, le *Vassitay*, ottoman, 271 passagers, 2 malades. Le 6 août, le *Sultan*, autrichien, 117 passagers, 3 cadavres. Le 7 août, l'*Oleg*, russe, 140 passagers, 2 malades. Le 9 août, le *Mersina*, français, 159 passagers, 4 malades, 6 cadavres. Le 12 août, le *Touna*, ottoman, 148 passagers, 1 malade. Le 14 août, l'*Ismith*, ottoman, 36 passagers, 1 malade. Le 17 août, le *Caire*, français, 29 passagers, 4 malades, 1 cadavre. En tout, du 31 juillet au 17 août, 18 malades, 12 cadavres. La quarantaine, sans accidents cholériques, était de cinq jours et de dix jours en cas de choléra, soit à bord soit dans le lazaret. Le lazaret de Samsoun consistait en une caserne située à un quart de mille de la ville et pouvant contenir un millier d'hommes, en une grande baraque à deux milles de la ville et enfin en quelques maisons à quelques pas du palais du gouvernement. L'hôpital des cholériques se trouvait tout à fait isolé à un mille de distance de toute habitation. Le plus grand nombre de quarantenaires se trouvant à la fois dans la caserne fut de 307 : ainsi pas d'encombrement; dans la grande baraque 257, dans les maisons 271.

Parmi les quarantenaires arrivés par le *Vassitay*, le 5 août, il y eut 5 cas de choléra ; parmi ceux du *Pilade* arrivé le 31 juillet, 1 cas. Il n'y a pas eu d'attaque parmi les personnes affectées au service du lazaret. Somme toute, on a compté dans le lazaret 24 malades, y compris les 18 débarqués, et 12 décès, sans parler des cadavres apportés par les bateaux à vapeur. Sauf deux prétendus cas sans preuves, la ville de Samsoun a été exempte de tout accident cholérique.

TRÉBISONDE. — Ont fait contumace dans la rade de Trébisonde 68 navires, dont 18 à voiles. Équipages 2,558, passagers 5,073 ; total 7,631, dans l'espace de deux mois. Le 25 juillet, le bateau à vapeur *Junon* y débarqua un malade ; le 4 août, la *Tamise* mit à terre 3 morts ; le 6 août, *Vassitay*, 2 morts ; le 7, le *Sultan*, 1 mort. Depuis le 25 juillet jusqu'au 28 août on a compté, dans le lazaret, 22 malades dont 2 seulement ont survécu. Le lazaret de Trébisonde ne suffisant pas pour contenir tous les quarantenaires, on en a envoyé une partie à Ahtché-Kalé, sous la tente. Il en est mort 17. Total des morts, y compris les 6 débarqués, 45. Le maximum des quarantenaires enfermés en une seule fois dans le lazaret de la ville a été de 600, ce qui faisait encombrement. Ce lazaret est d'ailleurs attenant à la ville. Parmi les personnes de service, tant dans le lazaret que dans le campement, il n'y a pas eu d'accidents. Après l'arrivée de la *Junon* qui avait débarqué le premier malade au lazaret, on constata un cas de choléra sporadique à Trébisonde, et il fut suivi, du commencement d'août à la mi-septembre, de 45 cas, dont 28 mortels, disséminés dans toute la ville.

ERZEROUM. — Le premier cas de choléra fut constaté à Erzeroum le 22 août, à la suite de l'arrivée de masses d'ouvriers kurdes et arméniens renvoyés de la capitale où régnait le choléra. Ils étaient arrivés à Erzeroum par la voie de Trébisonde et avaient infecté plusieurs villages sur la route qu'ils avaient parcourue. Ils se répandirent dans les khans et les marchés d'Erzeroum, et y semèrent le germe de la maladie. Le premier cas constaté eut lieu sur un des soldats qui travaillaient aux fortifications de la ville. Avant cette époque, aucun cas de maladie cholérique n'existait dans le pays. Du 22 août au 31, 14 cas dont 6 mortels furent constatés tant en ville que parmi les ouvriers des fortifications. Au mois de septembre, le choléra prit de l'extension et atteignit son maximum d'intensité, 343 attaques et 143 décès; au mois d'octobre, décroissance, 160 attaques, 76 décès; du 1er au 7 novembre, 4 attaques, 1 décès; du 7 au 23, point d'accidents; le 23, 12 attaques, 4 décès, puis quelques cas isolés et fin de l'épidémie le 12 décembre. Total des attaques 518, décès 224.

Dans cet intervalle, 600 familles de Tchetchens venues de Russie et qui devaient être internées à Diarbékir, contractèrent le choléra et le portèrent à Mouche, ville située à 110 kilomètres d'Erzeroum. Revenant sur leurs pas et sollicitant leur rentrée en Russie, les Tchetchens se dirigèrent alors sur Kars (106 kilomètres d'Erzeroum) et y portèrent également le choléra; toutefois l'épidémie n'acquit une grande violence ni à Mouche, ni à Kars où elle se limita à quelques cas sporadiques.

Sinope, Batoum, Varna ont aussi reçu un grand nombre de navires à voiles et à vapeur avec des centaines de passagers. Des cas de choléra avaient eu lieu à bord de ces navires venant de Constantinople où régnait le choléra, entre les mois de juillet et août; mais la maladie ne franchit pas la limite des lazarets, et les habitants de ces localités furent épargnés.

Bourgas a reçu en contumace 186 navires à voile, montés par 1,718 marins parmi lesquels 3 cholériques. La quarantaine n'étant que de trois jours pleins, l'un des marins mourut en ville après la pratique. Le lazaret d'abord situé près des habitations dans un lieu malsain fut remplacé par des baraques établies sur un emplacement élevé et complètement isolé. Le nombre des quarantenaires a été de 1096. Le 6 août, le vapeur ottoman *Malakoff* débarqua 5 cholériques qui succombèrent tous. Deux gardes de santé qui avaient servi les malades furent atteints de choléra; l'un des deux succomba. En ville, sauf quelques cas de cholérine, il n'y eut pas d'accidents graves, ni mortels.

KUSTENDJÉ. — Sont arrivés à Kustendjé, en état de contumace, 95 navires, dont 28 à vapeur avec 928 hommes d'équipage et 580 passagers sans malades. Pendant la quarantaine, qui était de trois jours, 11 accidents furent observés à bord de ces navires. Les passagers débarqués et envoyés à deux milles de la ville pour purger leur quarantaine sous des tentes, n'ont offert à l'observation aucune attaque dans ce court espace de temps, mais un gardien y fut atteint le 4 août et son fils le 5. Tous les deux succombèrent.

Pendant le mois de juillet, la santé publique ne fut pas altérée en ville, mais vers la fin du mois, une diarrhée bilieuse fut remarquée. Le 2 août, un employé de la quarantaine tomba malade de choléra et succomba; le 4, fut atteint un forgeron, c'était un Anglais jeune et fort qui guérit; le 5, mourut un Anglais et le commis de la quarantaine. Le choléra se propagea ensuite dans toute la ville et parmi les ouvriers bulgares qui s'en allèrent à la montagne, où ils enterrèrent plusieurs des leurs, et qui ensuite quittèrent le pays. On calcule, pour la ville, 120 décès sur 4,000 habitants et dans l'espace d'un mois.

SOULINA. — Sur un nombre de 887 navires ayant 365 passagers et 7,983 hommes d'équipage, on a constaté 30 cas de choléra, ayant eu lieu soit en rade soit avant l'arrivée de ces navires. Le lazaret, composé de deux bâtiments, comprenant huit chambres et quelques baraques, a reçu un total de 518 quarantenaires. Le chiffre maximum des individus renfermés en même temps dans le lazaret, a été de 73 et il n'y a pas eu encombrement. La durée de la quarantaine était de cinq jours pour les personnes provenant de bâtiments à bord desquels aucun cas de choléra ne s'était déclaré pendant la traversée, et de dix jours pour celles qui se trouvaient dans le cas contraire. Il ne s'est produit de cas de choléra dans le lazaret que parmi les marins provenant du navire de guerre ottoman *Esséri-Djedid*. Sur 12 cas il y a eu 5 décès, le 30 et le 31 juillet. Plusieurs des marins débarqués étaient déjà attaqués du choléra lors de leur entrée au lazaret. Les autres ont été atteints vingt-quatre heures après leur arrivée. Aucune personne attachée au service du lazaret n'a eu le choléra. A l'office sanitaire, en ville, trois gardiens atteints sont morts. En ville, la première attaque eut lieu le 2 août, et jusqu'au 20 du même mois la maladie exerça de grands ravages, augmentant et diminuant graduellement. Sur une population de 3,000 âmes, réduite par la fuite à 1,580, il y eut environ 350 attaques et plus de 300 décès. Le choléra s'est propagé après le débarquement des marins de l'*Esséri-Djedid*, venant de Constantinople. A Saint-George, village situé à sept heures de marche de Soulina, il s'est déclaré après l'arrivée des personnes qui étaient venues de Soulina s'y réfugier. A l'Été, village situé à deux heures de marche seulement, aucun cas ne s'est produit, les habitants n'ayant pas reçu chez eux et n'ayant eu aucune relation avec les individus de Soulina qui s'étaient enfuis dans cette direction.

TOULTCHA, ROUSTCHOUK, VIDIN. — En remontant le Danube, le choléra s'est manifesté à Toultcha parmi les matelots arrivés, le 2 août, de Constantinople pour monter les navires de guerre stationnant dans le fleuve. Ils faisaient quarantaine à bord des navires; du 4 au 15 août, ils ont eu 10 attaques et 14 décès.

Successivement fut attaqué et mourut le négociant Economopoulo fournisseur des bâtiments de guerre ottomans, qui, pour ses affaires, était en rapport avec les militaires de la station navale. Un autre cas survint à bord de la canonnière ottomane *Varna*, dont les marins avaient eu des rapports de service avec leurs camarades récemment arrivés. Vint ensuite le muezzin, Hadji-Mustafa, en relation avec les soldats de la marine. C'est ainsi que l'épidémie, ayant pris naissance parmi les marins, se propagea à Toultcha. Le 21 août, on comptait 12 décès de choléra. Depuis le 10 du même mois jusqu'au 16 septembre, on a évalué le chiffre des morts à 200 sur une population de 20,000 âmes. C'est aux militaires nouvellement arrivés et qui avaient eu, pendant leur traversée de Constantinople au Danube, des malades et des morts, qu'est attribuée l'importation du choléra dans le pays.

A ROUSTCHOUK on observa les premiers cas parmi les ouvriers bulgares que nous avons vu tout à l'heure quitter Kustendjé après avoir perdu nombre de leurs camarades frappés par le choléra. La maladie se propagea d'abord parmi les Bulgares, leurs compatriotes, et successivement elle se développa dans les quartiers grec, turc et arménien. Elle dura seize jours, et enleva 131 individus sur 360 attaques et sur 22,000 habitants que compte la ville de Roustchouk.

Avançant en amont, le choléra se manifesta à Vidin, en débutant par la prison de la ville, où l'on observa les 2 premiers cas, sans aucune relation connue avec l'extérieur ni avec le lazaret consistant en un hôtel et des tentes dressées sur le bord du Danube et tout près de la ville. Ont fait quarantaine 287 personnes, et le chiffre maximum des individus enfermés en même temps dans le lazaret a été de 104. La durée de la contumace était de cinq jours lorsqu'il n'y avait pas eu d'accident pendant la traversée des navires, et l'on y comprenait les jours du voyage s'il y avait à bord un garde de santé. De sorte que la quarantaine était souvent réduite à zéro ou à peu près. On s'explique ainsi comment il a pu y avoir des cas en ville, sans que l'on en eût observé dans la quarantaine. En effet, après la prison vint le quartier israélite, puis le quartier musulman qui à eux deux fournirent le plus fort contingent à l'épidémie. Celle-ci n'a pas, du reste, été aussi violente qu'à Soulina. Le chiffre des décès monta à 110, y compris 38 parmi les soldats de la garnison, sur 300 attaques et 25,000 habitants.

Des bords du Danube, le choléra s'est avancé dans l'intérieur et l'on a signalé de petites épidémies dans plusieurs localités de la Bulgarie. Il en a été de même du côté de Salonique pour la Macédoine. Philippopolis et Pasardjik ont fourni leur contingent, ainsi que Sérès et Florina qui l'a transmis, comme nous l'avons remarqué plus haut, à la ville de Larisse. Nous ne saurions pas donner des détails sur l'étendue et les ravages des épidémies circonscrites dans ces lieux; mais il est certain qu'elles ont succédé partout aux invasions des villes maritimes dont nous avons fait mention dans le présent rapport.

VALONA. — Parmi 22 navires provenant de localités infectées de choléra, le *Nil*, vapeur autrichien, parti de Constantinople le 7 août, arriva le 12 à Valona, ayant perdu en route 12 passagers morts de choléra. Il débarqua 416 passagers dont 5 malades parmi lesquels un mourant qui succomba le lendemain. Les passagers furent placés dans une île par groupes séparés, les malades dans un groupe à part sous des tentes. On leur fit purger dix jours de quarantaine; les malades ont guéri ainsi que beaucoup d'autres qui avaient la diarrhée. Il n'y eut pas d'accidents nouveaux ni parmi les quarantenaires ni parmi les hommes de service. Seulement, le jour de la pratique, le nommé Kiriaco fut pris de symptômes cholériques et succomba en quelques heures. La ville n'eut aucun rapport avec l'île de la quarantaine et la population indemne.

Parmi les localités qui ont été exemptes de l'épidémie, bien qu'elles eussent reçu des navires provenant de lieux infectés, nous citerons *Gallipoli*, située entre deux foyers tels que Constantinople et les Dardanelles, et qui reçut cependant 89 navires, caboteurs pour la plupart, montés par 472 hommes d'équipage et 109 passagers; Échelle-Neuve : 16 navires, 112 marins, 208 passagers; Chio : beaucoup de navires, nombreux passagers et quelques cholériques, dont la quarantaine a été purgée sur un îlot des îles Spalmadores; Adalia : 184 navires, 1688 marins, 350 passagers; Alaya : 175 navires, 1733 marins, 2217 passagers, maximum à la fois dans le lazaret 214; Durazzo : 58 navires, 434 marins, 50 passagers. La plupart provenaient de Constantinople, Smyrne, Alexandrie, lieux esssentiellement compromis; mais aucun accident n'était arrivé à bord ni durant la traversée. (*Renseignements extraits des archives de l'administration sanitaire ottomane.*)

ODESSA. — Cette ville a ressenti les premières atteintes

de l'épidémie qui régnait à Constantinople vers la mi-juillet. Du 14 au 17 de ce mois, on y observa 4 cas de choléra sporadique, dont 1 suivi de mort. Ce ne fut que du 11 au 16 que deux navires partis de Constantinople y apportèrent de nouveaux germes. L'*Emilia Luisa*, sous pavillon autrichien, qui avait eu 1 décès de choléra en route, débarqua au lazaret 1 matelot atteint de cette maladie. Le navire italien *Concentino* apporta au lazaret 4 malades dont 2 moururent le 14 août. C'est du lazaret que le choléra s'est propagé dans la ville et son développement a été observé avec une grande précision. Le 17 août tomba malade le nommé Gouline, douanier au service de la quarantaine. Transporté à son domicile, près de Moldovanka, et le lendemain à l'hôpital de la ville, il y expira une heure après. Sa femme, son fils, une servante furent aussi atteints, et cette dernière succomba. Le 3 septembre, fut pris de choléra l'ouvrier Dorfman au port de la quarantaine ; il fut aussi transporté à son logement dans le quartier des Juifs. Son camarade qui l'avait soigné tomba malade, ainsi que la concierge de la maison voisine, le mari de celle-ci et leur fille. De tous ces malades, Dorfman seul survécut. Le 4 septembre, l'ouvrier Bochinsky allant de la quarantaine à son domicile, se sentit pris de choléra ; il succomba le lendemain. Ce jour-là, ses deux enfants furent atteints, et deux jours après sa veuve qui succomba le lendemain. Ainsi le choléra, importé par les deux navires susmentionnés dans le lazaret d'Odessa, s'est communiqué au port de la quarantaine et de là au quartier de la Moldovanka, à l'hôpital de la ville et successivement à Pérésip où il avait été établi un hôpital de cholériques. Il faut bien noter que la Moldovanka, l'hôpital de la ville et le faubourg de Pérésip sont des localités éloignées les unes des autres et placées dans des directions opposées. Moldovanka eut 69 cas ; l'hôpital de la ville, 18, dont 4 infirmiers ; le faubourg de Pérésip, 29, parmi lesquels 6 infirmiers ou employés de l'hôpital. On a observé, en outre, des cas disséminés dans différents quartiers de la ville, dans la banlieue, dans le lazaret et à bord des navires : en tout 236 cas et 109 décès sur une population de 118,000 âmes, et à partir du 6 août, début de l'épidémie, jusqu'au 14 septembre, date du dernier accident cholérique.

Presque en même temps le choléra se manifestait en Podolie, importé dans le village de Borchi par des ouvriers allemands qui avaient séjourné à Galatz le 22 juillet, époque à laquelle y sévissait l'épidémie. Un enfant qui souffrait de la diarrhée mourut le 29, puis sa mère et deux autres enfants. Le choléra se propagea dans le village et fit 33 victimes sur 558 habitants. Les Allemands perdirent 8 individus. De là le choléra passe à Gavinosa, autre village qui eut 22 morts sur 444 habitants. Le 17 septembre, il se déclara à Bogopol et dura jusqu'au 3 octobre. Sur 2,275 habitants, 202 furent atteints de l'épidémie et 65 moururent. Le 29 septembre le choléra était à Balta; sur 2,200 habitants juifs, 416 furent atteints et 147 succombèrent. Il apparut ensuite dans les districts de Jampol, de Mohilew, d'Olgopol, de Vinnitzi et de Litinsk, où il fit quelques victimes. Du 26 juillet au 15 novembre, il y eut dans le gouvernement de Podolie 1361 cholériques et 426 décès. A Kertch, depuis le 17 août au 27 octobre, 82 malades et 41 décès. A Berditchew, du 22 septembre au 14 novembre, sur 2,898 cas, 573 décès. Du 11 octobre au 14 novembre, le gouvernement de Kiew fournit 3,243 cas de choléra et 587 décès. Du 1er octobre jusqu'au 22, dans le gouvernement de Kherson, il y eut 56 malades, 24 décès. Du 12 octobre au 15 novembre, on compta à Taganrog 175 victimes sur 625 malades. A Zitomir, du 15 octobre au 1er novembre, 644 attaques, 225 décès. Des cas de choléra se manifestèrent pendant le mois de novembre, dans plusieurs districts des gouvernements de Volhynie, de Kovno, de Tver et de Voronége, sans y prendre une grande extension. Il y eut aussi un cas sporadique à Vilna et un à Saint-Pétersbourg. (*Communication de M. le docteur Bykow.*)

Un fait qui se rattache à l'épidémie d'Odessa est celui de la femme d'un artisan allemand qui quitta cette ville le 16 août pour se rendre à Altenbourg avec son enfant âgé de vingt et un mois et affecté de diarrhée. Le 24, elle était installée chez son père après neuf jours de voyage. Le 27, la diarrhée de l'enfant s'étant considérablement aggravée, la mère fit venir le docteur Geinitz pour lui prêter ses soins. Ce jour-là la mère était en état de parfaite santé. Le même jour, à neuf heures du soir, elle tomba malade du choléra et y succomba le 29 dans la matinée. A huit heures du soir, sa belle-sœur, qui habitait la même maison, fut atteinte à son tour, elle mourut le 30 août. La maison où étaient mortes ces deux femmes, devint le premier foyer d'infection d'où la maladie se propagea dans toute la ville. La famille d'un ouvrier, mort le 13 septembre à Altenbourg, importa la maladie à Werdau. L'habitation occupée par cette famille fut le point de départ d'une épidémie qui enleva 2 p. 100 de la population de la ville. Ce fait, rapporté par le docteur Pettenkofer, est des plus concluants au point de vue de l'importation du choléra.

La Grèce a suivi un système de quarantaine très-sévère. Elle a refusé l'entrée de ses ports à tous les bâtiments qui avaient des cholériques à bord, à l'exception des îles de Delos et de Skiathos où ils étaient admis à purger leur contumace. Ceux des bâtiments provenant de lieux contaminés, mais qui étaient dans des conditions moins défavorables parce qu'ils n'avaient pas de malades, étaient autorisés à faire quarantaine dans les ports à lazarets de Salamine et de Corfou. Le nombre de ceux qui l'ont subie dans les différents ports a atteint le chiffre de 1,500, celui des passagers et équipages a été de 26,000, y compris 2721 voyageurs arrivés par la voie de terre et dont la quarantaine a eu lieu dans quatre lazarets situés à la frontière. Parmi les 1,500 bâtiments, 334 portant 3,644 marins et 2,854 passagers, en tout 6,498 personnes, ont purgé leur contumace à Délos, et 26 bâtiments avec 218 marins et 913 passagers, en tout 1,131 personnes, à Skiathos, 12 navires sont arrivés avec des cholériques à bord, dont 1 de Smyrne, 9 de Constantinople, 1 d'Alexandrie, 1 de Port-Saïd.

Le *Saint-Nicolas* arriva le 18 juillet de Smyrne en trente-six heures avec 7 matelots et 136 passagers, et débarqua au lazaret 14 morts et 22 malades. En quatre jours le nombre des malades augmenta considérablement, et il mourut 40 personnes. Ainsi, sur 143 individus on compta 54 décès, 14 à bord du navire et 40 dans le lazaret. L'*Alemana*, arrivée de Constantinople le 5 août avec 40 passagers et 14 hommes d'équipage, perdit en route 3 passagers et débarqua 3 malades qui guérirent. Ces deux navires ont fait quarantaine à Délos. Les suivants l'ont purgée à Zoungria (île de Skiathos). Le brick du capitaine G. Sarri, arrivé le 27 juillet de Port-Saïd, 12 hommes d'équipage, 92 passagers, eut 2 morts pendant la traversée et plusieurs malades. Au lazaret le nombre des malades atteignit le chiffre de 57, parmi lesquels il y eut 44 décès, dont deux gardes de santé embarqués à Syra. La bombarde du capitaine D. Chorédites, arrivée de Constantinople le 28 juillet, 15 matelots, 44 passagers, eut 2 morts pendant la traversée et 4 malades; le nombre des matelots monta en quelques jours à 22, parmi lesquels 6 succombèrent dans le lazaret. Le nombre total des attaques fournies par les douze provenances susmentionnées a été de 161, dont 99 suivies de décès. Le régime quarantenaire de la Grèce était de onze jours pleins pour les provenances cholériques et de cinq jours pour les arrivages suspects, à compter, dans l'un et l'autre cas, du jour de la reconnaissance à l'arrivée, et sans jamais y comprendre la traversée. La Grèce a été préservée de l'invasion du fléau, et elle attribue ce résultat à la sévérité de son système quarantenaire. (*Extrait d'une communication officielle de M. le docteur Maccas.*)

Parmi les localités qui ont échappé au choléra pour avoir refusé tout accès aux provenances cholériques, nous devons signaler la Sicile, qui a été indemne malgré son voisinage avec les foyers du continent italique de l'autre côté du détroit. Nous citerons aussi l'île de Samos, dans l'Archipel Ottoman, qui s'en est préservée par le même système, bien qu'elle fût entourée de foyers cholériques.

A Trieste, le choléra n'a pas fait de grands ravages. Les trois premiers cas, observés le 28 septembre, furent suivis de deux autres le 14 et le 15 novembre, dans le village de Prosecco situé à 8,000 mètres de la ville. Le 29 eut lieu un cas dans le faubourg de Guardiella. De là le choléra avança dans la ville, de l'est à l'ouest, procédant par cas isolés, sauf dans trois maisons où l'on en constata plusieurs sous le même toit. Du 28 septembre au 19 novembre, on a compté 83 malades et 60 morts. Le choléra s'est propagé aussi dans le village d'Optchina (5 cas), et successivement à Muggia, petite ville située à deux heures de Trieste, où il a sévi du 24 octobre au 15 novembre avec une force moyenne. Cette localité est habitée par beaucoup de blanchisseuses qui apprêtent le linge des habitants de Trieste.

Bien que les premiers cas de choléra aient été observés le 28 septembre, il y eut cependant des diarrhées et même des cas de cholérine assez prononcés, sans être mortels, pendant le mois de juillet; mais ces cas même avaient disparu pendant les mois d'août et de septembre jusqu'au 28, sauf les diarrhées qui avaient persisté. Or, on se demande quelle a pu être l'origine de ces diarrhées, de ces cholérines et enfin du choléra de Trieste? Quelques gens ont accusé trois ouvriers lapidaires de l'avoir apporté d'Ancône au commencement du mois de septembre. D'autres, avec plus de raison, en attribuent l'importation aux réfugiés d'Alexandrie, qui, dès le début de l'épidémie dans cette ville, allèrent en grand nombre à Trieste où ils arrêtèrent. Aussi la cholérine et les diarrhées y existaient-elles depuis le mois de juillet. N'a-t-on pas le droit, après cela, de rapporter les phénomènes cholériques de Trieste à l'émigration venue d'Égypte au mois de juin? Nous le pensons, mais nous manquons de preuves suffisantes pour l'affirmer.

Voici du reste quelques renseignements officiels qui, comme les précédents, nous ont été communiqués par M. le docteur Polak, sur la quarantaine de Trieste. En principe, l'Autriche n'admet pas de quarantaine contre le choléra; en raison cependant de la violence de l'épidémie en Égypte et à Constantinople, on avait établi un régime de sept jours d'observation pour les provenances des contrées suspectes, observation réduite à quarante-huit heures si la traversée avait duré quatorze jours sans accidents. Si, au contraire, la patente était brute et qu'il y eût eu des accidents sur mer, les navires étaient alors assujettis à la quarantaine de rigueur comme pour les provenances de fièvre jaune. Le nombre des quarantenaires mis en observation à Trieste depuis le 18 juin 1865 jusqu'au 7 février 1866 a été de 11,108 individus. Pendant la quarantaine d'observation, la femme Puccinotti, arrivée le 4 août d'Alexandrie, tomba malade de choléra le 8. Le nommé Anderson, arrivé d'Ancône le 24 août, après une traversée d'un jour, devint malade quelques heures après son arrivée. De plus, entre le 7 août et le 20 octobre, trois accidents mortels survinrent à bord de trois navires de provenance cholérique et mis en quarantaine.

Depuis dix ans l'Italie était exempte de choléra, lorsque le 7 juillet fut signalé le premier cas d'Ancône après l'arrivée du bateau à vapeur *Principe Carignano* provenant d'Alexandrie (*communication de M. le prof. Bosi*). D'après des renseignements transmis par le gouvernement français à MM. les délégués qui le représentent à la conférence, aucun cas sporadique n'avait été observé précédemment, aucune des personnes enfermées dans le lazaret n'a été atteinte de choléra, et il paraîtrait que la maladie a été importée en ville par des effets appartenant à des malades venus d'Alexandrie. On attribue en effet le premier cas à une laveuse qui avait pris au lazaret du linge provenant des passagers arrivés d'Égypte. Le choléra s'est ensuite immédiatement répandu dans presque tous les quartiers. Ayant commencé le 7 juillet, il a duré soixante-quatorze jours et a atteint son maximum d'intensité le 6 août. Resté stationnaire jusqu'au 10, il est allé ensuite en décroissant et a cessé le 20 septembre. Sur une population de 46,000 habitants, réduite au chiffre de 20,000 par l'émigration, on a compté 3,763 attaques et 2,108 décès. L'épidémie s'est successivement propagée dans vingt et une communes de la province d'Ancône, se manifestant dans presque toutes à la suite de l'arrivée des fugitifs. La quarantaine imposée aux arrivages d'Égypte était de sept jours sans purification ni des navires, ni des effets, ni des marchandises.

L'épidémie ne s'est pas cependant propagée dans l'Italie

supérieure (*Annali Universali di Medicina, febbraio* 1866), ce qu'on attribue aux mesures prises pour y étouffer les premiers germes. C'est ainsi que le premier cas importé à Milan n'eut pas de suite. La femme *Conforti*, partie d'Ancône, après une courte quarantaine, fut saisie du mal en chemin de fer et alla mourir à Pistoie; mêmes mesures, même résultat. Le même fait se renouvelle à Ravenne. A Bologne, le germe plusieurs fois importé, cède devant les mesures appliquées avec ténacité et persévérance par les autorités sanitaires. Mais ailleurs il n'en a pas été ainsi : à San-Severo, une des stations de la voie ferrée entre Ancône et Foggia, ville de 18,000 habitants et en communication directe avec le principal foyer du choléra, le mal se déclare avec fureur dans le courant du mois d'août. Il envahit ensuite, en suivant le parcours du chemin de fer, tout le versant oriental de la basse Italie depuis Pescara jusqu'à Otrante. L'épidémie de Naples vient après, mais nous n'en connaissons pas les détails, faute de documents authentiques.

Quant à Marseille, le premier navire qui y apporta des cholériques fut la *Stella*, parti d'Alexandrie le 1er juin avec 67 pèlerins de La Mecque. Huit jours après son départ, le 9 juin, il jeta à la mer deux morts de choléra. Le 11 juin, il débarquait les 65 restant, parmi lesquels le nommé *Ben-Addour* qui succomba en touchant terre. (*Archives générales de Médecine.*) Voici à ce sujet, du reste, des renseignements officiels qui nous sont communiqués par M. le docteur Fauvel. Le nombre des navires arrivés à Marseille du 15 juin au 10 décembre, en patente brute de choléra, a été de 390, dont 143 à vapeur et 247 à voiles. Ils étaient montés par 16,041 personnes (équipages, 10,503 ; passagers, 5,538). Parmi les bateaux à vapeur, 12 sont arrivés à Marseille avec le choléra. Le *Stella* eut 2 décès, le *Saïd* 2, le *Tarifa* 1, le *Vincent* 1, le *Copernic* 1, le *Cella* 1, l'*Asie* 2, le *Saïd* 2, la *Marie-Louise* 3, le *Brésil* 1, l'*Oronte* 1, le *Bysantin* 1. En outre, il a été admis et traité au lazaret de Marseille 6 cholériques, 2 malades de cholérine, 7 de diarrhée, 1 de dyssenterie. Deux des cholériques venaient d'un aviso de guerre, le *Daim*.

Après Marseille, l'épidémie s'est déclarée à Toulon, Arles, Aix, où elle a fait de grands ravages. Elle est ensuite arrivée à Paris, qui recevait tous les jours, par le chemin de fer, des flots de voyageurs venant du Midi.

L'Espagne, comme nous allons le voir, a été cruellement éprouvée par l'épidémie de 1865, qui fit sa première apparition à Valence. Le premier cas de choléra constaté dans cette ville eut lieu le 8 juillet, la santé publique ayant été jusque-là généralement bonne. Le choléra y fut importé par un nommé Honoré Teissier, négociant français, venant d'Alexandrie par la voie de Marseille. Il est le premier qui ait été frappé ; il succomba le jour même, et on est d'autant plus fondé à supposer que c'est lui ou ses bagages qui ont importé le choléra, que les victimes frappées successivement habitaient la même maison. La marche de l'épidémie a été irrégulière. Du 8 au 30 juillet elle fait 20 à 25 victimes ; du 1er au 20 août, 50, 70, 96 journellement ; du 21 au 30 elle descend à 45 pour remonter ensuite jusqu'à 100. Les 8, 9 et 10 septembre, il y a 600 victimes ; du 11 au 15, de 45 à 70. Après cette date la maladie baisse pour disparaître le 22 octobre. En somme, sur la population de Valence, montant à 107,000 habitants, mais dont 40,000 environ avaient émigré, le nombre des attaques a été de 11,000 et celui des décès de 5,100. De Valence la maladie s'est propagée dans presque toutes les villes et villages des environs dans toutes les directions. Les provenances des lieux infectés étaient soumises, après l'invasion du choléra, à une quarantaine de cinq jours, les marchandises étaient ventilées ainsi que les effets des voyageurs ; Valence n'ayant pas de lazaret, on y avait improvisé une quarantaine qui n'était pas rigoureusement observée.

Palma. — On croit que l'invasion du choléra à Palma s'est produite par l'introduction en contrebande d'une caisse de soies et laines provenant d'un lieu infecté par l'épidémie et apportée par un navire espagnol. Les personnes qui ont ouvert cette caisse ont été les premières atteintes, ainsi que les habitants et les voisins de la maison où cette caisse était déposée. Le premier cas de choléra eut lieu le 19 août. La maladie s'est propagée d'une manière très-rapide. Le maximum des accidents a été du 12 au 23 septembre; est arrivée ensuite la période de décroissance, puis la cessation de la maladie le 15 novembre. Le nombre des attaques a été de 4,268, celui des décès de 2,892, sur une population de 50,000 âmes, que l'émigration avait réduite à 10,000. Le choléra s'est étendu à toutes les localités situées aux environs de la ville, malgré les cordons sanitaires qu'on y avait établis.

CARTHAGÈNE et MURCIE. — On suppose que le choléra a été importé de Valence à Carthagène, et de là à Murcie, puis à Alcantarilla et à Cieza en suivant le chemin de fer. L'épidémie se montra d'abord sous la forme de cholérine. Le 10 septembre la maladie devenait grave; du 15 au 25 elle était dans toute sa force. Elle diminuait le 1er octobre, mais elle éclatait à Murcie dès le 20 septembre avec des alternatives de diminution et de recrudescence, et ne disparaissait définitivement que vers le 15 novembre. Les émigrés qui rentraient étaient particulièrement frappés. Le chiffre des décès à Carthagène a été de 900 sur une population de 25,000 âmes, mais les 17,000 avaient émigré. A Murcie il y eut 879 décès sur 37,000 habitants, diminués de 12 à 15,000 par l'émigration. Il a été observé que le choléra s'est propagé de maison à maison et presque par famille. Le principal hospice de Carthagène, situé au centre de la ville, fut fermé aux cholériques que l'on envoyait dans un établissement spécial, et il ne s'y produisit pas d'accidents.

SÉVILLE. — L'invasion du choléra dans cette ville date du 6 septembre, époque précédée d'un état sanitaire très-satisfaisant. On prétend que les matelots d'un vapeur faisant le service régulier entre Valence et Marseille, à leur arrivée à Séville, ont porté du linge chez une blanchisseuse qui fut attaquée le même jour et succomba immédiatement. La maladie s'est propagée rapidement en faisant de nombreuses victimes, mais elle n'a atteint son maximum d'intensité que du 12 au 30 octobre. Elle a cessé le 30 novembre. Sur une population de 120 à 130,000 habitants, on a constaté 4,330 cas et 2,674 décès. L'émigration est évaluée à 25,000 individus. La maladie, qui avait d'abord envahi les faubourgs, a été apportée plus tard dans la ville par les familles qui venaient s'y réfugier; c'est de la même façon qu'elle s'est aussi propagée dans dix-neuf villages groupés autour de Seville.

BARCELONE. — La santé générale était bonne lorsque arriva à Barcelone l'escadre anglaise venant de Malte où sévissait le choléra; on lui en attribue par conséquent l'importation. D'autres prétendent qu'il a pu se communiquer à la ville par suite de ses relations fréquentes avec Valence et Marseille. Les cas constatés du 22 juillet au 10 août n'étaient que sporadiques, et les premières personnes atteintes appartenaient à la classe aisée. La maladie, restée stationnaire pendant tout le mois d'août, a atteint son maximum d'intensité vers le milieu de septembre, et a alors commencé à décroître; à partir du 15 octobre, les cas sont devenus de plus en plus rares, et ils ont enfin cessé vers le 15 novembre. Le nombre des décès a été de 1,799, chiffre officiel. La population de Barcelone, qui compte 190,298 habitants, était réduite de plus de moitié par l'émigration. La plupart des villages qui avoisinent Barcelone ont été attaqués par le fléau.

La contumace pour les provenances cholériques a été de trois à cinq jours dans les villes d'Espagne, où l'on avait improvisé des lazarets temporaires; la quarantaine de rigueur devant se faire, d'après la loi espagnole, dans les ports de Vigo, de Cadix et de Mahon pourvus d'établissements appropriés. Les mesures n'étaient pas partout rigoureusement observées.

Nous devons ces renseignements sur l'Espagne à MM. les délégués de France qui les ont reçus de leur gouvernement. MM. les délégués d'Espagne, en nous les confirmant pour la plupart, y ont ajouté d'autres informations dont nous extrayons les données suivantes.

MADRID a été aussi éprouvé par le choléra qui y fit son apparition le 15 août et finit le 29 novembre, après avoir fait 2,869 victimes (1,323 hommes et 1,546 femmes). L'hôpital général fournit 520 décès (297 hommes et 223 femmes). On croit que le choléra y a été importé de Valence.

Le choléra s'est propagé dans la province de Navarre, en se faisant remarquer par l'absence des crampes et par cette particularité, qu'il sévit d'abord et très-spécialement sur les enfants et les vieillards. Il parut aussi à Avila, où on l'a cru importé par les vêtements d'un militaire provenant de Madrid où régnait l'épidémie. Il n'y eut cependant que 12 cas et 4 décès, la maladie ne s'étant non plus propagée dans aucune autre partie de la province. Dans la ville de Sainte-Ollada (province de Huelva), le choléra importé de Séville a présenté des circonstances remarquables de transmission ; la première attaque porta sur un des notables de la ville qui fut visité par plusieurs personnes dès le premier jour. Le jour suivant tombèrent malades 18 de ces personnes, justement les amis les plus intimes du cholérique dont ils avaient serré la main.

ALICANTE. — Il a été constaté que le choléra a été importé à Alicante par l'introduction frauduleuse de quelque colis de marchandises provenant de Marseille. Ce fut dans la maison où les articles de contrebande furent transportés pour être vendus en détail qu'éclata d'abord la maladie ; elle se propagea de là et très-vite aux maisons voisines, puis au quartier dit des Pêcheurs, et enfin au centre de la ville. Le choléra ne fit que 517 victimes.

L'Espagne est divisée en quarante-neuf provinces ou départements, dont trente-un ont été envahis. Les localités basses, traversées par des rivières, les villes les plus malsaines ont été les plus maltraitées, comparativement à celles placées sur des collines et dans des lieux élevés ou déclives. A Ciudad-Real les quartiers de la haute ville, qui avaient interrompu les communications avec les quartiers bas attaqués du choléra, ont joui d'une immunité complète.

LE PORTUGAL. — Vers le mois de juillet le choléra sévissait en Espagne et avançait progressivement vers la frontière du Portugal jusque-là indemne. Le 1er octobre, il parut à Elvas, ville et place de guerre de l'Alemtejo, et y fit une cinquantaine de victimes. Le choléra se manifesta aussi sur la frontière du nord, à Freixo da Espada à Cinta, sans y faire beaucoup de ravages. Mais voici un cas d'importation qui mérite d'être cité. Une femme et sa servante partirent d'Elvas pendant que le choléra y existait, et allèrent à Porto, où le choléra n'existait pas. L'une et l'autre tombent malades et y succombent. Un employé de l'administration habitant au premier étage de la même maison est attaqué et meurt. Deux enfants, dont la famille était logée dans la partie inférieure de la maison, sont atteints aussi ; mais ils guérissent. M. de Sovéral, délégué du Portugal à la Conférence, a été témoin de ces faits qui se passaient à l'époque de l'exposition internationale qui eut lieu cette année à Porto. On fit tout alors pour étouffer le mal à son origine : on séquestra rigoureusement les malades, on détruisit par le feu leurs effets, et l'on procéda par tous les moyens habituels à l'assainissement des habitations. Le mal s'arrêta ainsi. Cependant une influence cholérique se manifesta dans le pays et notamment à Lisbonne, influence caractérisée par des vomissements et de la diarrhée, quelquefois risiformes, et dans quelques cas accompagnés de crampes, de refroidissement, etc., mais c'était là toute la manifestation épidémique et sans mortalité. (*Aperçu historique du choléra et de la fièvre jaune en Portugal, 1833-65, par M. le docteur Gomez.*)

Malte. — Le 31 mai arriva d'Alexandrie le bateau à vapeur anglais *Ephesus* avec 235 pèlerins, dont 61 à destination de Tunis restèrent à Malte jusqu'au lendemain. Le capitaine a déclaré que 3 hadjis étaient morts dans le trajet, l'un de gangrène, l'autre de constipation, le troisième d'épuisement sénile, et que leurs cadavres avaient été jetés à la mer. Entre le 1er et le 9 juin, sept bateaux à vapeur de la même provenance amenèrent 237 passagers, la plupart hadjis. Le 10, l'*Olympus* arriva d'Alexandrie en quatre jours de voyage ; un homme de son équipage souffrait d'une maladie intestinale. Du 12 au 14, cinq bateaux arrivèrent encore avec des passagers. Dès le 14, le gouvernement ayant reçu un télégramme annonçant que le choléra existait en Égypte, les provenances d'Alexandrie furent soumises à sept jours de quarantaine à compter de l'arrivée à Malte. Le 14 arriva le

Memnon en 4 jours de traversée, 22 passagers, 11 hadjis, 1 mort de maladie intestinale. Du 14 au 19, le *Caire*, le *Nianza*, la *Marie-Antoinette*, l'*Assyrien*, le *Rhône*, portant ensemble 248 passagers dont 37 pèlerins musulmans. Le capitaine du *Rhône* déclara qu'un passager et un chauffeur étaient morts en mer du choléra. Le 20 juin, le chiffre des passagers en quarantaine était de 254, plus 34 individus en communication avec eux.

Ce même jour (20 juin) eut lieu le premier cas de choléra dans un bâtiment appelé l'hôpital de Peste, qui est situé à une distance directe de 660 pieds du lazaret où étaient les quarantenaires et qui était occupé par un détachement de l'artillerie royale ; ce fut sur la personne d'Amélie Tom, âgée de neuf à dix ans, fille d'un soldat d'artillerie. Elle fut attaquée dans la matinée du 20 et mourut le 21. Le deuxième cas eut lieu aussi dans l'hôpital de la Peste ; Grace Monger, femme d'un artilleur, âgée de vingt-huit ans, tomba malade le 22 et succomba le 25. Troisième cas (dans le même hôpital), Charlotte, âgée de trente-trois ans, mère d'Amélie Tom, qui était morte le 21, fut atteinte le 24 et mourut le 27. Quatrième cas dans l'hôpital, l'artilleur Tovester de vingt-neuf ans, atteint le 28, guérit. Cinquième cas, Giuseppe Borg, attaqué dans la nuit du 27 au 28 à Casal Attard, mourut le 29 après midi. Le médecin déclara ce cas une gastro-entérite afin de ne pas effrayer la population. L'homme dont il s'agit avait été employé au badigeonnage de quelques chambres de l'hôpital de la Peste, où avaient eu lieu les cas précédents de choléra. Le sixième se produisit encore à l'hôpital de la Peste sur la personne d'Henry George Marshallsay, âgé de six ans et demi, fils d'un artilleur : atteint le matin du 29 juin, il mourut dans l'après-midi du 30.

Le 30 juin, l'autorité fit évacuer l'hôpital de la Peste par le détachement d'artilleurs et par celui du 4e regiment ; le premier fut caserné à *Salvatori Cownter Guard Floriana*, le second à *Notre Dame* et à *Saint-Francis Ravelins Floriana*. Les septième, huitième, neuvième, dixième et onzième cas arrivèrent le 1er juillet à *Salvatori Cownter Guard Floriana*, où avait été envoyé le détachement autrefois logé à l'hôpital de la Peste : cinq femmes d'artilleurs furent frappées dont une seulement succomba. Le douxième cas eut lieu le 3 juillet, dans le même local encore, sur la femme d'un artilleur, elle mourut le 8. Le même jour fut attaqué à la Valette, dans la *Strada Vescovo*, le nommé Emmanuel Schembri; il succomba en moins de vingt-quatre heures. Le 6 juillet eurent lieu 4 cas, dont 3 dans l'artillerie et 1 dans le 9e régiment logé dans le fort *Ricasoli*. Le 7 juillet, un autre cas se produisit parmi les artilleurs. Le 8, un à la Valette et un autre à l'hospice de Floriana. Le 9, 2 cas dans l'artillerie; le 10, 2 cas dans la population à la Valette et 1 à Cospicua. Les attaques continuèrent ainsi graduellement parmi la population civile et militaire jusqu'au 11 novembre. *Casal Musta* resta indemne jusqu'au 21 juillet; ce jour-là le nommé Vincenzo Gatt, atteint de diarrhée et qui était venu de Misida où sévissait l'épidémie, tomba malade; il succomba le jour suivant. Le même jour fut observé un second cas dans le Casal Musta.

Gozzo. — Cette petite île située à cinq lieues de Malte au nord-ouest, n'a pas de communications directes avec l'étranger. Dans toutes les épidémies le choléra ne s'y est manifesté que longtemps après avoir pris racine à Malte. Cette fois-ci elle est restée indemne jusqu'au 21 juillet, jour de l'arrivée du marin Michele Cilia, âgé de vingt-deux ans, qui venait de Malte et qui alla se loger dans la maison de ses sœurs à Casal-Keuchia. Il souffrait d'une forte diarrhée et dans la nuit fut pris de vomissements et de crampes. Il guérit, mais le 24 juillet, 4 cas de choléra se produisaient à Keuchia : les deux sœurs de Michele Cilia, dans la même maison, Catherine Attard, parente de la famille Cilia qu'elle fréquentait, et Maria Buttigig dudit Casal. De ces 4 cas, 2 furent mortels. Le 25 juillet, 2 autres attaques : Maria Cassar, voisine des Cilia qu'elle visitait tous les jours et qui succomba le jour suivant, et Ursula Farrugia qui fréquentait également les Cilia. Le 25 juillet fut atteinte Catherina Soliba, habitant dans le voisinage des Cilia et qui guérit. Du 27 juillet au

1ᵉʳ août, 8 autres cas se sont manifestés dans le Casal Keuchia. Le 2 août, le choléra parut à Robato et y continua jusqu'au 24 octobre.

Population civile de Malte	117,966, attaques	2,360, décès	1,479
Militaires	6,062 —	203 —	145
Population civile de Gozzo	15,449 —	545 —	253
Totaux	139,487 —	3,108 —	1,877

(*Rapport de M. Zimelli et Dʳ Ghio, au gouverneur général de Malte, communiqué par MM. les Délégués de la Grande-Bretagne.*)

GIBRALTAR. — Les faits qui suivent sont extraits d'un rapport adressé à M. le gouverneur de la forteresse, sir Richard Airey, à la suite d'une enquête faite par l'inspecteur général M. Rutherford, enquête qui ne laisse rien à désirer. Ils ont dès lors une importance capitale dans la question qui nous occupe. Nous avons extrait du rapport précité les circonstances qui ont trait à l'importation du choléra. Gibraltar jouissait d'une santé meilleure qu'à l'ordinaire tant parmi les habitants que parmi les militaires. Le 10 juillet, le deuxième bataillon du 22ᵉ régiment arriva de Malte dans un état de santé parfaite, sur le transport à vapeur *Orontes*. On le fit camper dans un endroit très-sain, nommé Front du Nord, entre le nord du rocher et l'Espagne. Avant de quitter Malte, le régiment était exempt de tout ce qui peut avoir affaire au choléra. Le 5 et le 6 juillet, jour de l'embarquement, le choléra sévissait à Malte, dans un fort avancé, rapproché du lieu de l'embarquement.

Du 10 juillet, date de l'arrivée à Gibraltar, jusqu'au soir 18, à l'exception d'un seul cas léger de diarrhée, le corps jouissait d'une bonne santé. A neuf heures du soir, un soldat nommé Bird tomba malade de choléra et mourut entre dix et onze heures de la matinée suivante. On fit de suite lever le camp. L'aile du régiment à laquelle appartenait le mort fut embarquée à bord du *Star-of-India*, qui prit la mer après quarante-huit heures, tout le monde se portant bien. Le reste du régiment fut envoyé à une grande distance du camp primitif, le transport n'étant pas près pour le recevoir. La santé continua d'y être bonne jusqu'au 31, où le nommé Davis fut pris de vomissements, de diarrhée et d'autres symptômes cholériques. Il expira le soir même. Le même soir une femme du détachement fut attaquée et mourut le lendemain, 31 août. Le transport *Davenport* étant arrivé la veille d'Angleterre, cette partie du régiment fut aussi embarquée, tout le monde se portant bien en apparence, et le bâtiment partit pour sa destination. On croit que les deux transports sont arrivés à Maurice sans accident.

Le 3 août, un jour après le départ du 22me régiment, 2 cas de choléra eurent lieu, l'un sur la personne d'un caporal en service au cimetière et appartenant au 15me régiment, l'autre sur un enfant âgé de quatre ans. Ce dernier mourut en quinze heures, l'autre en quarante-huit. Un autre enfant de la même famille, âgé de six ans, fut aussi attaqué, mais il se rétablit. Cette famille habitait un logement isolé hors de la forteresse et distant d'un quart de mille au sud-ouest du point qu'avait occupé le 22me régiment. Le 9 août, la femme d'un militaire du génie, occupant un logement dans la même localité, fut attaquée et mourut en cinquante-huit heures. Dans la matinée du 10, un soldat du 15me régiment, occupant la caserne casematée, fut atteint et mourut dans le court espace de huit heures. Dans l'après-midi et la nuit du même jour, on observa sept cas, dont deux très-graves, dans le même régiment logé dans la grande caserne casematée, située à une distance de cinq cents yards des habitations où avaient eu lieu les cas précédents et en dedans de la forteresse. L'un des militaires mourut en trente-sept heures.

Jusqu'à la matinée du 11 août, la maladie se concentrait parmi les militaires. Le 11 août mourut après sept heures de maladie l'enfant d'un pauvre habitant qui vivait dans une embarcation amarrée dans le port à deux cent cinquante yards à l'ouest de la caserne casematée. Le 14, un enfant de quatre ans, habitant dans le district sud à un mille et demi de la précédente localité, fut attaqué aussi; il se rétablit. Le 15 août, un sapeur appartenant à un petit détachement et logé dans une maisonnette isolée au nord-ouest, mourut après neuf heures de maladie. Tout ces logements furent évacués, bien qu'il n'existât pas dans le voisinage de conditions apparentes d'insalubrité. Le 18, une autre soldat du 15me régiment logé dans un autre chambre de la caserne casematée, fut atteint et mourut le jour suivant. Le 19, la maladie se déclara à *Town-Range-Barraks*, localité malsaine située au centre de la ville. Un sapeur y fut atteint et mourut en quelques heures. Le 20, tomba malade un soldat du 23me régiment stationné dans les casernes du sud, situées sur un terrain élevé à un mille de la ville. Il succomba au bout d'une courte maladie. Jusqu'à cette date six cas, dont deux mortels, avaient eu lieu en ville, y compris les deux enfants dont il a été question plus haut; tous habitants des lieux différents et éloignés les uns des autres, tant en ville que dehors. Le 21 on observa une augmentation soudaine en ville, 7 attaques, 2 morts.

Ici le rapport s'arrête sur un fait qui mérite l'attention. Le premier bataillon du 9me régiment faisant partie de la garnison pendant la première période de l'épidémie, était logé dans des casernes malsaines ; cependant il se maintint dans un remarquable état de bonne santé. Il n'avait pas plus de six malades à l'hôpital, lorsqu'il reçut l'ordre de s'embarquer en deux divisions, pour le cap de Bonne-Espérance, sur les transports *Windsor-Castle* et *Renown*, qui avaient débarqué, le 17 et 19 août, le 78me écossais de Highlanders. L'aile gauche prit passage le 19 sur le premier transport et arriva à sa destination en parfaite santé ; l'aile droite s'embarqua sur le *Renown*, grand bâtiment bien aéré et amarré au nouveau quai où stationnaient les autres transports. Le jour suivant, 22, un cas très-grave de choléra, suivi de mort en quelques heures, eut lieu sur un individu nommé Doyle provenant de la caserne *Town-Range-Barraks*. Le bâtiment fut remorqué sur le courant et aucun autre cas ne s'étant déclaré à bord, il prit la mer après trente heures. Alors eut lieu un fait des plus significatifs, au point de vue de la propagation de la maladie par la communication entre les hommes. En effet, le 5 septembre, après treize jours de mer, le quatorzième après le premier cas survenu à bord, le choléra se manifesta sous une forme très-maligne et emporta neuf hommes, une femme, plusieurs enfants, ainsi que le chirurgien du bord. La maladie dura quatorze jours et cessa le 18 septembre. Le 20 août l'épidémie prit de l'extension en ville. Le 13 septembre elle atteignit son apogée, 53 attaques, 22 morts; depuis cette date jusqu'au 26, la moyenne des attaques fut de 35, celle des décès de 15 par jour. Le 28 septembre eut lieu une diminution considérable avec quelques oscillations jusqu'au 12 octobre, époque à laquelle le déclin de l'épidémie devint plus marqué. Le 27 octobre on observa le dernier cas. Parmi les desservant des hôpitaux il y eut des attaques. Dans les prisons, 700 individus enfermés ont donné de 50 à 60 morts. Population civile 15,000 âmes, 902 attaques, 477 décès. Armée 5,978, attaques 163, morts 106. Total des morts 643, du 18 juillet au 25 octobre 1865 (*Communication de MM. les délégués de la Grande-Bretagne*).

Le choléra dans le port de NEW-YORK. — L'*Atlanta*, navire anglais, partit de Londres le 10 octobre avec un chargement de marchandises et 40 passagers. L'état sanitaire de Londres était alors parfait. Arrivé le 11 au Havre, où il resta seulement un jour, il embarqua 564 nouveaux passagers, la plupart Suisses, ayant tous passé par Paris où, sauf quelques exceptions, ils avaient séjourné quelques heures ou plusieurs jours, alors que le choléra y sévissait avec intensité. Deux familles allemandes en faisant partie étaient restées un jour dans cette capitale, à l'hôtel *Ville de New-York*, et cinq jours au Havre dans ceux de *Veissen-Lamm* et *Hultgarder Hof*. Des émigrants arrivés quelques jours avant dans ces derniers hôtels étaient tombés subitement malades et avaient été envoyés à l'hôpital par leurs consuls.

Ce navire, parti le 12, eut dès le lendemain un décès de choléra à bord sur un petit enfant de la famille venant de *Veissen-Lamm*. Cinq autres décès suivirent les 14, 16, 18, 19 et 22 dans celle qui avait habité l'hôtel *Hultgarder-Hof*. Le 22, un de leurs amis du même hôtel, logé au second, était atteint et succombait le 24. Le 28, un premier cas se montra au troisième, où 3 émigrants de Londres furent atteints et guérirent.

A l'arrivée de l'*Atlanta*, le chirurgien déclara 60 cas de choléra et 15 décès survenus pendant la traversée; 2 décès survinrent dans le port, et des 42 malades envoyés à l'hôpital de la marine, du 6 au 19 novembre, 6 succombèrent, ce qui fait un total de 102 cas et 23 décès.

Aucune disposition n'existant à New-York à l'arrivée de l'*Atlanta* pour lui faire subir une quarantaine rigoureuse, il fut immédiatement envoyé et isolé dans la baie basse; dès que l'hôpital fut disposé et dix jours de quarantaine écoulés après le dernier cas, tous les malades, sans distinction, y furent transportés; tous les bagages des passagers furent ouverts et aérés, le linge lavé et les lits et tous les effets soumis à des fumigations; un navire de l'État était préposé à la garde du bâtiment pour l'exacte exécution des mesures de quarantaine ordonnées par les autorités sanitaires. La ville de New-York fut préservée de l'épidémie.

Deux autres importations de choléra dans le port de New-York ont été annoncées par l'*Evening-Post*, du 25 avril. Quoique survenues dans l'année 1866, nous croyons devoir les signaler parce qu'elles font suite à l'épidémie de l'année précédente.

Le bateau à vapeur *Virginia*, parti le 4 avril de Liverpool et le 5 de Queens-Town, arriva à New-York avec des marchandises et 1,043 passagers occupant les deux tiers du pont; 14 seulement étaient logés dans les cabines. Quelques-uns des passagers avaient été embarqués à Queens-Town. Pendant la traversée, 87 personnes succombèrent, et lors de la visite des médecins de la Santé un individu était mourant de choléra bien caractérisé. La plupart des passagers étaient des Allemands arrivés à Liverpool un ou deux jours avant le départ; la mortalité a été plus grande parmi eux que parmi les Irlandais et les Anglais, et l'on croit que ce sont les Allemands qui ont apporté le choléra à bord, attendu que la maladie n'existait pas à Liverpool. Jusqu'au 12 il n'y avait pas eu d'accidents, mais le huitième jour après le départ de Liverpool, l'état d'un homme qui avait la diarrhée empira subitement et il mourut. Il est dit que la diarrhée avait existé chez cet homme, sans aucun symptome alarmant, depuis le départ du bâtiment. Le même jour où ce premier cas se déclara d'autres personnes furent attaquées, et, l'épidémie se développant de plus en plus, on évalue le chiffre des attaques, sans le déterminer, de 100 à 200.

L'*England*, autre bateau à vapeur, arriva le 21 avril à New-York provenant de Liverpool et ayant touché à Halifax. Le capitaine a déclaré 122 hommes d'équipage, 16 passagers de pont. Le choléra se déclara à bord pendant le voyage. De Liverpool à Halifax, il y eut 50 morts et 150 à Halifax même où le navire s'était réfugié le 9 avril.

L'*England* nous offre les cas suivants de transmission dégagés de toute interprétation et dûment constatés. Le pilote qui conduisit le navire à Halifax fut attaqué de choléra et retourna à Portuguese Coue, distant 19 à 20 kilomètres, où résidait sa famille. Cinq de ses enfants eurent le choléra, l'un après l'autre, et deux succombèrent. Un autre pilote du même navire, revenu également à Portuguese Coue, tomba légèrement malade et après lui sa sœur très-gravement. Le médecin sanitaire du port d'Halifax qui avait donné ses soins aux passagers de l'*England*, succomba au choléra. (*Extrait d'une lettre du médecin de l'armée M. Rutherford, communiquée par M. le Dr Goodeve.*)

Le *Virginia* et l'*England* ont été séquestrés dans la baie basse et assujettis à des mesures de désinfection. Les passagers ont été débarqués et isolés, les malades envoyés à bord du *Falcon* installé en hôpital. A la date de ces renseignements, il existait à l'hôpital 72 cholériques provenant des deux bâtiments. Du 12 au 22 avril on y a compté 60 décès de choléra.

La Guadeloupe. — Le 22 octobre, le choléra s'est manifesté à Pointe-à-Pitre et a fait beaucoup de ravages dans la population noire. Il est mort jusqu'à 23 personnes, en vingt-quatre heures, sur une population de 18,000 âmes. Le 18 novembre, le choléra y continuait ses ravages et avait envahi la Basse-Terre et Marie-Galante. Il se déclara aux Trois-Rivières sur une personne venant de Pointe-à-Pitre et ce cas fut suivi de deux autres. Le premier cas eut lieu à la Basse-Terre le 7 novembre sur un matelot arrivé de la Pointe et la maladie s'y propagea de suite avec une extrême gravité. La proportion des décès serait de 5 sur 6 malades.

Le 1ᵉʳ novembre, la goëlette *Marie-Athalie* arrivait à Marie-Galante de Pointe-à-Pitre, et dans la journée du 5, trois de ses hommes étaient frappés. Peu après le capitaine lui-même succombait. Le 11 l'*Adda* entra dans le port ayant perdu un de ses hommes pendant la traversée. Le lendemain la maladie se manifesta à Marie-Galante, enlevant en trois jours 33 cultivateurs. Le seul point resté indemne est la dépendance des Saintes qui a refusé toute communication avec la Pointe, la Basse-Terre et toute la Guadeloupe. Un bateau nommé *la Sirène*, partit de Pointe-à-Pitre et, arrivé à Bridge-Town, y fut soumis à une quarantaine de 15 jours, bien qu'il eût une longue traversée et que les hommes de l'équipage fussent en très-bonne santé. A peine la quarantaine commencée, deux matelots moururent de choléra.

L'importation du choléra à la Guadeloupe est attribuée au navire à voiles *la Virginie* qui avait quitté Marseille le 3 septembre et était arrivé à Pointe-à-Pitre le 9 octobre. Le choléra éclata le 22 du même mois pendant qu'on déchargeait ledit bâtiment tout près du lieu de déchargement, et le troisième jour depuis que cette opération avait commencé. La santé n'avait pas cessé d'être parfaite à bord; 12 à 15 hommes d'équipage au plus; cargaison, matières alimentaires.

Jusqu'au 22 novembre, les Antilles préservées furent celles où des mesures énergiques ont été prises pour éviter toute communication avec les lieux infectés. (*Union médicale*, 12 *décembre*.)

On dit que la mortalité causée par le choléra à la Guadeloupe monte à 10,000 personnes.

Invasion du choléra dans le CAUCASE. — Le premier cas de cette maladie s'est manifesté à Novorossiisk, sur la personne d'un Grec faisant partie d'une bande d'émigrés venus de Trébisonde. Il tomba malade du 28 au 29 juin. Le même jour, 29 juin, en fut frappé un sous-officier à bord de la goëlette russe l'*Anapa* qui était au mouillage dans la rade. Pendant les premiers quatre jours qui suivirent l'apparition du choléra, il y eut 9 cas suivis de mort. Cependant Novorossüsk ne devint pas un foyer cholérique, et cette immunité fut attribuée à la nature solide du sol sur lequel est bâti le fort de ce nom.

Le 6 août, la maladie se déclara à Soukhoum sur un matelot de la corvette *Yastreb* provenant de Novorossüsk. Bientôt après, un autre matelot du même navire fut débarqué à l'hôpital. L'un et l'autre sont morts, et le choléra se déclara parmi les malades de l'hôpital et dans la ville.

Le 12 août, la maladie se manifesta dans l'hôpital de Poti, et le 19 à Kutaïs. Elle disparut complétement dans cette dernière ville le 8 octobre pour y reparaître avec une force nouvelle après une trève d'un mois. D'après des renseignements authentiques, le choléra a fait cette seconde irruption à Kutaïs à la suite d'un grande foule de paysans venus de Koulamey et d'autres villages environnants pour assister à la promulgation du manifeste impérial concernant l'affranchissement des communes. Le choléra a duré plus longtemps qu'ailleurs tant à Koulamey qu'à Gori, où des cas ont encore été observés pendant le mois de décembre. Il a surtout montré de la ténacité parmi les militaires campés sur les bords du Rion et qui travaillaient à la construction du chemin de fer.

Le 29 août arriva de Marseille à Tiflis, en passant par Poti et Kutaïs infectés de choléra, un Français nommé Séri qui en fut frappé ainsi que sa femme. Bien que guéris, l'un et l'autre, on croit qu'ils ont importé le choléra à Tiflis, car les diarrhées qui y règnent habituellement en été ont revêtu depuis leur arrivée la forme cholérique. Dès les premiers jours de septembre on avait observé des cas de choléra bien caractérisés. Cependant l'épidémie n'a pas acquis une grande violence, attendu que depuis le 31 août jusqu'au

1er novembre, il n'y eut que 353 attaques et 116 décès, et la maladie n'a sévi que parmi la basse classe de la population.

En continuant sa marche de Kutaïs, le choléra épargna la Kartalinie et ne fit qu'entamer Souram et Gori, pour se manifester au mois d'octobre dans le district d'Élisabethpol.

Le choléra fut importé à l'hôpital de Tiflis le 16 septembre par des malades des bataillons de réserve arrivés par le chemin militaire. Sur 221 cholériques il y eut 118 décès.

L'épidémie s'est fait remarquer à Érivan par sa violence. Elle fut probablement importée, ainsi qu'à Nachictchevan, de la Perse, mais surtout aussi par deux détachements de troupes envoyées de Tiflis pour compléter la garnison d'Érivan. La maladie s'est manifestée en ville le 1er octobre, et le 31 on signala le premier cas dans l'hôpital militaire. En somme, le chiffre des cas parmi les habitants a été de 392 et 100 décès; parmi les militaires, du 31 octobre au 5 décembre, 118 cas et 35 décès.

L'épidémie a été aussi violente dans les districts de Novo-Bayazid et d'Échmiadzine. Au mois de novembre elle avait complétement cessé à Tiflis et un mois plus tard avait disparu de tout le Caucase, sans avoir laissé nulle part, à ce qu'il paraît, des traces de foyers secondaires.

De toutes les localités du Caucase celles qui sont le plus à redouter au point de vue du choléra, sont le district de Gori et les bords de Rion à cause des conditions favorables à la propagation de l'épidémie qui s'y trouvent réunies.

Le choléra qui a sévi cette année dans le Caucase, s'est fait remarquer par sa propagation lente et son faible développement. Les crampes étaient rares, l'épidémie a sévi presque exclusivement parmi la classe indigente, et débutait sans aucune exception par la diarrhée. (*Extrait du procès-verbal de la Société Médicale du Caucase*[1].)

---

1. Ces renseignements intéressants sur l'invasion du choléra dans le Caucase en 1865 nous ont été communiqués par M. le Dr Byhow pendant que le rapport était sous presse. Ils font suite à la marche du choléra par Trésibonde et complètent notre Aperçu.

Bien que le choléra de 1865 ne se soit pas arrêté à la limite où nous venons de quitter l'épidémie, puisque d'une part elle a continué à se montrer, dans quelques contrées de l'Europe, en Allemagne, en Hollande, en Russie, d'autre part, en Arabie parmi les pèlerins, nous ne pouvons pas cependant la suivre, faute de données suffisantes et authentiques au delà des contrées que nous venons de signaler dans l'Aperçu.

En nous bornant donc aux faits que nous avons pu recueillir jusqu'ici, nous allons les reprendre et les résumer par ordre chronologique. Nous verrons par ce relevé que partant de l'Égypte, le choléra a rayonné, presque à la fois, sur différents points de la Méditerranée et y a formé des foyers secondaires d'où l'épidémie s'est propagée sur un grand nombre d'autres localités jusqu'alors indemnes. C'est ainsi que le choléra existant en Égypte dès la seconde moitié du mois de mai, a été importé à Malte et à Marseille les premiers jours de juin, à Smyrne le 23, à Constantinople et en Crète le 28, à Beyrouth le 29, aux Dardanelles le 1er juillet, à Chypres le 6, à Ancône le 7.

De Constantinople, foyer secondaire, le germe cholérique est transporté, d'une part, le 26 juillet à Volo, le 31 à Cavalle, le 1er août à Salonique, le 7 à Valona; d'autre part, dans la mer Noire, le 25 juillet à Trébisonde (et de là à Erzeroum où il a éclaté le 22 août), le 31 à Samsoun, le 2 août à Soulina et à Toultcha, le 4 à Kustendjé, le 6 à Bourgas. De Kustendjé et de Soulina le choléra remonte le Danube, en infecte les deux rives et atteint successivement Roustchouk et Vidin. Il pénètre par là dans la Bulgarie, dans la Macédoine, et vient, vers la fin de novembre, aboutir à Larisse, chef-lieu de la Thessalie.

Odessa reçoit le choléra de Constantinople le 11 juillet et constitue un foyer de troisième main. De là et de Galatz également envahi, l'épidémie se propage à Borchie où elle éclate le 23 juillet et successivement : Bogopol le 17 septembre, Berditchew le 27, Balta le 29. Le 1er octobre, le choléra se déclare dans le gouvernement de Kherson, le

11 dans celui de Kiew, le 12 à Taganrog, le 15 à Zitomir. Les gouvernements de Volhynie, de Kovno, de Tver, de Voronége en sont atteints le mois de novembre. Au choléra d'Odessa se rattache le fait d'Altembourg (24 août) qui va former un quatrième foyer au cœur de l'Allemagne.

Smyrne, deuxième foyer secondaire, envoie le choléra à l'intérieur de l'Asie Mineure et aux lazarets de la Grèce le 18 juillet. Constantinople l'envoie aux lazarets de la Grèce le 5 août.

Beyrouth, troisième foyer secondaire, le donne à presque toutes les villes de la Syrie, à Damas, à Alep (15 août) et successivement à Biredgik, à Diarbékir, à Mossoul et à d'autres localités du Kurdistan.

Malte, quatrième foyer secondaire, transmet le choléra à Gozzo le 21 juillet, à Barcelone le 22 juillet, à Gibraltar le 18 juillet.

Ancône, cinquième foyer secondaire, communique le choléra à vingt et une communes qui en dépendent, et de là l'épidémie se propage à San-Severo et envahit tout le versant oriental de la basse Italie, depuis Pescare jusqu'à Otrante. Elle envahit aussi la ville de Naples.

Marseille, sixième foyer secondaire, a donné le choléra, d'une part à Toulon, à Arles, à Aix, à Paris; de l'autre à l'Espagne par Valence (8 juillet). Après Valence viennent Madrid, où l'épidémie éclate le 15 août, Palma le 19 août, Séville le 6 septembre, Carthagène le 10, Murcie le 20. Enfin Elvas, en Portugal, reçoit le choléra d'Espagne le 1er octobre. D'après ce que nous avons dit de la Guadeloupe, nous devons supposer, jusqu'à plus ample information, que cette lointaine région de l'Amérique doit le germe qui a donné naissance à l'épidémie à une importation de Marseille.

La pointe que le choléra a poussée jusqu'aux États-Unis d'Amérique est due, d'après toutes les apparences, aux émigrants allemands morts pendant la traversée et qui étaient partis les uns, le 11 octobre, du Havre, les autres au mois d'avril de Liverpool, deux villes encore exemptes de l'épidémie.

Enfin, un dernier foyer s'est formé le 4 septembre à Bassora, après le retour de la Mecque des pèlerins persans qui ont infecté Bagdad et toutes les villes de la Mésopotamie que nous avons énumérées dans l'Aperçu.

Ce qui est important à noter, au point de vue de l'importation du choléra, c'est que partout où il s'est montré, soit dans les villes, soit dans les lazarets, qu'il y ait fait des ravages ou qu'il se soit borné à des cas isolés, les premières attaques ont toujours été observées, sans qu'on puisse citer une seule exception, après l'arrivée d'un navire, d'une caravane et parfois d'un seul malade, provenant de lieux infectés, c'est que la plus complète sécurité régnait partout avant que le choléra n'eût éclaté en Égypte, et que toutes les villes de la Mediterranée qui ont été atteintes les premières jouissaient d'une santé parfaite.

Le choléra existait en effet à Alexandrie, comme nous venons de le voir, depuis le commencement de juin, et c'est immédiatement après et dans l'espace d'un mois qu'il s'est propagé dans les principaux ports de la Méditerranée, transporté d'Égypte par la navigation à vapeur dans les directions les plus opposées, indépendamment des vents et de toute autre circonstance atmosphérique. Le même fait se répète dans les parages de la mer Noire, ayant pour point de départ Constantinople. Malte joue le même rôle sur d'autres points et c'est, nous le répétons, un fait constaté que le choléra ne s'est montré nulle part dans les ports qu'il a atteints qu'après l'arrivée de navires infectés provenant d'un foyer épidémique primitif ou secondaire.

Par la voie de terre nous observons le même phénomène d'importation. La caravane des pèlerins persans traversant la Syrie depuis Beyrouth, a porté le choléra à Alep et l'a semé à Biredgik, à Orfa, à Diarbékir tout le long de son chemin, voie du Tigre et voie de l'Euphrate, jusqu'à Kerbellah, Bagdad et au delà. Nous avons vu en outre l'importation du choléra s'opérer à Larisse et à Roustchouk par des ouvriers bulgares partis, dans les deux cas, de foyers différents et amenant avec eux la maladie. Rappelons enfin les cas d'importation par un seul malade comme dans les villages de Borchi en Podolie, de Novorossüsk au Caucase, de Tchataldja en Macédoine, et dans les villes de Mersine en Asie Mineure et d'Altenbourg en Allemagne. Le fait d'Enos seul paraît obscur au point de vue de son origine ; mais ne pourrait-on pas se l'expliquer comme un cas d'importation sans malade? Il en serait ainsi, si le sujet du premier accident, arrivé depuis treize jours de l'Archipel, n'avait pas lui-même apporté le germe du choléra qui l'a frappé; toujours est-il qu'il venait de Mételin, de Chio et de Tchechmé où le choléra n'existait pas et que la patente du navire était nette. Notons encore ici le fait de Gozzo qui offre un cas de diarrhée cholérique, non suivie de mort, qui donne lieu à une épidémie considérable, 545 attaques, 253 décès, sur une population de 15,459 habitants.

Passons à quelques autres remarques au sujet de l'importation. Le choléra s'est déclaré à Constantinople, à Gibraltar, à la Guadeloupe, et nous croyons pouvoir y ajouter Marseille, à la suite d'arrivages maritimes qui n'avaient pas été soumis à des mesures de quarantaine.

La quarantaine a été appliquée d'une manière insuffisante, défectueuse, tant par sa courte durée, que par l'encombrement des lazarets et les compromissions qui s'ensuivirent avec le dehors, aux Dardanelles, à Smyrne, à Beyrouth, à Chypre, et le choléra n'a pas tardé à franchir ces barrières devenues plus dangereuses qu'utiles aux pays qu'elles avaient pour but de préserver. C'est une preuve que les lazarets construits d'après l'ancien système et à proximité des villes, sont incapables d'empêcher l'invasion du choléra. Nous signalons cependant une exception à l'égard de Salonique, dont le lazaret, avant la construction des baraques, placées à une grande distance de la ville, se trouvait dans des conditions encore plus désavantageuses que les précédents. L'encombrement y était plus grand et le nombre des cholériques plus considérable que partout ailleurs; cependant la ville a été épargnée. Ne serait-ce pas un de ces cas d'immunité locale qu'on observe dans toutes les épidémies sans qu'on en puisse expliquer la véritable cause ? Ce qui tend à le faire croire c'est que le choléra a pénétré dans des villages de l'intérieur tels que Galatzita, où il a beaucoup sévi sans entamer la ville, beaucoup plus exposée au foyer qu'elle avait sur ses flancs. Les trois cas observés en ville sur des personnes sorties du lazaret, viennent à l'appui de cette hypothèse. Parmi les localités qui, au moyen d'une séquestration complète des provenances cholériques, ont échappé à l'épidémie, nous citerons La Cavalle, Volo, Chio et la Crète, qui ont établi des campements sur des îlots n'ayant aucune communication avec le pays. D'autres localités telles que Bourgas, Sinope, Métélin, Rhodes, Benghasi, sont arrivés au même résultat grâce à des campements établis à une grande distance des habitations et bien surveillés. Il résulte de cette expérience que les lazarets, pour être un moyen sûr de prophylaxie, doivent être établis autant que possible dans des îles, sur un vaste espace et bien aéré.

La Grèce offre un exemple encore plus frappant de préservation attribuée à son système de quarantaine plus sévère que partout ailleurs. Elle a refusé d'admettre les provenances cholériques dans ses ports, sauf dans ceux des îles de Délos et de Skiathos, où elle a reçu, comme nous l'avons noté, 25,000 quarantenaires. Les îles de Sicile et de Samos, entourées pour ainsi dire de foyers cholériques, ont dû leur salut au système de répulsion qu'elles ont strictement maintenu depuis le début jusqu'à la complète disparition de l'épidémie. New-York est enfin venu confirmer, de la façon la plus concluante, l'efficacité des mesures quarantenaires sagement appliquées contre la propagation du fléau cholérique.

Et maintenant, messieurs, faut-il nous demander comment le choléra s'est propagé, en 1865, depuis les Indes pour aller sévir à La Mecque, en Égypte, et se diriger de là sur les points les plus opposés du bassin de la Méditerranée et du golfe Persique ? Pour nous, comme pour tous ceux qui voudront bien en juger d'après l'expérience acquise et sans parti pris de résister à l'évidence des faits, la chose est claire, la réponse facile. Le choléra s'est propagé en s'attachant aux hommes parmi lesquels il a sévi, s'y est développé et s'est reproduit. L'homme qui avait le choléra l'a transmis à l'homme qui ne l'avait pas; des masses d'hommes infectés de choléra l'ont transporté au loin, par les caravanes, par la navigation à vapeur, par les chemins de fer, et l'ont communiqué à d'autres masses d'hommes jusque-là indemnes. C'est ainsi que les pèlerins, qui l'avaient contracté dans le Hedjaz, l'ont porté en Égypte, l'ont disséminé en Syrie, en Mésopotamie, dans le golfe Persique, en le ramenant, pour ainsi dire, vers son foyer primitif. C'est ainsi que, d'un autre côté, les pèlerins, les fuyards, par la navigation à vapeur, l'ont transmis à Malte, à Constantinople, à Smyrne, à Ancône, à Marseille. Il en est encore de même des navires partis des foyers secondaires et qui l'ont transporté, par delà l'Atlantique, aux États-Unis, aux Antilles.

En somme et pour conclure nous croyons pouvoir affirmer, en nous appuyant sur l'expérience de 1865 : 1° *que la propagation du choléra s'effectue par le mouvement des hommes, quels que soient d'ailleurs les moyens de locomotion dont ils se servent;* 2° *que la propagation en est d'autant plus à craindre que les moyens de locomotion sont plus rapides et plus multipliés;* 3° *que, toutes choses égales d'ailleurs, une grande masse infectée ou un seul individu malade peuvent propager le choléra à de grandes distances.*

Les faits que nous venons de rapporter sur la marche du choléra de 1865, en sont la preuve incontestable, en même temps qu'ils renferment de nombreux et utiles enseignements au point de vue pratique de la prophylaxie.

EDWARD GOODEVE, *président*, BYKOW, SALVATORI, BARTOLETTI, *secrétaire-rapporteur.*

M. Goodeve a signé sous réserve, inscrite au procès-verbal de la séance du 5 juillet, qu'il n'y a pas de preuves que le choléra ait été importé dans le Hedjaz, en 1865, par les pèlerins venant des Indes.

BARTOLETTI, *rapporteur*.

TABLE DES MATIÈRES

INTRODUCTION

La Kaaba, le monothéisme et la religion musulmane.... 1

PREMIÈRE PARTIE. — Résumé historique.

I. Le wahabitisme jusqu'à l'intervention des Égyptiens. 13
II. Le Nedjd.. 19
III. Le Djébel-Shammar............................. 35
IV. Le Hedjaz...................................... 59
V. Le Yémen et l'Acyr.............................. 87

DEUXIÈME PARTIE. — Les populations.

I. Quelques observations sur les Arabes............. 127
II. Les femmes arabes.............................. 137
III. Les Juifs, les Banians, les Hadramautes......... 143
IV. Les noirs...................................... 149

TROISIÈME PARTIE. — Le pèlerinage.

I. Le précepte..................................... 159
II. Les routes..................................... 167
III. Les pèlerins.................................. 185
IV. Les cérémonies................................. 197
V. Les sentiments des pèlerins..................... 207
VI. Influence morale du pèlerinage................. 215
VII. Les conditions sanitaires..................... 223
VIII. Le choléra................................... 231

Appendice. — Rapport sur la marche et le mode de propagation du choléra en 1865........................ 251

FIN DE LA TABLE DES MATIÈRES.

Paris. Imprimerie P.-A. BOURDIER, CAPIOMONT et Cⁱᵉ, rue des Poitevins, 6.

www.ingramcontent.com/pod-product-compliance
Lightning Source LLC
Chambersburg PA
CBHW071245160426
4319 6CB00009B/1169